Rethinking
Reconstructing
Reproducing

*

———

"精神译丛"
在汉语的国土
展望世界
致力于
当代精神生活的
反思、重建与再生产

———

*

Heidegger – Denker in dürftiger Zeit:
zur Stellung der Philosophie im 20. Jahrhundert

Karl Löwith

———————

[德] 卡尔·洛维特 著　彭超 译

精神译丛·徐晔　陈越　主编

海德格尔——贫困时代的思想家：
哲学在20世纪的地位

西北大学出版社

卡尔·洛维特

目 录

生存哲学（1932）/ 1

时代的精神状况（1933）/ 25

卡尔·施米特的偶然决断论（1935）/ 43

马丁·海德格尔和弗朗茨·罗森茨韦克
　　——《存在与时间》补论（1942/43）/ 95

　引言 / 97

　一 / 100

　二 / 109

　结论 / 131

海德格尔：存在主义的问题与背景（1948）/ 135

　海德格尔的经验概念 / 140

　亚里士多德、托马斯·阿奎那和黑格尔思想中
　　本质与实存的关系 / 151

　谢林、克尔凯郭尔和马克思 / 158

海德格尔——贫困时代的思想家（1960）/ 165

　第二版前言 / 167

　一、向着自身下决定的此在以及给出自己本身的存在 / 168

　二、历史、历史性和存在的天命 / 217

　三、解释尼采的话"上帝死了"中未被道说的东西 / 252

　四、对海德格尔影响力的批判性评价 / 296

忆埃德蒙特·胡塞尔（1959）/ 305

海德格尔的尼采讲座（1962）/ 315
狄尔泰和海德格尔对形而上学的态度（1966）/ 339
关于海德格尔的存在问题：人的自然和自然的世界（1969）/ 365
　纪念海德格尔 80 寿辰　/　367

原版附录 / 385
　说明与附注 / 387
　关于本卷 / 402

附录 / 407
　专名索引 / 409
　人名索引 / 418

译后记 / 426

生存哲学

Existenzphilosophie

1932

目前从根本上规定着哲学疑难问题的生存哲学，在与那个最终由黑格尔对德国观念论之完成所标志的哲学时代的决裂中，有其历史来源。在黑格尔对一个超过两千年的传统的有意识完-结①中显示了一种终结，因而显示了哲学的一个崭新开端的必要性。黑格尔的这种做法以斗争姿态积极表达自身的最一般的口号，就是"现实"和"生存"。这种对现实的生存境况的斗争性强调针对着在黑格尔那里被置于与现实同等地位的"理性"，因而从根本上针对着作为纯理论的哲学，以及对现实的纯然依照理性的"观察"和"把握"。在这种对黑格尔的反对立场中，40年来所有重要的黑格尔左派分子都达成了一致，如费尔巴哈、马克思、施蒂纳和克尔凯郭尔，尽管他们在其余方面有本质的不同。费尔巴哈针对黑格尔"抽象思维"的对立概念是"感性直观"和"知觉"，马克思的对立概念是"感性活动"或"实践"，施蒂纳的对立概念是利己的"兴趣"，克尔凯郭尔的对立概念是生存的内心深处的果敢"激情"。他们都在其对黑格尔的绝对精神哲学的深入研究中，克服他们对生存着的现实及现实之生存的不适应，而且他们认为生存首先是人的赤裸裸的生存，不管是在其外在性（马克思）还是在内在性（克尔凯郭尔）中。只是还考虑到人的这种现实性及作为"人类学"的哲学对费尔巴

---

① Voll-endung，是把完成（Vollendung）一词分为了完全（voll）和（Endung）终结。——译注

哈、马克思、施蒂纳和克尔凯郭尔来说有关现实性的本身及总体，普遍存在论意义上对存在的追问才特别地集中归结为对人类此在的追问。

要在历史关联中理解这个朝向一种人类生存的哲学的转变，就必须简单阐述，在这一概念能够成为一般哲学的主要题目之前，它是在何种事物关联中得到流传的。

生存作为实存（拉丁文 existentia）最初是一个经院哲学的术语，并且是作为本质（拉丁文 essentia）或本质性的对立概念。实存（existentia）和本质（essentia）的区别涉及中世纪基督教哲学范围内每个神创的存在——但不涉及上帝本身。上帝的存在被视为**本质上也**生存着的，因为它的本质拥有完善性，而完善性拥有生存。只有在上帝中，本质和生存一同存在或者就是一体。论证这一点，是坎特伯雷的安瑟尔谟的"本体论"上帝证明的任务，以这种方法，笛卡尔、斯宾诺莎、莱布尼茨和沃尔夫也提出了论证。直到康德的"批判"才尝试从原理上对它进行反驳，因为从一个如他所称的"概念"中，是找不到其"此在"的。依照概念，一百个真实的塔勒①和一百个可能的塔勒会是没有区别的，将它们区别开的东西——"实存"的具体——处于他们的"是什么"，他们的本质（essentia）之外。

黑格尔又把对某物本质上是**什么**和它一般"存在"着的这一关键的区分再次扬弃了。他把"现实的东西"本身定义为"本质与实存或内与外所直接形成的统一"②——内在本质与外在感性生存的统一。因此按照经院哲学的观点仅仅标明了上帝存在

---

① 18世纪通用的德国银币。——译注
② 黑格尔，《小逻辑》，§142。——译注

以及按照康德的批判绝不统一的东西，按照黑格尔的思辨，对一切存在者来说，是"真正的"或在"经验的"意义上现实的东西。因为用如同某种纯然内在之物的本质，去反对如同某种纯然外在之物的现实性，是"没有意义的"。不如说，"理念"或"思想"及"概念"作为本质性的存在同样也是完全起作用的和现实的东西。

认识到黑格尔把本质和生存置于同等地位还仅仅是一种哲学**理念**内部的等同，马克思要求理性的理念在**实际**上同实践和理论现实性的整体统一起来，并相应地为哲学实践的现实化或"世俗化"寻找了一个原则和地基。作为对现存之现实性的"批判"，它借助本质衡量实存，而作为"共产主义"，它是对无本质的生存境况的积极扬弃，是"本质与生存"之实际冲突的"真正解决"。因此黑格尔的现实作为本质与生存直接形成的统一的论点，在原则上也适合于马克思。

谢林也借助于"积极"和"消极"哲学的区别，退而完成了这种实在的可能性和积极设定的现实性的辩证等同，但并非为了比如回到康德，而是为了超出黑格尔。老谢林在1841年以对一种"积极的"——因为关乎真实实存的——启示哲学的演讲所开启的论战，针对着黑格尔的作为一种纯然"消极"哲学的纯粹"理性"哲学。在谢林那里，德国观念论的范围内部还开始了向一种非-理性（ir-rational）生存哲学的转变，这种转变后来被克尔凯郭尔最有力地执行。而且谢林自己意识到了，他与那些在黑格尔的唤起下同他论争的黑格尔左派分子，从事着反对黑格尔的**共同事业**。

由以上所述同样表明，反对我而要为那些理性的或消极的哲学进行辩护或抗辩，是多么徒劳。……这些坚信对此负有使命，并且尤其坚信就这一点而言必须接受黑格尔哲学针对我的抗辩的人，至少部分地并不反抗肯定哲学，相反，他们自己**也想要**这一类的东西；他们只是持一种观点，这种肯定哲学必须被建基于黑格尔的体系之上，并且不能建基于其他任何东西之上，黑格尔体系除了由**他们**推进到积极中去之外，并不缺乏更多东西，这一点，他们认为，能够存在于①一个持续的进展中，不间断并且没有任何回返。(《谢林文集》Ⅱ,3,第90页)②

谢林想要指出，向生存的积极转变关键在于，黑格尔把生存仅仅囊括在存在问题的幻象中，实际上却只把逻辑概念假设成了一种并不归于它的实存。当黑格尔让比如"理念"自己去决定的时候，他的本体论逻辑只"影响""实在的东西"。他的本体论使现实变为一种"存在的荒漠"，变为一种虽然必不可少却是消极的哲学，但他自己认为这哲学是积极的，因为他认为这就是哲学的整体。

在这里，在否定与肯定哲学的无差别中，人们想要以一种被恰当理解的、只可能有否定含义的哲学，去达

---

① 据C. H. Beck 1983年出版的《谢林文集》第6卷第90页，此处应为"发生于"。——译注

② 这是谢林1841年的《天启哲学》(*Philosophie der Offenbarung*)中的片段。——译注

到对肯定哲学才是可能的东西，在这点上，正如所说过的，困惑以及原始荒芜本质的原因，就在于人所陷于的东西中。（同上，第80页）

弗里德里希·恩格斯关于谢林积极的启示哲学的演讲及克尔凯郭尔的一些日记摘要的详尽报道①，有力地表明了那个时期有教养的世界曾寄予谢林的厚望，但也表明了对其现实生存中存在的启示的同等失望。在《或此或彼》中，这句讽刺的话在哲学对于现实的关系上谈到了谢林。

> 哲学家们就现实性所说的话，经常就像在一家旧货商店里的一块招牌上写着的"此处紧急处理"一样令人失望。如果一个人要带着他的衣物去熨烫平整②，那么他会受骗，因为那招牌只是表明待售。

因此克尔凯郭尔明显不想仅仅哲学地去谈论现实，而是要使得现实本身在谈论中在场，并且对他来说只要涉及人类生存的现实，他就要**在生存的意义上谈论生存**并运用哲学——不同于一种系统性的生存哲学的工作。③一般在克尔凯郭尔这里谈到哲学，都涉及"心理学实验"的生存澄明，与一种"此在的系统"

---

① 《马恩全集》，历史考证版，I，2，第173页及以下。
② 这段文字利用了词语的多义性。在丹麦语原文中，紧急处理和熨烫使用的都是rulle一词，此处的德语译文也保持了这一点，用rollen来表示这两种意思。——译注
③ 尤其要参见《哲学片段》，《克尔凯郭尔文集》第6卷第209页及以下，第7卷第1页及以下。

明显相反，并以一种"基督教的训练"为目的。然而他用假名所写的著作绝不是非系统的，而是在黑格尔的概念性中发展出来的，对生存问题深思熟虑的陈述和分析。克尔凯郭尔借此要做的，是重读"个别的、人的生存境况之原始文本"。但克尔凯郭尔所视为这个原始文本的不是"人的"生存，就像它在 19 世纪伊始由歌德通过诗、由洪堡通过观察世界、由黑格尔通过哲学体现出来的那样，而是源始**基督教的**生存状态。他的生存概念因此反对人道主义的乃至博爱的人的存在理念，但在与"纯人类的"的相比中，也不断地突显为一种"仅仅人类的"，并且这种有意识的非人性（Inhumanität）也还是刻画了那由克尔凯郭尔所决定的**当下在场的**生存概念。

除了其特有的基督教导向，克尔凯郭尔的人的基本概念还是一种普遍的"生存"，并且首先通过他对某种如同纯粹的或赤裸裸的生存的东西，即存在的僵硬事实（factum brutum）的意指而被标明。随着这个被如此理解的生存向着一种实验心理学的基本问题的提升，那个直到黑格尔时仍具有权威意义的普遍的存在问题在克尔凯郭尔这里才专门转入对人的此在的追问，并非此在的全部是**什么**，而是它一般在此以及它**如何**在此，被看作是这个此在的本来"问题"。因此对生存的追问与对**我一般在此**或"生存着"的意义的追问相一致了。生存哲学不再首先追问各种本质性（Wesenheiten）或存在者的本质（essentia），以便随后还去追问其实存（existentia），而是存在**本身**（als solches），这个表面上不言而喻的东西，对它来说成为了要追问的。这一不言而喻的主题即是,此在的"本质"无非就是纯粹的实存,是"去存在（Zu-sein）"自身，正如它由海德格尔最清晰无误地表达出来的那样。① 在作为存在论之基础的向来特别的生存的可疑性上，自在的普遍存在问题的彻底尖锐化，以断然的方式刻画出由克尔凯郭尔所决定的生存概念。

其次，这个如此理解的生存涉及"个人"的"内在的"生存。生存哲学否认在人类社会中的所谓外部的或物质的生活**境况**的生存含义；它不是"社会哲学"且不追问这种个别化（Vereinzelung）的社会基础。而由于这种彻底尖锐化和内在化的人的**个别化**，第三，"生存"就正好意味着：**自己本身现身于无的面前**。——克尔凯郭尔本人用假名在《重复》中说："人们总是用指头蘸一蘸土地，闻闻他身在何乡，我也用指头蘸一蘸此在，却闻不出任何气味。我在哪儿？说'世界'是指什么？这个词的意思是什么？是谁把我骗到这般境地，使我待站在这儿？我是谁？我是怎么跑到这世界上来的？为什么没有人先问问我，为什么没人把规则和章程告诉我，只是把我扔进人类的行列里，好像我是从人贩子手中买下的人？我是怎么卷进所谓的现实这项大事业中的？我为什么应该被卷进来？这是一桩可自行选择的事吗？……"② 施蒂纳的"唯一者"的格言："我把无当作自己事业的基础"③——也就是把作为我自己本身的无当作基础，是对这种自身存在的虚无主义的空洞表达。**生存性与**

---

① 《存在与时间》，§9，第42页以及§29。然而《存在与时间》中的基础存在论问题与克尔凯郭尔的生存疑难并不一样，而后者首要达到了一种存在论的后果，并以此重建了与西方存在论史的联系。

② 此处译文参考百花文艺出版社王柏华译本，第83页。"我也用指头蘸一蘸此在"中的"此在"原译为"世界"，但此处中德文是Dasein。《重复》的丹麦语原版是Tilværelse。——译注

③ 参照克尔凯郭尔，《日记》，乌尔里希译，柏林1930年版，第145页。

虚无主义——作雅或俗解——一同构成了一种事态。克尔凯郭尔从《论反讽概念》开始到《致死的疾病》,一直在对它进行新的深刻反思。因此对他来说,借助"信仰"去战胜虚无主义的问题,就成为了根本的需要解决的疑问。在信仰中,"个体"站到了"上帝面前"而非虚无面前,站到了作为从无中创造存在的创世者的上帝面前。只有在上帝面前,人才能以积极的方式"化为虚无"。

使得一种根本的"生存"首先得以可能的个人化,其世俗成因对克尔凯郭尔来说,就是:他所生活的时代是"一个解体的时代",亦即一切仅仅**还**以其对人的有效性现存着的东西。

> 我可能的伦理含义紧密地联系着"个体"范畴。当它借此范畴获得其虚无性,我就将其完全视为我的(……)任务,对此尽心去做(……)我和我的文章就一同树立起来。
>
> 这个范畴,将它付诸使用,而且是如此决定性地,如此个人性地,这就是(……)关键;没有这个范畴并且没有我以它所完成的这种使用,我的整个创作活动都会缺乏重复。因为从我的文章中所说的、描述的、发挥的、表达的,在其中所表达的一切,而且或许还伴随着幻想与辩证,心理学的机敏诸如此类——从中将一定不无进一步的东西产生,即作者理解了他的时代并且理解了那一点,就以一种独一无二的词汇绝对确定地表述出来并同时动态地表述出来,他理解了他的时代并在时代

中理解了自己：**那也就是一个解体的时代。**①

与一个尽管还存有着，但已变为无效的世界的这种解体相反，克尔凯郭尔完全转向了他的自身存在，转回了最自我的生存的内在性。

因此克尔凯郭尔不情愿地确认了黑格尔对道德意识发生史的观点，即当一个"现成的自由世界"变得不真实的时候，向内的转变，向一个自己本身决定着的主体性的内在性转变，在**世界**历史上出现了。**自己决定的**"**道德**"主体性——其顶峰是"良知"和"反讽"——当个体缺乏它能够积极参与其中的实质内容时，当自己的自身存在在其"他在"中更加**积极**"自若（bei sich）"或"自由"时，当个体仅仅还是**在自己本身中**自若或"**消极自由**"时，自己首先成为了决定性的。②由此，克尔凯郭尔以对当下的批判，把他的概念从"个体"坚决地发展为作为对立概念的每一种社会政治普遍性，不同于"大众""人类"及"世界历史"。他的观点是，现代世界确实向社会"平均化"发展，**相对地**就会有对个体决断意义的强调；而这种个人化"正好也是"基督教的原则！

在从作为异样他者的世界中反弹，作为关系着自己本身的个体在虚无面前内在地生存，以便"**或者**"去信仰"**或者**"去怀疑，这是克尔凯郭尔一切生存澄明的分析、区分、决断的基本意义。但**这个**存在问题能够根本上成为整个哲学创造的关键核心，就

---

① 《克尔凯郭尔文集》，第10卷，第93页。
② 《黑格尔全集》，第14卷，第93页及以下；第7卷，第175页及以下；第10卷，第81页及以下。

以此在本身对人来说彻底成为疑问为前提——因为它成为了无世界的，因为缺乏"实质内容"（黑格尔）。这种在谢林那里还是"积极"的以及传统意味的生存哲学的最根本问题，因此对人类此在来说，就是与生俱来的非存在的可能性。

在克尔凯郭尔的影响下，以及由于一个从那时起愈发清晰的、正如克尔凯郭尔在 1840 年前后已经在精神和政治的方面所目睹的"欧洲灾难"①，海德格尔和雅斯贝尔斯从克尔凯郭尔的原始推动中采取了生存理念为己所用。雅斯贝尔斯以"生存哲学"为题，海德格尔以基础存在论的"此在分析"②为题，以"时间"问题为主线意图对西方存在论史的一种"颠覆"和"重演"。这两部著作贯彻的主题、意图和类型是如此不同，但两者都从由克尔凯郭尔确定下来的一种生存意义上的人类此在的存在出发。在这个评论的篇幅中也不可能把在其中当前哲学成就达到顶峰的两部著作的方法和内容仅以纲要的形式描述出来。在这一瞥中应该带来的，仅仅是人类存在作为"生存"的规定。决定着

---

① 参见克尔凯郭尔，《日记》，特奥多尔·黑克尔（Theodor Haecker）译，I，第58页及以下；以及《至关重要的一》（*Das Eine, was not tut*），《纪元》（Zeitwende）杂志，1927年第1期。

② 雅斯贝尔斯哲学三分为世界的方向（即客观现实研究）、生存的澄明（即召唤自身存在）以及形而上学（寻找超验）就已经与海德格尔生存论的存在论不同了。后者的统一演绎和前者有组织的结合同样基于实事。雅斯贝尔斯把存在划分为此在、生存和超越，在他那里是基于存在本身对追问它的人的"分裂状态"，也就是分裂为一个为自己现存着的易逝世界和一个在自身中存在着的无穷超越，两个问题都是对着一种建立于自身的生存。相反，海德格尔所做到的，就是通过不看超越的自在存在，也把我的存在和对象存在统一地把握为生存着的此在的"在世存在"，并且把普遍的存在问题相应地以**一种基础存在论**的方式不间断地发展出来。

这规定的可疑性的是，生存一直仅仅涉及个体的个人化了的生存，其内在的"自身存在"，一个消极自由的此在的私人的自为存在——也仍然以"交往"的类型和方式来个人化，即从个人到个人生存。现代生存哲学因此在原则上就不外乎克尔凯郭尔如此的正面表达，即**人类生活之欠缺普遍性**，以及事实上的无世界性，那种无世界性在哲学上为那普遍性辩护，并且按照它，虚无主义实际上就必须成为一种重要的存在问题。这种生存性的虚无结果是海德格尔以其独有的思的胆识和力量，以一种对无的问题的特别论述，坚决展示出来的。① 它的最后一句话是个问句，内容是："为什么竟是存在者存在而无倒不存在？"但是为什么此在——像海德格尔所说，对作为一个生存者的他来说重要的根本上是自己的存在——要"去存在"，假如他自身被托付给生存且其最后的结局跟其他的存在无关？对这个问题的答案只能由海德格尔自己给出：他说，畏——畏本源地向此在敞开了无——"最确切地"在"大无畏的此在的根基中"，此在自行消失，是为了守护其"最后的伟大"。但这也是人们从克尔凯郭尔那里得到的回答，当人们抽象地由他们在"跳跃"中因绝望而不可信的出路，出乎无之自由而入乎信仰的时候。因为剩下来作为自我保持的最终原因的东西，对他来说也不外乎生存的**悲情**（Pathos）、激情本身。② 那对自己何所来何所往一无所知的生存的激情，还保留着无，确切来说是死作为自身解释的最高权威，保留着激情的"自由面对死亡"作为绝对命令。③ 因为：

---

① 《形而上学是什么？》（*Was ist Metaphysik?*），波恩1929年版。
② 参见《海德格尔文集》第6卷第272页及以下。
③ 海德格尔，同上，第266页。

"如若没有无之源始的可敞开状态,就没有自身存在,就没有自由"①。在这种尽管还仍然如此坚决的对本己存在以及一般存在的意义的疑问的回答中,那个存在疑问所尖锐指出的疑难问题在此在的赤裸裸的"事实性"上,也在"他存在"以及必须去存在上表明了自己。(《存在与时间》§29)也没有一种超越能逾越这种如此理解的生存;因为不断"超越"②它的东西,自己作为最初的和最末的回到其本身,以在存在中为它开启无的深渊,以及使得"存在"问题**本身**得以可能。

在一种生存上的虚无主义——尼采以"欧洲虚无主义"为题给出了它的最全面的哲学注解——的这种精神处境中,与克尔凯郭尔明显关联着,雅斯贝尔斯③历史地并且系统地开始了。④这种生存哲学所特有的,是雅斯贝尔斯**既不**做克尔凯郭尔似是而非的向信仰中的跳跃,也不满足于生存的存在。尽管生存在雅斯贝尔斯对人类存在的规定上同样处于核心,但在一种双重的划界中。可能的生存不仅逾越那可规划以及可知的纯然经验的世界和人的此在,而且也逾越自己本身,在超越活动中达到"超越"。纯然此在的令人不满意之处是可能生存的表现,但"一切

---

① 《形而上学是什么?》,第20页。
② 参见海德格尔,《论根据的本质》(*Vom Wesen des Grundes*),哈勒1929年版。
③ 雅斯贝尔斯,《哲学》,第1卷:世界的方向;第2卷:生存的澄明;第3卷:形而上学。柏林1932年版。
④ 《世界观的心理学》(*Psychologie der Weltanschauung*),柏林1919年版,第12页;《时代的精神状况》(*Die geistige Situation der Zeit*),"格申**丛书**"(Sammlung Göschen),第1000卷,1931年,第11、13、145、163页;《哲学》第1卷,前言和第15页注释。

不超越的存在中的不满足",把建立于自身的以及自由决定此在和自己本身的生存,向外驱赶到人类自我确定性的"无法踏上"的**基础**上。"我的此在不是生存,**人在此在中**才是可能的生存。**此在**在此或不在此,但生存,因为它是可能的,就向它的存在迈开脚步**或**通过选择和决断从它的存在走向无。"但是:

> 自己绝对地立于自己之上,这一点对于生存而言,虽然是它在时间此在中之无条件性的真理,却对它成了绝望。它自己意识到,它必须完全独立的沉入到空虚之中。它要在自身之外成为现实的,就依赖于迎合着它的,它所完成的东西……
>
> 因此虽然自由在以激情对世界此在的突破中被把握到,这激情中存在仍有待决定,但自由不能相信最终者。因为它只是在时间中才处在可能的生存仍实现着自身的路上。它不是自在的存在。在超越中自由停止了,因为再没有什么被决定;那里存在的要么是自由要么是不自由。

"生存"就是**与自己本身**,因而与其**超越**相关联的。在一个两度启程的超越活动中,世俗的此在首先以一种"世界的方向"在生存上逾越,但然后生存活动在边缘处境及其不安宁中,以从(属于生存的)畏中的跳出,进入"现实中的宁静"。雅斯贝尔斯把这种出乎生存之畏而入乎宁静的跳跃称为"最困难和最不可捉摸的"一步。现实通过这种跳跃才显得真正"没有遮蔽"地如其所是。雅斯贝尔斯哲学的根本问题因此就是**生存**与**超越**的关系,是生存同超越之关联的显露,因而是对虚无主义的克服，如同克尔凯郭尔对"出于对作为另一种可能的存在的爱而直面虚无"进行过哲学思考那样。以生存哲学的方式进行哲学思考对雅斯贝尔斯来说尽管意味着从一切对象性返回到非对象性的发源地，但源始的存在尚不是生存之自由决定的自为存在，而是其超越的自在存在。"生存哲学是人类存在的哲学，它又超出了人类。"一切存在着并且借助于一种作为一个超越的存在之多义的"语言"的"想象"，在"生存的冥想"去阅读其自己的此在本身，以最终在生存的"挫败"中去经验存在并去赢得"天真的存在确定性"的，就是这种从无中瞄准存在的生存哲学的最后关注点。当海德格尔尝试在实际虚无主义的前提下及在其范围中，以一种**有限性**的**有限**形而上学①站稳脚跟时，雅斯贝尔斯想要以其形而上学来证明内在超越上的无－限（un-endlich）可能性。此在的时间上的"有限性"和虚无性对他来说意味着如此一种仅考虑到"无限"超越的永恒自我在场，而这一"生存"和"超越"关系的"神话"表达就是**灵魂**对**上帝**的关系。虽然哲学思考表现为宗教的对立面，但也仅仅是因为它本身也是对一种绝对自在存在的寻找。因为没有超越的话，不仅世界的秩序还有生存的澄明就都会失去它们的最终意义及深度。那独一和绝对的存在，"那不唯消逝着"且以其光明使一切存在着的东西焕发光芒的，应当通过形而上学"被召唤"。雅斯贝尔斯与宗教和哲学思辨的关系也是作为一种超越的语言之间接语言，与此相应地向积极转变着。因为超越尽管对于生存是"隐藏的"，但并未"消失"。

---

① 参见海德格尔，《康德与形而上学疑难》(*Kant und das Problem der Metaphysik*)，波恩1929年版。

作为一个进行认识的人，他认为一切的起源都不过是其赤裸此在之绝望的迷乱一瞬。如果他对自己动了真格，那么他又会获得那多于他的东西。在世界中他重新抓住客体性，那客体性威胁将他僵化为漠不相干状态或遗失于主体性之中；他在超越中抓住存在，在其存在中他将对他作为此在之显现的独特自由与作为自我存在的自己混为一谈。

雅斯贝尔斯同样也明白这种尝试的特殊困难："在生存的澄明基础上再次迈向一个新的维度。"因为形而上学的种种萌芽如今在生存意义上与所有当下的一般哲学思考一样含糊不清，而其可能性在对积极"强制着"①的认知的承认下或许已变得更纯粹，尽管也更狭窄。这样一来，"这一千年在超越方面展示给人们的"，在其被走样地占有之后，就能重新变得清晰了。

通过为着自己本身最后终结的无意义的生存向超越的这种原则性转向，所有从克尔凯郭尔那里接受的东西都进行了更改和限制，除了从中剥离了神学超越的那些生存概念，这些生存概念是在一种**德国唯心主义形而上学的生存状态重演**的意义上来说的。对于雅斯贝尔斯的生存哲学来说这是非常独特的，因为它有能力把如克尔凯郭尔和洪堡这两种本身完全不同的世界统

---

① 雅斯贝尔斯的整个哲学在方法论意义上决定了一种积极强制着的认知。其认知和真理概念并不由自身的起源展开，而是在一种"强制的相关性"理论中，通过对其在生存意义上关联着的积极科学之假定认知进行消极提取而展开的。与此相反，狄尔泰已经直接登上了对生存和形而上学假定，以及对现代科学的那种积极的意图强制的认知的澄清之路。

一起来，并在唯心主义形而上学的各种形式化基本概念中提供生存的澄明。

这一形而上学的器官是作为幻想、作为"可能生存之眼"的"绝对自我意识"。与艺术语言相似，超越的直接语言也如同诸对象的"一个第二世界"一样，是对象的抽象多义的"密码"。在这些形而上学符号中，那自在的抽象物在对象上变得可见。这些只能看见，但既不能查明也根本不能解释的象征意义没有任何止境。

在它之中有一种开放性在场，这种开放性虽有深刻的完成，但却没有其他由以理解自己的东西。它不是一开始就居于那已一般熟知的、它由之显现的存在的中央，而是停留在其开放性中，那开放性也从不可思议的深度——不确定的存在自那深度仅通过它本身发光——向当下的瞬间敞开。这种没有真正解释可能的可见的象征意义只能作为超越的密码而存在。

它的时间是纯粹的、永恒的当下，是一个持久的现在（ *nunc stans* ），并且没有不能成为超越之密码的东西。一摊街中水洼不逊于一幅地中海风光，一个残疾人不逊于一个所谓的健美的人能把存在在其绝对的重要性中言说出来。在这种对存在着的东西的密码的朗读中，一切"追问行动"都停止了，如同它也在无条件性中一瞬间就停止了生存行为一样。因为一切此在将变成"奇迹"和激动的好奇，只要它被作为密码朗读。——"但对于我们，此在还是销魂的；在一百个地方它仍然是起源，这行来自里尔克的《致奥尔弗斯的十四行诗》的诗句能够作为雅斯贝尔斯形而上学同时代的格言。但在存在之根基上激动着的人能以密码说出什么存在着的地方,"生存和才华"就成为一种作为"天才"的东西。所以在我们的时代有梵高①在现实的最远边界上以其日常此在的图画让超越开始言说。在生活的现实中模糊不清地或仅在生存的视角中此在着的东西,只要它作为密码被朗读出来,就对超越成为了"透明的"。在这种向着超越的超越活动中"发生着最深的对尘世的肯定,它面对着作为密码的世界此在才是可能的,因为在作为世界之光芒焕发的密码中超越的言说被秘密地听见。但在分离中没有欺骗就不可能有对尘世的赞同,因为无透明性的此在在自身中没有满足"。

但最后的密码——同时也是对所有其他事物的共鸣,就是失败,是"失败中的存在密码"。"尽管对上帝的认知成为了迷信,但真相就在于挫败的生存能够将多义性的言说转译为最单纯的存在确定性。只有对这最终的宁静来说,消逝着的瞬间中完成的幻影才毫无欺诈的可能。在毁灭的密码被朗读出来的地方,升起了对世界的真正接近。"

在失败中经验存在,是雅斯贝尔斯生存哲学的最后一言,其丰富的内涵对他而言形成于从一部《普通精神病理学》(1913)升到一部《世界观的心理学》(1919)的途中。这一哲学将读者置于如此问题之前,即在何种程度上他在其实际的生存中通过提起它、照亮它以及理解它来知悉自己本身。

雅斯贝尔斯看到了现代生活的公开普遍性,恰似克尔凯郭

---

① 参照雅斯贝尔斯,《斯特林堡和梵高》(*Strindberg und van Gogh*),柏林1922年版。

尔已在其对现代的批判（1846）中，通过一切人类实体的普遍衰败，通过人类存在的一个所谓**平均化**向一个赤裸的、缄默的此在所标明的。而且他解释了那种**显现得引人注目的思想**，即在"外在"此在不可避免地出现的平均化中，内在自我存在的早期形态最终能够变得更加明显！[①]因此对这平均化的评判尺度就停留在本来的自我存在的内在性中。这个自我存在在雅斯贝尔斯的观念中还保持着基督教的来源意义：人的"灵魂"之存在，与"上帝"有关。"绝对意识"一如在"爱""信仰"和——"幻想中"那样成为现实。与我们现代的生活世界及其冷静的"此在机制"相反——那此在机制的最著名的显现就是职业化的固定工作，**因此本来的自我存在就停留在无世界中了**。尽管它"在一切对其时间的反抗中"还"力求坚决性"，"**只想在这时间中生存**"，它仍不可能在黑格尔的意义上，通过它本身在一个"现成的自由世界"中的**对象化**，成为"实体的"。这个无世界的自我存在最多只能使它的世界焕发光芒，并在一种"孤独的交往中"，从个别的生存到个别的生存，造就出越发特殊的世界。"在其亲密关系中的伴侣"就显得是我们世界中的"本源的现实性"，以及那是"其本身"的人的"独一无二的本源的存在者"。对这个无世界性的方法论意义上的表达就是那"源始"的亦即非－对象的东西（Un-gegenständliche）的权威观念。源始的东西只伸展到一种向着对象性可理解物的进步的超越活动中，而其结果就是一种"浮动"。雅斯贝尔斯自己感受到了处在自我存在中

[①] 参照本文作者的《马克斯·韦伯与卡尔·马克思》(*Max Weber und Karl Marx*)，《社会科学和社会政治学档案》(Archiv für Sozialwissenschaft und Sozialpolitik)，第67卷，第1册，第91页及以下（为全集第5卷预定）。

的漂浮的无世界以及无根状态，尽管其哲学在把自我存在完全归属为源始的人类存在时唤醒了假象，然而它在克尔凯郭尔所给予它的生存的尖锐化中，还只是一切人类共同生活以及"客观精神"的现存秩序之崩溃的恶果。雅斯贝尔斯当然也**知道**自我存在的基本预设的这个世俗疑难问题。但围绕那存在的东西的反思性认知，以及又围绕着又属于这个认知的疑难问题，尚未改变存在本身，而只改变了存在意识。当雅斯贝尔斯把如今**"尚未变为客体的"**自我存在的可能性命名为决定着的，并把克尔凯郭尔的出乎世界入乎孤绝之路仅在"过渡的意义上"解释为难免的，但就他而言却称为哲学思考活动的内容以及生存活动的"踏入世界的意义"时，他表明了这个围绕着"自我存在"的世俗疑难问题的认知。因为世界的实现不是去跳跃；它其实是要达到自己本身的"唯一"的路。从生存到生存的爱在一个陷落着的世界中也保持着贫乏，因为没有对象性此在的空间。

  这个对现存世界的不但正直而且弃绝的态度，尤其对我们的时日之造化，是如此吸引和诱人，它还能够永远以一种未来的欺骗为基础。因为我们的世界如此"平均地"出现于其中的视野，通过内在性或自我存在的一个表达上的立足点，被预先确定了，这不是今天才有的，而是已经开始无根地对尼采形成，并且推动了这位目前还方兴未艾的未来哲学家，以所谓的灵魂治疗的观点，在总体的此岸生存的"更自然"[①]和"更健康"的可

---

  ① 雅斯贝尔斯碰巧（I, 11; 第133页）对"自然性"的观念批判地表达的内容，表明了他在其下只能设想一个非历史的建构，而非自身永远重复着并且向来历史性的可能性和正好不自然地生成之"生存"的必要性。进一步参照例如歌德与艾克曼在1828年3月11-12日的谈话。

能性方面，去设计一个还没有理智的"价值的去价值"。

鉴于正如雅斯贝尔斯以无与伦比的清澈性所看透和表达出来的现有的斗争阵线混乱，每种哲学立场都对准一种完全确定的阵线就属于它的命运；但疑问是：针对哪个？当雅斯贝尔斯向人们提醒自己"本身"时，他所反对的阵线，就是作为自我存在之缺陷的人类存在的平均化。但这是一个重要的疑问，不论它是否更取决于，为了一种自然的人性和**普遍**人性之物，去反对小市民的我向着一种生存意义的自我的升华。雅斯贝尔斯自己所提出的疑问，即对自我存在的要求是否不意味着一种"非人的"暴力，对生存的召唤是不是一种幻想的错觉，将由他不假思索地作为"实证主义"驳回，并且把在这种疑问中包含的客观关系秩序问题引向解决。

> 人所必须是的，他自己不再愿意去是的，处在这样一个层次，在其上哲学还有宗教都终结了，而政治－社会学的疑问作为纯粹实证主义的剩余下来，即关系的秩序如何可能，以及一种迷信是否对其或许不适用。①

在一个与超越有关的个体生存和无生存的世界完成之间，选择仅仅"在生存的意义上"保持着。但这种二者择一只是，

---

① 雅斯贝尔斯的社会学批判如此易于理解，如果它想领会人本身，比起它似乎按照雅斯贝尔斯的陈述而存在，从源始的马克思主义那里有更多要了解。弗里德里希·恩格斯对卡莱尔的《过去和现在》的评论（《马恩全集》历史考证版，I，2，第423页及以下），表明了马克思主义的理念在雅斯贝尔斯的状态分析面前有多么微小的胜出。

当人类生活的一切自然的和社会的联系已经首先水平化了，有利于一种据其本质而成疑的生存性的二者择一。而且只有一个如此的，超出新教自由意识的生存疑难问题，还需要重新克服它的一种超越的虚无主义，以至少在挫败中为其自我确定性找到根据。克尔凯郭尔的"上帝之能够在自己的对面创造自由的本质，就是十字架，哲学不能背负它，而是悬于其上"这句话正适合于这种问题。雅斯贝尔斯的句子，生活"不再值得怀疑"，如果它没有"在源始的平庸"引领存在的每一种透明（亦即超越）就能实现，就不言而喻地预设了，源始的人类存在必须完全通过可疑性才被突出，以至于一种与超越没有生存关联的生活是"平庸的"。但平庸性也就会在于那个生存的可疑性，它的平均就是不安，它的极端就是虚无主义，对此，那非同一般的东西就会是，一个人由以成为一个人的，他在其常态下将普遍之物实现出来的东西。这种在人之中的，没有它每种人类哲学都将会是无意义的普遍之物，比起它在一种个别自我存在的光明中还只作为"人群"（克尔凯郭尔），"群众"（雅斯贝尔斯）以及"常人的存在"的显现，却必然更长久地保持隐藏并留在暗处。但人类普遍性就像一个生存的深渊，很难说是一片人类博爱的平原，相反，它在"此在"与"生存"之裂隙的此岸并因此也在可能的"超越"之外，涉及人类存在本身。

时代的精神状况

Die geistige Situation der Zeit

1933

在德国并不缺乏文化哲学和时代批判。把握自身的当下，以便为未来获得某种方向，这样的尝试数不胜数。这类公开出版的著作中最有名的，在战前不久，是拉特瑙（Rathenaus）的《时代的批判》（*Zur Kritik der Zeit,* 1912）；而作为对欧洲灾难之总结的，则是施宾格勒的《西方的没落》（*Untergang des Abendlandes,* 1918），但其最初的文稿也还是在战前完成的。雅斯贝尔斯的崭新尝试[①]，即通过对当下的某种状况分析实现对当下根本问题的理解，不同于这一类的所有其他表述、尤其不同于那种以命题形式把一切所谓时代追问充塞浓缩进对"人"的唯一的、哲学上的根本追问的表述。"使人类想起自身"，是雅斯贝尔斯状况分析的真正意图和最后一言。这篇文章在最短的时间内做到了在受过教育的人中间几乎人手一份，即便它绝非某种容易消化的读物。它的突出成就起码证明了这一点：雅斯贝尔斯的文章迎合了当下那众多的人，他们对时代之种种困境中"存在着的东西"心怀不满，渴求一种指引着目标的导向，并且由于他们在人性方面或多或少面临着**虚无**，就寻找一个提供依靠的没有问题的**存在**——自己却并没有真正知道他们所寻找的这个存在究竟是什么。"如今**哲学是有意识的无庇护者的唯一可能性**。它不再是狭小圈子的事情；至少作为个人能够怎么生活这个问题

[①] 雅斯贝尔斯，《时代的精神状况》（*Die geistige Situation der Zeit*），"格申丛书"（Sammlung Göschen），第1000卷，1931年。

的现实性，它就是无数人的事务。"（第 128 页）通过对如今**迫在眉睫**的现实之物的批判性区别，去澄清这种自身并不明晰的寻找和想要知道，是雅斯贝尔斯文章毋庸置疑的功绩。但他之所以实现了对精神状况的澄明，恰恰是因为他没有给读者以草率的**回答**，相反，他虽然澄清了托尔斯泰的问题"我们该怎么办"，但保持了它的开放，并且放弃对这个问题给出个人决断的答复。雅斯贝尔斯的分析正面勾勒的，仅仅是种种可能"决断"的指导路线，虽然雅斯贝尔斯自己的决断，即抉择一种与"超越"有关的"生存"，难免已经预先规定了他究竟如何在所探讨的当下问题的丰富素材中画出那条线的方式方法。

雅斯贝尔斯从对当前流行意识之**历史来源**的概观出发：立于世界历史的转折处，这转折不仅关系到对世界的看法，还同样关系到人类存在本身的方式方法。

这种"划时代"意识的最初起源是 19 世纪初的世界变革，是迈入技术－经济的年代。无数按照黑格尔世界历史哲学中的德国古典哲学出发点来谈论意识的文献，面临着虚无或者某种完全改变了的未来。丹麦人索伦·克尔凯郭尔继承了费希特的《当前时代的基本特征》(*Grundzügen des gegenwärtigen Zeitalters,* 1806)，通过对当前的批判（1846 年）以某种方式表达了这种面临虚无，雅斯贝尔斯甚至确信它对于我们的当前是明显和标志性的。克尔凯郭尔的批判乍一听就像对我们时代的批判一样，似乎它是昨天才写好的。他把人放在了虚无的面前。几十年后出了尼采，他不熟悉克尔凯郭尔。他看到了欧洲虚无主义的升起，以此对他的时代做出了无情的诊断。这两位哲学家都是同时代人眼里的奇葩，他们虽然带来了轰动，但尚未被认真地对待。

当他们看到已经存在的东西时,他们波澜不惊地对它进行了率先把握;因此时至今日他们才成为完全当下的思想家。从这些"划时代意识"的种种文献出发,雅斯贝尔斯试图对当下的状况进行澄清和描述,以便通过在生存上与某种与虽"被遮蔽"但并未"消逝"的**超越**发生关系,最终为现代人类世界的无信仰的此在开启有关"形而上学"的新的可能性。在雅斯贝尔斯看来,这是因为人并非单纯地在此,被各种各样的特征、本性、社会和经济所规定,而是"生存着",也就是说,他毕竟还是明知且故意地以自由来决断,按照可能性他会是什么,他**能够**(kann)是什么。尽管现代的"大众此在"(Massendasein)及其疑难问题甚至把生存的源始自我存在包裹得像一架通用呆板的"此在装置"(Daseinsapparat)并束缚了自我存在的真正可能性,人的存在却并不为了经济和社会的此在而化为单纯的操持。然而**一切**秩序都有其绝对的边界,只有在"临界状况"中生存的人逾越了这个边界。种种临界状况是**死**,是避免不了的**痛苦**,是扬弃不了的**斗争**以及偿还不了的**孽债**,它表明人的生命作为单纯的世界此在是无依无靠的。当人**无条件地**知道自己处于种种这样的临界状况,也就是说,当人在特殊的意义上"生存着",人的状况才是一种"精神"状况。但有这样一种危险,即从各种古怪偏见中解脱出来的人,现在逐渐僵死于他自己创造的世界,变成一种被技术所规定的、赤裸且"缄默"的此在。"如果说在其历史道路的开端,他曾面临着被自然力量从肉体上毁灭的危险,那么现在威胁着他的本质的就是他自己造成的世界。虽然和他不为人知的成长开端在不同的层次上,但又一次地,一切莫不与之相关。"(第162页)被逼入自己创造的此在装置中的人，如今**在本身上**，也就是在其人性上，处于一场危机之中。"数千年间作为人类世界的东西，看起来就要崩溃在今天了。新兴的世界作为操持此在（Daseinsfürsorge）的装置，迫使一切都为它服务。它毁灭在它之中没有位置的东西。看起来人就要化为只是手段而非目的更谈不上意义的东西。……因此，有这样一种普遍的意识，认为在根本重要的东西上出了毛病。一切都变得可疑，一切都自认为受到了威胁。现在各份报纸上谈论危机，就像曾几何时流行的措辞说我们生活在一个过渡的时代，以及在 30 年前说我们的精神此在处于世纪的终末（fin de siècle）一样。有人追问深层原因并发现了国家的危机；如果统治的方式并不导致意志的形成，允诺的态度也摇摆不定，那么一切都摇摆不定了。又如有人发现了某种作为一切精神的东西之腐化败坏的文化危机；又如最终发现了人之存在本身的危机。被绝对化的大众秩序，其边界通过震撼一切的热烈而暴露出来。——危机实际上是**信任的缺乏**。如果人们还持守于表面形式的法律、无法反驳的科学、坚定不移的习俗的强制，那么这就不过是对物的算计，而不是信任。如果一切都工于单纯此在利益的有目的性，那么整体的实质性的意识就消失了。……这时只在最小的范围内还有信任，没有信任的总体性。一切都面临危机，这危机既无法审视也无法从根本上把握以及重新纠正，而是作为我们要抓住、要承受、要战胜的命运。"（第 65 页及以下）

对如今有什么东西仍是真正现实的这个问题，雅斯贝尔斯回答说："关于危险和失落的意识。"因为公开或私人生活的每一种客观上现存的现实性都变得模棱两可了："真的东西幻化于无可挽回的丧失，实体幻化于不知所措，现实性幻化于伪装。

谁想在危机中找到它的起因，必须经历丧失以便学会回忆；必须穿过不知所措以便达到对自身的决断；必须尝试伪装以便觉察到真实。"（第 69 页）原本的人之存在，现在成了没有客观此在形态的个别的人之存在，它或多或少是无世界的，但仍然是种种新的实现的唯一可能的出发点。"**新世界**不可能通过理智的此在秩序本身而从危机中产生出来，相反，比起人在此在秩序中创造的东西，人更多地是在国家整体——对这整体而言，此在秩序成为了手段——的意志中通过**国家**而赢得自身，更多地是在**精神创造**中通过这创造达到对本质的意识。在这两条路上，他都能在自由的自我创造的高贵中重新确保他在单纯此在秩序中所失去的**人之存在**的源头和目标。如果他相信在国家中能把握到根本的东西，他就得到了这种经验，即国家并非自在地就是一切，相反它只是提供可能性的场所而已。如果他把**精神**信任为一种自在存在，那么呈现给他的是，精神在各种持存着的客观性上都是可疑的。他必须返回开端，返回那国家和精神都从中获得血脉和现实的**人之存在**。"（第 69 页）与这种基本导向相应，雅斯贝尔斯以他特有的技巧但也是表达上的做作、以并不许诺任何东西却围绕所有东西打转的批判，对**国家**、**教育**、**教化**和**精神创造**中的具体精神状况进行了探讨。

  对所有这些问题的种种单独的看法都是如此言之凿凿并且看起来无可反驳，这些问题在整体上预设了一种"自身存在"的观念，它之所以是一种意识形态，是因为它是已被黑格尔刻画为现代市民社会特征的对社会个别化的夸大的、升华的表达。这种退回自身的、无世界的自我存在，在本质上得到了**反思**。雅斯贝尔斯所从事的有特色的反思有一种特点，即读者没有获得任何说出来的确定的东西，因为一切说出来的东西都是相互限制着的。缺少支持这个反对那个的正面明确的见解和意见，这一点普遍地产生于雅斯贝尔斯自己所顾虑的、在精神领域中并不亚于在政治领域中的某种"当前一切斗争阵线的不明确性"。"无阵线的斗争"从外部规定了雅斯贝尔斯本人反思立场的内在困难。"它简直就是那阴森可怖的东西，它带来不安，因为人不确定反对什么为了什么而斗争。……一场人们明白必须同何人进行的斗争，是开放的。然而在现代的此在秩序中，人在种种瞬间的清晰之后都遭遇了**阵线的混乱**。方才似乎是对手的，已然联合起来；按照成竹在胸的客观性必定是对手的，正在齐心协力；本来看似敌对的，放弃了争斗；看似一致的阵线，转而自相反对。并且一切都在动荡的混乱更迭之中。它是某种能使我的表面近邻变成对手，使天各一方者成为同盟的东西。人们可能设想，这种图景起于如今要见分晓的两个时代的斗争，但个人并不知道他立于何方，也无人能知道何者最终过时，何者是真正的未来；时代在其本质中就不甚明晰；于是人们也许背离本意误解状况而自相争斗。然而本来就既没有过去时代的统一性，也没有未来时代的统一性。人的本质作为其在各个时代都未完成的时间此在的不安，在其历史中毋宁是一种始终居间的东西（Zwischen）。对将来时代之统一的追寻于人无助，但正当其时地去揭露那同时有碍此在秩序和自我存在的莫名之力，这种永不止息的尝试也许是有助于人的。"（159页及以下）

这个疑难问题的后果就是，被各方面的反思所教化成的当代人——也只有这样的人——在其可能的种种决断中被压抑在一个**客观上**看是无根的立场上。雅斯贝尔斯的思想和言说，正因为它们的正直中肯,就活跃于对持存着的**或支持这个或支持那个**的二者择一的持续抵抗中;这种抵抗也反对按照这种模式:不是"或此或彼"而是"不仅而且"地,通过综合和妥协对二者择一进行掩饰。这种思想指引他对一切公开确立的立场进行不断的批判性松动,而这种松动的结果也同样程度地是一种"或此或彼",比如在政治的方面。"不管是**民族意义上的大众**,还是操持此在的不定的**成群大众**(*Massenvolk*),如今都粗暴地砸烂了系于其大众的模糊基础上的源始的自我存在。对于一种清醒的意识而言,不再可能迈上它们那条斗争阵线。凡是想真正分享人之命运的人,必须来到一个更深的基础上。"(第87页)关于战争的问题同样也说:"这种状况看起来提出要求,要人在和平时期**支持或反对战争的精神斗争中变得积极主动**。然而,这种在无法把握的人类命运整体前的二者择一是站不住脚的,除非通过某种单独的力量为所有人保证了和平,如果人们愿意服从这力量的话。困难在于所有方面的掩饰。为了唤起战争意志的军事作秀并不展示处于毒气袭击中的居民,并不展示饥馑与现实的死亡。和平主义的论调隐瞒了遭受奴役和按照不抵抗原则去生活意味着什么。"(第90页)在教育、教化与报刊评论方面持存着的二者择一同样是具有相对性的,比如众所周知的在专业内行与一般通识、在社会解放的教育与受国家约束的教育之间的或此或彼(还有不仅而且)。因为"或者"国家听任各种不同要求的斗争去决定教育,于是在没有真正社会精神的学派与没有延续性的学派之间就存在着个人政治与党派政治的混乱变迁的危险——"或者"国家为了它的目的夺取了教育,于是虽然产生了一种统一的教育,但丧失掉了个人观念的精神自由。与这种二者择一相反，雅斯贝尔斯说："但如果教育要重新变得像在它最好的那些瞬间中它曾是的那样，也就是使**在历史的连续性中成为一个自我存在的人**能够实现，那么就只能从信仰出发，这种信仰以学习和训练的严格性，间接地使人获得某种精神的收获。在这一点上，是没办法开出任何处方的。"（第 97 页）

然而，雅斯贝尔斯为了从中把所有那类公认的二者择一引入未决状态中并通过反思而使其具有相对性，所不断追溯的人之存在的"深层基础"，是不可思议的，因为"非对象性的"**个体的自我存在**是在其"超越"中的"生存"。在这一点上有待更确切理解的东西，是雅斯贝尔斯系统性哲学[①]的课题，经由"**如今的人之存在如何被理解**"的方式方法对生存上的自我存在的划界与撤回，状况分析仅仅暗示了它是无生存的（existenzlos）。

雅斯贝尔斯对人之存在的追问想要摆脱"被固定下来供选择的种种世界观的客观性的教条"，这个追问并不清晰。因为人总是比他通过客观研究和直接认知而从自身上所了解的要更多。他并不单纯一劳永逸地如何如何是一种肉体的、性命的、本能的、社会的要不然就是被预先规定的我（Ich），而是他"自身"（selbst）。他不是有待查明的此在持存，相反，他就"是"他自己的"**可能性**"，这可能性贯穿于他用以决断自己想是什么以及能是什么的**自由**。雅斯贝尔斯要"呼唤"这种因为非对象性而"源

[①] 雅斯贝尔斯，《哲学》，第1卷：世界的方向；第2卷：生存的澄明；第3卷：形而上学。柏林1932年版，另请参看本文作者洛维特的《生存哲学》，载《德国教育杂志》（Zeitschrift für deutsche Bildung），1932年12月，即本书第1页及以下。

始"的自我存在的自由。① 原先打上克尔凯郭尔烙印的生存概念（自我存在、生存、决断）被雅斯贝尔斯脱去了其基督教神学的含义，并以一种重复**德国观念论的自由形而上学**的方式而"被改变了"。

人或者像一个单纯的此在持存一样了解和把握自身，或者进行哲学思考，把自己带入"悬而未决"之中，这两种可能性在目前对于雅斯贝尔斯而言，就是以**心理学**、**社会学**以及**人类学**为题，还是以"**生存哲学**"为题。在雅斯贝尔斯的观念中，生存哲学就是人之存在的哲学，通过由超越而来的生存上的关系，"它又一次逾越了人"。带着对这种形而上的生存哲学的意图，雅斯贝尔斯对作为关于人的现代科学之典型表现的马克思主义社会学和精神分析的心理学进行了批判。这种批判也和预设好的自我存在概念同起同落。对雅斯贝尔斯来说，只要马克思和弗洛伊德的发现要求从整体上把握人本身，它们就变成了对人之存在的单纯掩盖。马克思主义和精神分析学都掩盖了那使人成其为人的东西，也就是那种不同于他向来就受条件限制的此在的，他的生存与超越。"马克思主义、精神分析学和种族主义理论都具有特别的**毁坏特性**。正如马克思主义想要把一切精神性的此在揭示为上层建筑，精神分析学想要把它揭示为被压抑的本欲的升华；于是人们仍称作文化的东西，就弄得像是某种

---

① 只要雅斯贝尔斯对其"生存的澄明"观念与海德格尔生存的存在论做出了一种虽无名但明确的划界（第3卷，429页及以下），它就出于这种动机，即不去"呼唤"一种作为"存在命题体系"的"存在论"，而是将种种生存关系重新"客观化"。但通过什么去断定，什么东西更迫切地呼唤生存，是一种经由此在分析中形式化的存在命题的间接告知，还是一种对生存的澄明命题所呼唤的意义的不断重复的直接提示？

强迫性神经症一样。种族主义理论导致了一种毫无希望的对历史的看法。……这三种思潮都倾向于毁灭曾经看起来对人有价值的东西。它们首先是对各种无条件者的破坏,因为后者作为知识,使自己成为了虚假的无条件者,断定其他所有东西都是有条件的。比如跌落的不仅是神性,还有哲学信念的各种形态。为了朝着虚无进发,最高贵和最下流的东西披上了同样的术语。这三种思潮无疑都是时代的转折点;凡存在的,必须被打破,以便产生未知的新事物,或者什么也不留。对它们来说,新乃是理智之主。虽然共产主义与弗洛伊德以及种族主义理论在各不相同的道路上想象出了某种理想,但都是对于某种未来而言的,在这未来中有效的不是幻相和神性,而是理智和现实。**它们转而反对那些信仰某种东西的人,并以它们的方式对之加以揭露**。它们不证明,而是仅仅重复着相对简单的解释风格。就它们本身也是对信仰的表达而言,它们是无法反驳的;它们信仰虚无,并且古怪狂热地在种种存在形态的教条主义中确信它们的信仰,它们以那些存在形态来掩盖它们的虚无:有两个阶级……本欲及其转化……人种,这些理论各自的代言人或许在现实中信仰着完全不同的东西且不自知。"(第143页以下)所有这些现代的人类学①方法虽然**在人身上**看出了某些东西,但并不熟悉人之存在本身。"但人作为其自发行动的可能性,反对单纯地作为结果而存在。个人在社会学或心理学或人类学上被建构成的样子,对个人来说并不是特别不得了的。通过把现实中可认识的东西把握为某种特别和相对的东西,他就从照耀着他的

---

① 此处的"人类学"一词不同于前文的外来词 Anthropologie,是德文的 Menschenkunde。——译注

种种科学最终希望造成的东西中解放出来。"（第 144 页）

这种对人的单纯了如指掌被生存哲学超过了，生存哲学在解读那唯一和绝对存在的存在者的"密码"时，以一种无启示的信仰把自身确定了下来。"通过超越（作为哲学上的世界方向的）一切凝视着存在的世界认识而**被带入未决之中**，这种（作为生存澄明的）思想诉诸它的自由并在对（作为形而上学的）超越的召唤中获得了它无条件活动的空间。"（第 145 页）

在当前各种斗争阵线的混乱中，甚至雅斯贝尔斯的哲学反对**哪一**阵线，也属于其哲学的命运。雅斯贝尔斯面临的阵线，正像曾经在克尔凯郭尔那里的一样，是人之存在向着某种一般的、单纯的此在的所谓"平均化"。评判平均化之**为**平均化的固定尺度是一种被夸大的、与"大众此在"相反的"自我存在"观念。因为如今所**共有**的东西，不是"作为精神而穿透着万事万物的人之存在，而是平庸思想、流行用语、交通工具和娱乐活动。它们是人漂浮于其中的水，而不是实体，实体就意味着能在它那里分有存在。一般的社会学状况并不是决定性的，它毋宁是那消散到虚无中的东西"（第 20 页）。然而，如此这般对雅斯贝尔斯显现为某种"**单纯的社会学**"状况的这一假象，本身不过是一种受社会条件限制的个别化反映，这种个别化使其此在困境成为生存的德性，正如克尔凯郭尔从一切人类秩序的崩溃中赢得了他的"独一者"范畴一样。在独一者的这种指向"超越"的"生存"中仍反照出"灵魂"与"上帝"的关系。但克尔凯郭尔从其个别化的虚无主义中绝望地一跃而出所面向的那个人格神，在雅斯贝尔斯的形而上学中成为了一种多义的"密码"，它的语言通过"幻想"才得以解读。在这"幻化着"世界的幻想之光中，那也许本来就实实在在的东西，"老套地"对雅斯贝尔斯显现出来。信、爱以及希望的古老的三和弦，对他而言变成了信、爱以及——幻想。取代希望的，是一种"失败"的形而上学。

这种失败的形而上学是"自我存在"预设的最终结果。关于这种"作出决断"的自我存在是这样说的：如今还"不"可能客观地形成，只是构成了种种"越来越特殊的"世界。关于自我存在的这些越来越特殊的世界，雅斯贝尔斯相信，它们把一般世界包含于自身，而不是被它所侵犯。但如果有人问，雅斯贝尔斯为什么必须假设这一点，自我存在为何如今还不可能客观地形成，回答就一定是：并非由于尤其在德国，果断的、自我存在着的人还**太少**，而是由于对那决断自身的、黑格尔认为其道德顶点乃是"良知"的主体性而言，在客观的此在形态中对象性地、一般地去形成，按照其最本己的本质来看，是不成功的。在方法论上与此相应，雅斯贝尔斯在原则上把人的"源始"存在预设为一种非对象性的存在，以至于"生存"通过对各种对象性的超越或逾越而得以描述。这种最为深入的**浪漫主义**生存概念不仅是克尔凯郭尔的显而易见的边界，也是雅斯贝尔斯以一种广阔的世界方向所遮掩起来的边界。

因此雅斯贝尔斯哲学在世界问题上的前后一致并不是偶然地保持为单纯的**假设**。比如一个真正的国家之成为可能，呼唤着一种起引导作用的"高贵"。但雅斯贝尔斯心中的这种高贵正如生存以及一般自我存在，在对象上是无法把握的。因为这种高贵既不是以社会也不是以种族的方式存在，它也不能通过某种最优选择被驯养出来并抬上明显的统治地位，相反，它是"在人之中"的一种无名的、纯粹生存上的高贵。也就是说，它把自己还原到自我存在的方式方法上。因此它也不能指望有组织地为自身塑形，而是在一种"无形的精神王国"中生存。现在，高贵不再是张三李四由于出身、教育和成就的原因而属于的一个种类；相反，真正的高贵，是人类**完全**"处于其奋发向上的可能性（！）中"——因而归根到底与雅斯贝尔斯所称的"哲学生活"相一致。然而——以及并且，对雅斯贝尔斯来说，它具有非同小可的突出特征：紧邻着各种对象性确定性的消散，又暗示了某种**完全具体的**、曾现实此在着的自我存在的处境，暗示了战末德国前线士兵的独自忍受。然而雅斯贝尔斯并未固守于这种现实性，如果人们想从中对他的政治立场作出直接的结论，那就会弄错；因为在紧接着的段落中，雅斯贝尔斯把这种现实性用作"当前一般自我存在之可能性"的一种"象征"。对当前在国家、社会、经济、技术以及精神生活方面总是完全确定的现实性的难以避免的暗示——却是这样一种暗示，以至于这些可能性**本身**，在生存的种种不确定的可能性中被驳回和废除——这种方法论上的循环在雅斯贝尔斯的状况分析中已经通过自身证明了，可能性甚至在原则上担负着它的颠倒。

　　雅斯贝尔斯通过生存的澄明对一般的种种此在条件——比如社会政治条件——的掩饰，容易颠倒为通过对后者的掩饰而对前者的澄明。但相较于雅斯贝尔斯，真正决定性的问题还不是这样一种颠倒，而是退回到对这种模棱两可的循环本身的前提中。对人来说重要的既可以是"生存"又可以是"此在"，但如果人们还想知道，**一般**重要而非对这人那人重要的是什么，那么这种"以什么为重要"就无法随便去"决断"了。相反，或许要在每个这样的决断**之前**去追问它的**前提**,这前提就是以此在和生存,对简单的人之存在和整体的人之存在所做出的区别。但在雅斯贝尔斯这里,这种基本区别的最终根据在于与"超越"、与某种绝对自在存在的关系中,这种绝对自在存在超出了人,并且因此把人的世俗生命的直接问题抛在了身后。

雅斯贝尔斯哲学的三方面划分——"世界方向"(即对客观现实性的研究)、"生存澄明"(即对自我存在的呼吁)、"形而上学"(即对超越的寻找),以康德为历史依托,并实质上从整个存在本身的"分裂状态"出发为自己辩护,这分裂状态也就是在自为持存着的短暂世界中和在自在存在着的无限超越中的分裂状态,二者对于某个安放于自身的生存来说,都是个问题。对于雅斯贝尔斯而言,只是基于**生存**——相比于可知世界,它是在玄妙莫测的**超越**上自由地进行决断的生存——的这种方向,才产生了把人本身划分为世俗"此在"和系于超越的"生存"的根本区别及其全部后果。他认为,如果此在和生存没有双双系于超越,那么此在就不是单纯的"此在",生存就不是原本的"生存"。雅斯贝尔斯并不是从一般的、实际的此在条件中发展出本真的人之此在的现实可能性,相反,他从一开始就预设了这种人之存在是系于"虽被遮蔽但并未消失的"超越之上的。虽然通过实证科学的"强行认识",如今在超越的形而上学的可能性相当狭窄了,但——雅斯贝尔斯认为——千年来在超越上展示给人类的东西,"在它变了个样地被获得之后",仍然能够再次清晰起来。"幻化"于此世之光中的超越在雅斯贝尔斯看来是没有意义的,它原本就只是实在的东西。

雅斯贝尔斯在作为有条件此在和无条件生存的人身上所做

的区分,在原则上重复了以"经验"之我和"绝对"之我对人类之我的**观念论**上的基本区分。这种区分就其本身而言,把康德以"自然本质"和"理性本质"对人所作的区分追溯到了笛卡尔的"广延之物"(res extensa)与"思维之物"(res cogitans)之分。甚至迄今为止的一切实证科学及其绝非"无可反驳"的认识都基于这种现代的二元论。黑格尔以其辩证的中介哲学,进行了超越这种二元论的最后一次大规模尝试。但这种尝试也局限于观念论反思哲学的传统,因为它和后者一样局限于**基督教**传统。从基督教以内在的、精神的人和外在的、世俗的人对整个人所做的基本区分出发,不仅经验自我和绝对自我的,还有此在与生存的观念论区分,最终都缘起于基督教通过内在的、精神的人和外在的、世俗的人对整个人的基本区分。基督教的世俗化实现于这两种区分之中。但雅斯贝尔斯哲学**坚持**当作疑难问题的恰恰是这种基督教人类学的**世俗化**,它是否真的是一个疑难问题尚有争议。人在一个没有"上帝"的世界中甚至连"灵魂"也没有。"超越"和"生存"的疑难问题,对雅斯贝尔斯寻回简单的、自然的人的概念以及——在尼采通过铲除安放在人类存在的"基本文本"之上的"大量空洞狂热的解释与附会",尝试恢复自然的人,把对这概念的追问置于不顾的地方——重新展开对这概念的追问,产生了阻碍作用。

"人啊!——最虚荣的人的虚荣同最谦虚的人在自然与世界中作为'人'的自我感觉方面所拥有的虚荣相比算得了什么"①,尼采在"人性的,太人性的"这一标题下说。

---

① 《人性的,太人性的》(*Menschliches, Allzumenschliches*),第304节。译文来自中国人民大学出版社2005年出版的杨恒达译本。——译注

卡尔·施米特的偶然决断论[①]

Der okkasionelle Dezisionismus

von C. Schmitt

1935

[①] 本文较早的中译文见于上海三联书店2002年出版的《施米特与政治法学》，刘小枫选编，译者冯克利，校者刘小枫。

> 人种劣化到何种程度，
> 行动就带有多少决断的特征。
>
> 恩斯特·云格尔:《叶与石》

当如同政府顾问卡尔·施米特这样机智和在实践上富有影响的公法专家说出何为政治之物这个问题时，其阐述的意图和影响远超乎其学术专业领域。然而施米特就此问题进行讨论的文章《政治的概念》①，要在其整个覆盖范围上去理解，只能与已成明日黄花但实质上仍不无关联的"中立化和去政治化的时代"的谈话以及两篇早期文章《政治浪漫主义》和《政治神学》相联系②。因为施米特自己对政治的独特本质概念一般以这样的方式得以表明，即它首先是一个对浪漫的概念而言斗争性的对立概念，然后是一个对神学的概念而言世俗化的相邻概念。③施米特借以描述政治浪漫主义、尤其是

---

① 此文于1927年最初发表在《社会科学和社会政治学档案》，此后于1932年同关于中立化时代的讲话一道发表第二版，最后于1933年发表第三版。我所引用的，如无其他附注，即出自第二版。

② 这两篇文章均引用第二版。

③ 对立概念（Gegenbegriff）与相邻概念（Nebenbegriff），冯克利译文中全部译为"观念"（英译本为 concept）。更重要的是，此处漏掉了对立概念（英译为 counter-concept）的"对立"与相邻概念的"相邻"（英译本也漏了）。——译注

亚当·米勒政治浪漫主义特征的基本概念，是讽刺性的**偶因论**，而其借以描述政治神学，尤其是多诺索·柯特政治神学特征的基本概念，是专制的**决断论**。这将表明，施米特反浪漫主义和非神学的决断论不过是其视机会和环境而行动的另一面。

　　施米特的诸论述本质上是"论战性的"，这就是说，它们不仅时常针对这个那个进行批评以阐明自己的看法，而且其自身的"正当性"①也完全以它们所批评的东西为根据。他的对手是19世纪的自由国家，其非政治的特征被施米特认为与现时代**去政治化**的一种普遍趋势有关。②由于这种国家的去政治化趋势主要是③借助经济和技术来寻找一个政治中立的基础，施米特就把这种去政治化的趋势也表述为一种**中立化**的趋势。政治上关键区别的中立化以及对其决断的推迟，自从第三等级的解放、公民民主的养成及其深化为工业化大众民主以来，已发展到倒向其反面的决定性时刻：倒向一种一切领域，哪怕是表面上最中立的生活领域的**总体政治化**。因此在马克思主义的俄国产生了一个工人国家，"它比曾经的绝对君主国家有更多更强的国家性"，在法西斯主义的意大利产生了一个社团

---

　　① 冯克利通过英译本中的"correctness"译为"校正"，但此处德文是Richtigkeit，来自形容词 richtig，而不是与英文 correct 相应的动词 korregieren，因此应为"正当性"或"正确性"。即使仅从英文来看，冯也没有理解到在英文 correctness 中，correct 是形容词意义上的，与"校正"对应的并不是correctness，而是 correction。——译注

　　② 《政治的概念》（*Der Begriff des Politischen*），第74页及以下。

　　③ "主要"一词为 vorzüglich，英译本为 particularly，冯克利译本漏译。——译注

国家，它除了规范国家劳动，还规范业余生活①以及全部的精神生活，而在国族社会主义的德国产生了一个充分彻底组织起来的国家，它同样也通过种族隔离法及诸如此类的措施，把此前曾是私人性的生活政治化了。但是施米特在出现于中立化时代之终结处的"精神虚无"中，看到了这种政治化的消极的先决条件。②然而，在迈向20世纪的过程中，这种状况只可能是一种"权宜之计"，而只有"当哪类政治足够强大以驾驭新的技术，以及在新的土壤上成长出来的哪类阵营是真正的朋友，哪些是真正的敌人显示出来的时候"③，我们所谓技术时代的"最终意义"才能产生出来。尽管如此，这种新的政治中心化（Zentralwerden）之意味着在欧洲人最近四个世纪以来寻获"其人类此在的中心"的"精神领域"中，政治现在或许开始作为**中心领域**并成为国家的"实质（Substanz）"④，也并不是施米特的意见。他认为，尽管在最近四个世纪的进程中人类此在的精神中心转移了四次，从**神学**到**形而上学**以及从**人本主义道**

---

① 原文为意大利语词汇 Dopolavoro，dopo 表示后，lavoro 表示工作。墨索里尼于1925年准予成立国家业余俱乐部（Opera Nazionale Dopolavoro）作为法西斯主义者的休闲和娱乐组织。——译注

② "在我们之前的一代德国人被一种文化上的衰败情绪所侵袭，它在世界大战前已经表现出来了，而完全无需等到1918年的崩溃和斯宾格勒的《西方的没落》。在恩斯特·特洛尔奇、马克斯·韦伯和瓦尔特·拉特瑙那里都找到了无数如此情绪的表达。……人们先从宗教和神学，再从形而上学和国家中抽身离去之后，如今看来将要从一切一般文化之物中抽身，而文化之死的中立性达到了。"《政治的概念》，第78页及以下。

③《政治的概念》，第80页。

④ 同上书，第27页。

德到**经济**,并且一切专门概念也随之在其意义上发生了转变①;但国家也是"由于敌友阵营这种决定性的争议话题同样也受决定性的实事领域所规定,而从当时的中心领域"获取其"现实和力量"。②但政治本身根本不是特殊的实事领域,因此从来也不是一个可能的中心领域。③施米特从未说过,哪种特定的实事领域如今对于我们的时代具有决定性。他所表述的仅仅是过去四个世纪的历史阶段,所确定下来的也仅仅是这一消极的洞见,即生活的中心领域原则上说**不可能是中立**的,而并未确定20世纪的极权国家从哪个领域——如果不是从某种出自"20世纪之神话"的东西中——取来其精神力量和现实性。尽管施米特一度④把"政治纲领的智性乐曲"从政治神话的"非理性(Irrationalität)"中区别出来,认为这种神话与"现实的战争"有关而源于"政治行为",但除了这种"现实的"、真实的和真正的战争之内容仍保持着浪漫主义的模糊不清之外⑤,在《政治的概念》中也丝毫没有出现对一种作为现代政治活动精神基础的新神话的任何提示。

在这种由詹巴蒂斯塔·维科和奥古斯特·孔德支撑起的历史建构的范围内,施米特赋予浪漫主义以一种特殊的角色。因为在这种浪漫主义中发生了从18世纪到19世纪疑难性的过渡,即从人本主义道德的统治地位转向技术经济的统治地

---

① 同上书,第58页,第72页及以下。
② 同上书,第73页。
③ 同上书,第14页和第26页。
④ 《政治浪漫主义》(*Politische Romantik*),第225页。
⑤ 另请参看上书第132页以下。

位。"19世纪的浪漫主义实际上仅意味着18世纪道德主义和19世纪经济主义之间审美性的过渡阶段,仅意味着一种借助一切精神领域的审美化而引起的转变,尽管十分轻巧而卓有成效。因为从形而上学性与道德性通往经济性的道路,是经过了审美性的。"① 所以,这种一切生活领域的审美化仅仅相当于那种借助经济和技术所产生的彻底中立化的前奏。浪漫主义运动的支持者是新兴的资产阶级。"它的时代始于18世纪;1789年,它以革命的威力战胜了君主、贵族和教会;1848年6月,在抵挡革命的无产阶级而捍卫自己时,它已然又站在了街垒的另一方。"② 卡尔·施米特与这种浪漫主义及其多变的政治代表人物、极权国家学说的创立者亚当·米勒有一种明显的相似之处,这使得其足智多谋的批判尤其富有启发性,"最近据说需要被克服的德国浪漫主义到底还是一个深不可测的储藏,如今一切不平淡精准地运思的东西,在其中都有其精神来源"③。据施米特的分析,浪漫主义者一般表现为,对他而言**一切**皆可成为精神生活的中心,因为其自身的生存是无中心点的。对于真正的浪漫主义者来说,中心永远只是其机智谐讽而根本不牢靠的自我。"在自由主义的市民世界里,个别的、孤立的、解放了的个人成了终审法院,成了绝对的东西。"④ 但其自身的这种绝对却由于缺乏一个内容丰富的世界,而本

---

① 《政治的概念》,第70页;参看《政治浪漫主义》,第21页。

② 《政治浪漫主义》,第16页和第141页。

③ 卡尔·施米特,《特奥多尔·多伊布勒的〈北极光〉》(*Th. Däublers Nordlicht*),1916年,第10页及以下。

④ 《政治浪漫主义》,第141页。

身就是一个绝对的虚无。^①从这些东西到人类生存之登峰造极的孤立化和私人化，距离正相反的东西，即一种极端的公共约束仅一步之遥，比如去存在于天主教社团中，或那本身成为宗教活动那个样子的国家政治中。^②然而，只要浪漫主义者还是浪漫主义者，整个世界对他来说就成了纯然的契机，纯然的机会或时运（occasio），用浪漫主义的话说，就是对于其谐讽狡黠之自我的生产性活动，成了"手段""刺激"或"弹性点"。这种浪漫主义的时运概念反对——恰如施米特的决断概念——"规范上的各种约束"^③。

浪漫主义言语的特有形式不是命令或者任何不容争辩的断言，而是"永恒的对话"，是偶然激发而无明确开端及目的的言语。浪漫主义者混淆一切范畴，无力作出明确的区分与

---

① "只有在一种个人主义地分化的社会里，审美创造出来的主体才可能把精神的中心转移到自己本身，只有在一个使个体在精神物中孤立了的市民世界里，这主体才自在地注意到自身并使他承担起全部负重，那负重是在一种严格区分不同职责的社会秩序中所分派的。在这种社会里任由私人的个体成为其自身的僧侣。……在私人的僧侣化中，有浪漫主义和浪漫主义现象的最终根源。"（《政治浪漫主义》第26页）

② 《政治浪漫主义》，第87页。

③ "此乃一个消解性的概念,因为一切给予人生世故以一贯性（Konsequenz）和秩序的东西……与纯偶然性事物的表象是不相容的。在机会与偶然之物成为原则的地方，产生了超然于那些约束之上的巨大卓越性……比如在马勒伯朗士的哲学中，上帝是最终的绝对的法庭，整个世界以及一切在其中发生的事物都只是上帝独有权能的契机。这是一幅辉煌的世界图景，上帝的卓越性提升到一种……难以置信之伟大。这种典型的偶然性态度仅能如此保持存在，即同时在上帝的地位上却出现了某种别的东西作为最高法庭和决定性因素，比如国家、人民或者还有个别主体。后者即浪漫主义中的情况。"——而前者即施米特的反浪漫主义中的情况！（同上书，第22页以下）

决断,无力作出不容分说的决定。①政治浪漫主义因为缺乏道德上的严肃态度和政治上的能量,而只是一种伪政治。然而由于无论何时,人类事务的进程由果断之人所决定,对浪漫主义无实质的优柔寡断而言,这就意味着它只能屈心抑志效劳于**异己的**决断而止步不前。②以这种浪漫主义,施米特在很大的程度上也描绘了自己本身的特征,因为他自己的决断论就是一种偶然的决断论。

最早用这种"决断"来反对资产阶级和浪漫主义的生存的,是马克思和克尔凯郭尔。③《政治神学》第一章最后简短提及克尔凯郭尔,而在《当今议会制的思想史状况》(1923年和1926年)一文以及在《论独裁:从近代主权论的兴起到赤贫者的阶级斗争》(1921年和1928年)一书中详尽而透彻地讨论了"马克思主义思想中的独裁"。但施米特本人的政治理

---

① "'对立之师'(指亚当·米勒)无力看出除了审美对比以外的其他对立。不管是逻辑区分、道德价值判断还是政治决断对他来说都是不可能的。政治生命力的最重要来源,相信公正以及反抗不公,对他而言并不存在。"(《政治浪漫主义》第177页;参看《当今议会制的思想史状况》,1926年第二版,第68页。)

② "一种持久的依赖不顾讽刺和悖谬而显示出自身。在其特殊生产力的最狭窄领域,在抒情的、音乐般诗意的东西里,主观的偶因论也许会寻获自由创造的小岛,但其自身在此处也无意识地屈服于最切近最强大的力量,而其超然于纯偶然产生之当下的卓越性遭到了一种最为高度反讽的颠倒:一切浪漫主义的东西都效劳于其他非浪漫主义的能量,定义与决断的崇高变成了对异己力量和异己决断的一种臣服的唱和。"(《政治浪漫主义》第228页)

③ 另请参见克尔凯郭尔,《至关重要的一》(Das Eine, was not tut),《纪元》(Zeitwende)杂志,第3年刊,1927年第1期。

论，连同一个决定性的中心领域，不仅缺乏他恰如其分地认作是马克思"科学"社会主义之支撑基础的决断的形而上学，而且也缺乏承载着克尔凯郭尔有利于威权统治之宗教决断的神学基础。① 因此可以问：如果施米特既不相信16世纪的神学，也不相信17世纪的形而上学，且最不相信18世纪的人本主义道德，而只相信决断的力量的时候，**对什么**的信仰支撑着其"高超而道德的决断"？②

施米特在克尔凯郭尔那里所强调的，仅仅是其对"例外"的虚伪辩护，因为像政治神学第一句话说的就是"统治者就是决断例外状态的人"。在克尔凯郭尔那里使施米特感兴趣的是，他遵循极端的"边缘状况"而非"规范状况"；这符合于一种"具体生活的哲学"。③ "极端紧急状况（extremus necessitatis casus）"在法律意义上以及涉及政治的方面就内容而言，与克尔凯郭尔生存-宗教意义上对"至关重要的一"的决断毫无共同之处，这对于施米特而言并不重要，因为对他来说，要做的仅仅是确保反常的决断权本身纯粹，无关决断什么和为何决断。权威本身，即那凭借其权威在深远的意义上对一个例外状态进行决断的，为他自己证明了"他需要获

---

① 《当今议会制的思想史状况》（*Die geistesgeschichtliche Lage des heutigen Parlamentarismus*），1926年第二版，第68页以下。

② 现实的道德范畴，如"忠诚""内律"和"荣誉"，只有在施米特弃置决断论之后才规定着他的政治思想。在其新作《论法学思想的三种类型》（*Über die drei Arten des rechtswissenschaftlichen Denkens*）中，1934年，第52页。

③ **与此相反**请参照上文所提及的新作第62页，在该处已颠倒过来，对"一种生活境况的具体现实性"的理解将通过依照**规范**处境的自然秩序概念。

得权力，而非保有正义"①。权威立法，而非真理（auctoritas, non veritas facit legem）。②但对于施米特来说，政治上决断着的例外状态就是战争，它作为例外状态也直接就是"决定者"，而因此其本身是不以其他东西来衡量的。施米特以一种令人怀疑的浪漫主义措辞说，例外状态是比规范状态"更有意思"的③，它不是仅仅确认规则，相反，规则只有全靠例外状态才能存在。仅仅因此施米特才对克尔凯郭尔也产生了兴趣，但当克尔凯郭尔说例外状态解释了普遍与自身，要想恰当地研究普遍就只需回顾一个现实的例外状态的时候，他从来不想表明例外状态就是正确的。克尔凯郭尔并不想**政治地**去决断1848年的政治非常状况，而是决意去支持**基督教的**权威，这一点完全未被考虑到，对施米特来说独特的是，他在其对克尔凯郭尔的引用中专制地略过了一段完全不适应他自己思想的话，即"**合法的**例外是在**普遍**中和解"以及"普遍是以斗争姿态彻头彻尾**反对例外**的"（着重号为本文作者洛维特所加），然而与此相反，施米特以斗争的姿态通过例外来反对普遍。克尔凯郭尔本人绝不放弃思考规范的和普遍的东西，他只是不想肤浅地思考它，而是以"充满活力的激情"去思考它，对他来说，例外只有在其与普遍的联系中才有某种权利。他的"独一者（Einzelner）"应当使"每个人"能是什么这个

---

① 此句为 daß sie, um Recht zu schaffen, nicht Recht zu haben braucht. 其中权力和正义为同一个词 Recht，而"保有正义"在日常的德语里通常理解为"是正确的"。——译注

② 此句出自霍布斯。——译注

③ 《政治神学》（*Politische Theologie*）第22页。"更有意思"即 interessanter，亦可理解为更兴味盎然，更引人注目，更有利可图，等等。——译注

问题直接可认识。为了不自欺,"他把独一的东西变成了普遍的东西"。他"通过给独一的东西赋予普遍的含义来帮助它",因为"普遍对于例外而言是极为严厉的主人和法官"。[①] 因此,克尔凯郭尔没有把例外和边缘状况简单地抬高到规则和规范状态之上,而是知道在纯然的平庸与人类存在的尺度之间进行区分,在他那里,对后者永恒有效的尺度是基督教的诉求。

但在决断问题上所关涉到的是一种政治神学,因为要专制地去决断例外状态,"类似于奇迹之于神学",具有"一种在法理学上的含义"。[②] 施米特想要指出,一切作为一种专制地决断的、权力的以及统治的措辞的、世俗化的法律概念,它们不仅在语言上参照了神学表象,事实上也是从其中生长出来的。在近代民主、自然科学思维和以自然科学概念思维的经济的优势地位下,在个人意志之决断中成为顶峰的决断性思维,才被对自然科学式的无名规律的信仰所取代。以神学的角度去理解,近代民主制是一种建基于人类知性的科学性上、摆脱了奇迹和教条的政治表达。[③] 因为"一个特定时代从世界中为自己造就的形而上学图景,与对世界无疑是显而易见的作为其政治组织形式的图景,有同样的结构。这种一致性之确立就是专制权概念的社会学。它证明了……形而上学是对一个纪元最集中最清晰的表达"。然而这种最清晰的表达并不见于施米特本人,因为按照他自己对现代政治全体的历史建构,还缺乏一个透彻的形而上学基础以及一个真正的"论争**主题**",缺乏一个决定性

---

① 克尔凯郭尔,《或此或彼》,1913年第2卷,第285页及以下。
② 《政治神学》,第49页。
③ 同上书,第55页。

的"实事领域"。因此，他并不强迫自己坚持那些反革命的国家哲学家（迈斯特、伯纳尔德和多诺索·柯特）不容分辩的政治神学的决断。只要这些人还以天主教信仰决意反对法国大革命的政治结果，施米特非宗教的决断论就一定是偶然的，因为这种决断论不仅缺少神学和形而上学前提，也缺少之前几个世纪的人本主义道德前提。他的悬而未决的，由于除了自己什么也不借助而坚持自我的决断，因此并不只是碰巧地处于由他自己本身所认识到的危险中，在每一场重大政治运动中通过一个"强调片刻时机"①耽误其"静止着的存在"，相反，它从开始就难免并已永远无力对付这种危险，因为对它来说，**偶因论**尽管采取了**非浪漫主义的决断论形式**，却仍是本质的。施米特所推销的是一种专制决断的政治，但对它来说，内容只是从当时已有的政治局势的偶然的时运中取得的，不是如同从柏拉图的政治本质概念中产生了一种人类事务的秩序那样，"出自一种高尚知识的力量"而关乎原初正确和正义的东西。②施米特没有返回"未损伤未腐败的自然"，他毋宁是把人类事务留在其腐败状态中，并且仅在该状态自身内，如此或那般，"决断"一切状况。依靠以施米特决定性的基本区分对这一疑难问题的强调，这一点会表现得更明显。

施米特对反革命的国家哲学的描述，又是始于与浪漫主义者和决断论者的对峙，在他看来前者是不停辩论与磋商的资产阶级的自由主义优柔寡断的典型例子。③他进一步解释了迈斯特的

---

① 《政治神学》，第二版前言。
② 《政治的概念》，第81页。
③ 在德国浪漫主义者那里固有着一种独特的表象：永恒的对话；诺瓦利

句子"任何政府建立之时都是好政府（tout gouvernement est bon lorsqu'il établi）"，认为"决断在于一种政府权威的纯然生存，这个决断本身又是有价值的，因为在最重要的事务上，作出决断比如何做决断更重要"①。根本在于，"没有更高级的法庭来对决断进行审核"。并且"正如1848年无产阶级革命中的革命激进主义比1789年的第三等级革命更加深入和前后一贯得多，在国家哲学家的反革命思想中，决断的强度也增强了。只有如此才能把握从迈斯特到多诺索·柯特——从合法性到独裁——的发展"②。独裁的决断是浪漫主义对话和议会辩论的最强烈对照。③但当施米特在其关于议会制的文章前言中预言了辩论时代的终结，而另一方面关于其自己的论述有一种"悲观的猜测"且"担心"一种"政治概念的实质性辩论"将只获得极少的兴趣和关注时，人们就必

斯和亚当·米勒都在其中表现为其精神的本真实现。这些在德国被称为浪漫主义者的天主教国家哲学家，因其保守或反动……也许恰好就保持着对一个出自灰暗幽默之幻想物的永恒对话。因为他们的反革命国家哲学所突出的是时代要求作出一种决断的意识，并且决断的概念以一种在1789年和1848年两次革命之间增长到最极端的能量，走向了他们思维的中心点。凡是在19世纪天主教哲学表现出其现实性的地方，它都以某种形式表达着一种思想，即一个不容调和的重大抉择不可避免地产生了。……一切都形成了一个巨大的或此或彼，其严酷无情更像是独裁而非一种永恒对话所发出的声音。（《政治神学》第69页和第80页）

① 这种意志的决断不同，对施米特来说，看起来"民主的命运就是，在意志之**形成**的问题上扬弃自身"。但他同时也强调在不同于议会制国家资产阶级自由主义的布尔什维主义和法西斯主义中，民主与独裁可能的一致性。（《当今议会制的思想史状况》，1926年第二版，第37页和第64页，并参见第22、34、41页。）

② 《政治神学》，第72页。

③ 《当今议会制的思想史状况》，第13页和第61页及以下。

须问他，他本人在其文章中究竟是否以突出的方式对此做出了贡献，即如今"一种避免各种党派政治利用并不为任何人做宣传的坚定的科学探讨"，实际上是一种"不合时宜"。在那样一种所谓的辩论之外，能够并且已经还有一种政治发言与反驳的不同类别，也就是一种在希腊城邦的公共集体中以及在柏拉图对话中的辩论，施米特没有看到这一点，因为他骨子里的斗争姿态是借助自由主义党派国家的现代政党政治衡量出来的，并且在明显的与之对立中，他还把"政治的东西认作总体的东西"。

使他对多诺索·柯特印象深刻的是，"一名宗教大法官的精神后裔自我意识到的伟大"。然而多诺索·柯特作为虔诚的天主徒，他自己的决断最终仍然总是听命于教宗，并且只有在其正统信仰的基础上他才也是一名有决断的国务活动家，他相信**正确地去决断**①，而在施米特的表述中，这些都没有考虑到。他认为多诺索·柯特的历史意义首先在于，这名国务活动家发现专制王权的时代到了头，于是将其决断论提升到一种"**政治独裁**（*politischen Diktatur*）"的彻底一贯性。他最厉害的对手已经不是"辩论阶级（clasa discutidora）"即资产阶级，而是由普鲁东以及后来由巴枯宁更激进地推销的无政府社会主义。但当施米特对此表示，国家的本质必然因此归结为一种绝对的以及"**从无中创造出来的**"的无需去辩解的决断时，更确切地说，他是在以此描述他自己的立场，而非多诺索·柯特的立场，他作为基督徒相信只有上帝能从无中进行创造，人类从来不行。这种**积极的虚无主义**毋宁说是

---

① 参见《当今议会制的思想史状况》第65页和75页，参照马克思的社会主义信仰最终的自明性（letzte Evidenz）。

施米特本人及20世纪与他有思想血缘的德国人所独有的。[1] 多诺

---

[1] 施米特自认为与之接近的（《政治的概念》，第46页及以下）霍布斯的现实"悲观主义"在与这种现代虚无主义的关联中还是一种对能够限制自然状态的进步信仰，然而与霍布斯相反，施米特却直接把自然状态当作一种战争状态（status belli）来加以肯定。只有通过尼采，现代虚无主义才在哲学上被看透，他第一次认识到，不再相信任何事情并且不知道究竟为何而活的现代人，"宁可意愿虚无，而非不去意愿"（尼采《论道德的谱系》结语——译注）。"意志本身"通过这种强烈的虚无主义"进行拯救"。这种变得主动的虚无主义也是施米特时而提及的恩斯特·云格尔早期著作的特点。在云格尔1929年的日记《冒险的心灵》中，能找到如下的话："人也许从来体会不到人为何而活，一切所谓目标只可能是天命的托辞，但重要的是……人活着**这回事**（*daß* man da ist）。""因此说来，这个时代的当务之急是需要一种德性，一种**果断性**的德性。重要的是能够意愿和信仰，而完全无关作出这些意愿和信仰的内容。因此如今产生种种组织，极端之间比平常更猛烈地碰撞。""但如今一切围绕旗帜与象征、法律与信条、秩序与体制的斗争，都在搞忽悠（treibt Spiegelfechterei，两个词都带有贬义）。你对这些斗嘴（Zänkerei）的厌恶……已经泄露了你欠乏的，不是回答而是最尖刻的质疑，不是旗帜而是斗士，不是秩序而是暴动，不是体制而是人。""数年间我们严守虚无主义地卖力干活，彻底击毁那连一种真正质疑的最不起眼的遮羞布都不要的19世纪——我们自己，到头来却仅仅模糊地显露出20世纪的对策和人们。我们向欧洲宣战——作为能与他人和睦地围聚于轮盘赌的上流欧洲人，那只有一种颜色，即零的颜色，让庄家在任何情况下都能赢的颜色。我们德国人没有给欧洲以失败的机会。因为我们没有给予失败的机会，在本质意义上我们也就没有给出什么可以被赢去的东西，我们和庄家赌的是他们自己的东西（Substanz）。""这是一种能去做事的姿态。这种对隐秘的、把持在巴黎的文明原始尺度的衡量——它对我们来说意味着最终输掉这场已经输了的战争，意味着一种虚无主义的行为的坚持贯彻到了它的关键点长久以来我们在向着一个不可思议的零点进发，只有支配其他不可见的力量的人将会超越它。**我们的**希望系于那遗留下的东西，因为它在欧洲人那里不可衡量，而是自己衡量自己（selbst Maßgebendes ist，自己就是权威的）。"在云格尔那里，这种自我意识到的虚无主义意识到自身与一种做出了决断的无政府主义相一致，这种无政府主义孤独内向地行动。"这种行动在每一处我称为不可思议的零

索·柯特在一个从无中创造出来的决断中,正如在浪漫主义的永恒对话中一样,看到了一个不小的"灰暗的幽默"。

一种不被任何其他东西束缚的决断,其虚无主义基础在政治的概念中变得尤为明显。① 当人们像施米特那样从每个居于中心位置的实事领域通过一个专制的决断概念而抽象出政治的规定时,按照一贯性,剩下来作为决断之所向(Wozu der Entscheidung)的就只能是超出每一个实事领域并将其置入疑问中的战争,这就是说,向着作为死的虚无做好准备,这死被理解为以身殉国,这个国已经以决断着的政治作为其特有的"前提"。施米特之断而为了政治,并不像一种宗教的、形而上学的或道德的、完全精神的决断那样,是为了确定的和决定性实事领域的一种决断,而不外是一种**为了坚决性的决断**(*Entscheidung für die Entschiedenheit*)——至于为了什么东西都差不多,因为在他们那里,决断就是政治的特殊本质。但这种形式化的决断并未直接反对那使它成为一种具体和自由决断的东西,因为后者包括,人断而为了某种确定的东西,一旦向它做出决断,则永

43

44

点的地方切中自身,这个点我们将要越过,并且在这个点上,同时什么都没有,并且一切都有。"

① 施米特**对**政治(*dem* Politischen)的中立谈论方式,如同克尔凯郭尔**对**(*dem*)审美和宗教的谈论,激发了这样的印象,即政治是个本己的实事领域,虽然坦率地说,它不该是这样。然而,这种表述的不确定性,其深刻基础可能在于,施米特实际上**不**能说明政治停留于何处,在哪儿找到,它据说在一个总体性中,这个总体性把一切确定的实事领域抛在身后,把一切以同样的方式中立化,尽管它与非政治化的方向相反。极权国家的积极意义对他来说只是从对中立或者说自由主义国家的斗争性否定中得出的。而它因此不像黑格尔的国家那样,"**普遍地**"囊括市民社会的具体阶段,而是从政治紧要关头出发,既把国家又把社会集合起来。见《政治的概念》第12页。

远受到约束。只有准备赴死和杀戮①，而非在城邦之原始意义中所包含着的某种社会生活的秩序，对施米特的政治本质概念来说成为了"最高法庭"，对之而言，在一个公共社会中共同生活的规范状况，并不是什么特别的东西。

施米特以提纲挈领的方式作出定义："按照其语义和历史表现，国家是一个民族显示出一种特殊本性的状态（ein besonders gearteter Zustand），也就是说它在决断性的状况中有一种决定性的状态，并且因此不同于很多可想象的个体地位，而干脆就是**那**地位（*der* Status schlechthin）。一开始就没得更多可说。这表象——地位和民族——的全部标志都是通过更多政治的标志获得其意义的，而若其政治本质被误解，那些标志也就变得不可理解。"在决断状况中，民族的政治地位对民族的每个成员都成为了决定性的，它是极端的**紧急状况**，或者如施米特经常说的，是战争的政治"**紧要关头**"，它要人为之献身。施米特对政治的分析类似于海德格尔对此在的分析，它明白自身以无可争辩的方式通过这个关于此在本身——也就是人毕竟在此**这个**事实（das Faktum, *daβ* man überhaupt da ist.），或者说"实际状态"（Faktizität）——的最高的、不可逾越的②法庭得到保护，而不同于每一种把政治此在系于某个**什么**（*Was*）的规定。在战争中准备赴死和杀戮是一件最终的事情（ein Letztes），这个纯粹事实给战争一种压倒一切存

---

① 《政治的概念》，第20页及以下，第34页。
② 《洛维特全集》第8卷（Metzler 出版社1984年版）将此处误印成 überholbar（可逾越的），意思有误。兹据 Kohlhammer 出版社1960年版的洛维特《论文选集：历史生存批判》(*Gesammelte Abhandlungen. Zur Kritik der geschichtlichen Existenz*) 订正为"不可逾越的"（unüberholbar）。——译注

在之物的专制性（Souveränität），类似于一种浪漫主义政治家通过其时运（occasio）原则①所获得的，以及自由主义资产阶级通过其众多牵系（Verbindung）——其中并无一个是无条件有义务的（verbindliche）牵系②——的相对性所获得的"至高无上"。

这种政治上理解的"自由赴死"以几个国家互相敌对交战为前提。因此，根据施米特的决断理论，一切政治行为和动机所归结到的那个基本区分，就是**敌友之分**，更确切地说，由于政治上的朋友不会挑战本己的存在，那基本区分就是**本己存在与异己存在之区分**，在这里，异己存在整个地否定了本己存在。但此处什么叫做异己和本己的"**存在方式**（Art des Seins）"，或者更确切地说，什么叫做"**事关存在**（seinsmäßig）"？③——如果政治存在与别的特殊存在方式无关，而是关乎本己存在的保存（Bewahrung）和异己存在的否定（Verneinung）本身，并且整个说来关乎政治"生存"的话？在这里，决断异己与本己存在之间的战争可能性的，是不是一种天然就有的存在方式上的区分？或者是不是相反，本己与异己存在的区分，仅仅出自一个现实的战争决断这一事实？换句话说，战争这个政治紧要关头是因为有种种在存在方式上本质差异着的民族与国家或政治"生存形式（Existenz-Formen）"，还是在一个战争场合就凑巧地或者偶然地也产生了那种依照施米特的观点是政治特有本质标志的那种最为迫切和全然生存意义上的牵系（Verbindung）和分离（Trennung）？第二种状况符合这样一个事实，即如上一场战争中土耳其人是德国的"朋友"，而与德国人同

---

① 《政治浪漫主义》，第22页。
② 《政治的概念》，第三版，第23页。
③ 同上书，第14、20、23、37页。

种的（artgleich）英格兰人却是其敌人，但在另外一场战争中却同样可能是别的情况。因为这些事实上的"阵营（Gruppierungen）"——一个自由主义社会学的概念——在紧要关头首先由偶然的结盟（Verbündetsein）所确定，如同一场战争的爆发是出于历史状况和政治局势那样，而不是通过静止的"存在方式"所确定。

那么，这**两种**解释的可能性都被施米特的表述所认可。在有些情况下，敌人显得好像"正好"仅仅是一个异己者和他者，一个"另类"①，以至于在极端状况下有可能与他发生一种仅由当事方以生死做出决断的冲突，因为政治上的对手既非一个"敌对者"，也非一个单纯的"竞争者"或者"辩论对手"。②但更明确地说，战争又不是一种精神斗争或象征性的格斗，而是一种来源于本己与异己存在之不同种类的，"事关存在的原始性"意义上的斗争。战争出敌意**导致**，它不过是就事关存在的持续区别③之极端"实现"和"结果"。然而另一方面，真正的彼此为敌（Einanderfeindsein）并没有被说成如一种天然的现实性，并非成为一种天生确定的**如此存在**（So-Sein），即它就是它那样，没法换个样子存在，而是成为了政治生存的一种本质意义上的可能性，成为了一种**能够存在**（Sein-Können）。甚至这些看法也被明确否定，即敌友区分应当意味着"一个特定民族必须与另外一个特定民族永恒为友或为敌"，以及在政治上的中立性是无意义的而逃避战争可能是政治上不正确的。④不如说，当

---

① 《政治的概念》，第14页，第三版第8页。
② 同上书，第16页。
③ 同上书，第20页和第23页。
④ 同上书，第22页，第三版第16页。

人们不是以战争的赤裸裸的前提——政治生存的主张与维系，而以生活的具体目标和财富衡量其意义时，战争显得更缺乏意义。施米特以对格老秀斯的引用断然拒绝了一种正义战争的观念以及每一种道德上的辩护。所以剩下来能作为战争之法律基础的，只有本己生存之毫无必要的"事关存在的主张"，只有对一个"现实的"敌人的斗争，但这不意味着施米特的政治概念**毫无**某种道德和形而上学的前提，哪怕是非道德和虚无主义那样的前提。相反，在施米特那里，通过与人本主义道德和自由主义积极性①的斗争关系而隐藏有这些前提。虽然施米特声称他对政治的定义"既非好战或军国主义的，也非帝国主义的，也非和平主义的"，但它也不是中立的，而是反和平主义的，并且由于这种斗争式的否定而无疑本身就是好战的。②人们可别被施米特那难缠的既非此也非彼所迷惑，而没有认识到他全部阐述的兴奋点（Nerv），从他投入其中开始，就是对"伟大政治高潮"的明显好感，对危机四伏风险迭出的战争的明显好感。③但从一个毫无争议甚至连和平主义者也不会去争辩的

---

① 另请参看列奥·施特劳斯在《社会科学和社会政治学档案》（1932年，第67卷，第732页以下）对施米特《政治的概念》的批判性注释。

② 另请参看施米特1934年的新作《国家结构与第二帝国的崩溃》（ Staatsgefügeund Zusammenbruch des zweiten Reichs ），在此文中，这种形式的好战性通过德意志帝国唯一真正的实质就是普鲁士军人国家这一论点，额外地得到了一种历史的内容。

③ 《政治的概念》第46页以下及第54页；与之相反可参照施米特较早时在其关于多伊布勒的文章中对战争的描述（上引书第63页）。"政治现象只可通过联系上敌友阵营的真实可能性而得到把握，而无所谓随后政治在宗教、道德、审美、经济上的评价是怎样的。……—种战争既不需要是某种虔诚的事，也不需要是某种道德上的善事，也不需要是某种有利可图的事；★如今

事实，即生死斗争一如既往地是一种真实的可能性，在其中一切具体的对立都失去了它决定性的意义这个事实中，难道不是也能得出某种政治**概念**？更不用说对何为"在城邦中存在（In-der-Polis-Sein）"之本质的把握，以及对绝非仅仅这一事实的承认，即"如果可能的话"战争是无法阐明为合理的"最后手段（ultima ratio）"。而且施米特难道不该保持前后一贯地放弃谈论战争的某种可能"意义"以及政治的某种**认知**吗？因为如果这一认知事实上局限于这一论断，即在每种战争紧要关头中参与者都必须专制地当机立断，这一紧要关头是否就在眼前，以及"如果可能的话"，**谁**在否定着政治此在的本来样子①，那么如何可能总体上"正确地"看清政治局势以及"正确地"区分敌友？②但是如果仅仅在已有的冲突状况**中**才能当机立断，这一血肉横飞的杀戮与牺牲的最终结果是否必不可少，那么"存在上的"敌人——比起对那些碰巧就**是**我敌人的人，他似乎必须有更多

它很可能不是那样一回事。这种简单的认知大多数情况下被这样一个事实所困扰，即宗教的、道德的以及其他的对立也可以提升为政治对立，并能够根据敌友导致明显的斗争阵营。然而，要是来到了这样的斗争阵营，决定性的对立就不再是纯粹宗教、道德或经济上的，而是政治上的了。于是问题就永远是，一个如此这般的敌友阵营是否作为真正的可能性或现实性而现成存在或者不存在，而无所谓哪种人类动机足够强大到去导致它。"（《政治的概念》第23页以下；参照第31页）

在第三版中，★号后的句子如下："在一个从道德和经济上遮掩其形而上学对立的时代，很可能不是那样一回事。"那么在这里，战争的可能意义就我们的时代而言也与形而上学的对立有关，虽然施米特的整个结构的挑衅性特点在于，它否认神学、形而上学、道德以及经济的东西对于真正的政治来说是决定性的。

① 同上书，第15、33、36、38、57页。
② 同上书，第15页和第25页。

的意味——不就仅是偶然确定的吗？于是换句话说，敌人不就是质疑和否认我方的政治生存，而完全不依赖于特殊的存在样式来进行质疑和否认的人吗？那么，敌人就并没有否定我方的"生存**形式**"或存在"**方式**"，而是在通过民族与种族、宗教与道德、文明与经济存在之间多样的、彼此为敌或彼此为友的方式对其作出任何更进一步的规定之前，不多不少地只否定赤裸裸的生存，否定公共政治此在的僵硬事实（factum brutum）。于是敌友的基本区分在自身上就毫无特点，而是完完整整地触及到人类存在的一切特殊区分与共性并超出了这些，它有"纯粹"关于生存的意义①，因为它"只"是一种可能的牵系与分离的最高"强度"，而没办法指出**这种强度是关于什么的一种强度**。② 不错，人们可以说，敌意的实质内容越是非个人的和无关紧要的，政治紧张在施米特的意义上就更大的强度地是"政治的"，因为这种强度并不关乎任何在人的政治此在方面确定的和个人的东西，而是关乎纯粹的**存在**或**不存在**。施米特把出于战争紧要关头的政治局势的这种极端尖锐化作为其政治存在概念的**基础**，而与海德格尔生存的存在论协调一致，根据后者，此在的基本状况（Grundbefindlichkeit）同样也在于"它存在**这回事**（daß es ist）以及——人们不知道它为何——"必须在起

---

① 《政治的概念》，第37页。
② "政治能从人类生活的多样领域中，从宗教、经济、道德及其他对立中吸取到它的力量；它不表明任何本己的实事领域，而是仅仅表明一种人的联合体的强度，这种联合体的动机可以是宗教的、民族的（在伦理或文化的意义上）、经济的或者或者其他样式的，并且给不同的时代导致不同的牵系和分离。"（同上书，第26页）

来（zu sein hat）"。① 我完全存在而非不存在**这回事**（*daß*），或者说一种政治统一体完全存在这回事，如同彼处（即海德格尔那里——译者）一样，在此处被视为真正的基础，因为与那基础相比，总体的和彻底的东西随便是什么－存在（Was-sein）都无关紧要。"它所取决于的东西"，如果从一开始就规定了的话，就是它"永远只是"生存意义上的冲突状况，而不是一个人或一个国家这样或那样被拟定或安排，——无论它是比方说一个帝国主义和资本主义的民族国家，还是一个共产主义的无产阶级国家，还是一个僧侣国家、商人国家、军人国家或官僚国家或任何其他的政治统一体样式。② 它所取决于的永远只是那唯一的情况（das Eine），**即**它完全是一个"决定性的统一性"，是在紧要关头依据敌友来起作用并且专制地决断人的生命的"阵营"。对纯粹形式化的决断的每种政治**内容**的彻底**无所谓**，暗示了一切内容都是彼此同等有效的（gleich-gültig）③，它把施米特关于战争的生存论政治基本概念表征为伟大政治高潮。

新教英格兰人克伦威尔④对亲教宗的西班牙的不可动摇的敌意，对于施米特来说显得是令人印象深刻的伟大政治的典范，它比施泰因男爵对法国人的仇恨以及列宁对资产阶级的蔑视都要更深。施米特政治概念的虚无主义基础所承载的内容上的无，在他谈及克伦威尔的时候，再一次直接显露出来。对于克伦威尔，并不是

---

① 海德格尔，《存在与时间》，第9节和第29节。
② 《政治的概念》，第25页。
③ 另请参照列奥·施特劳斯前引书（《社会科学和社会政治学档案》1932年版第67卷第732页以下对施米特《政治的概念》的批判性注释，尤其是第748页上的出色总结。
④ 《政治的概念》，第54页以下。

单纯地由于在一个既成状况下西班牙显得碰巧挑战了自己民族的生存，西班牙才成为敌人，而是由于西班牙是其天然的、永恒的、注定的以及神意的敌人，它绝不可能归到另一个"阵营"，它是一个"天意的"以及"天然的，上帝把他安排成这样的敌人"。谁认为西班牙只是个"偶然的敌人"，就不了解圣经和上帝的事业——在施米特这里没谈到这个。同样，按照施米特的脚注，对于希腊人来说，"野蛮人"并不单纯是首先要被确定"他者性"的他者和异己者，而是天然既有的敌人，而且只有与他们的冲突才是一场战争（polemos），与其他希腊人的冲突则是内耗（staseis）。① 与此相反，施米特陷入了一种模棱两可的境地。为了将其战争取向的政治概念表示为某种特殊和独立的东西，他必须一方面紧紧抓住一个——不再适于他自己历史处境的——实体性，这实体性使敌意得以实实在在地拥有内容；另一方面，作为一个现代的、浪漫主义之后的人，比起能去相信神意和天成的区别，他的思想要天马行空得多，他必须把这一实质性的前提再次局限起来，并且使他的整个基本区分退回到一个形式化的生存性。因此，他的对敌友区分的决断性表述就在**实质地**（*substantiell*）还是**偶然地**（*okkasionell*）去理解敌意或者友情之间来回摇摆，以至于人们不知道它是涉及同种和异种的因素，还是只涉及那些——同一些人并肩或者反对一些人——偶然结盟的因素。② 施米特把他的政治存在概念建立于这个模棱两可性的摇摆不定的基础之上，其本质的标志不再是在城邦中生活，而仅仅就是战争法权（ius belli）。

---

① 《政治的概念》，第16页。
② 在朋友作为"同种与同盟"的标志中，直接就出现了这种模棱两可性。同上书，第三版第8页。

同时，在对公共生活秩序的追问中，与此有关的对城邦与**个体**关系的追问也不可避免地消失了。通过这种方式，如同施米特借助一个尖刻的私人化回避了个人的总体性，他对现实的总体性的要求就自己扬弃了自身。他的总体性的政治存在概念自相矛盾地既没有把握到在城邦中人类事务的秩序，也没有把握到个人在其自身上的状态（Verfassung）①，相反，这概念仅仅把一切存在的东西扯上紧要关头，都总体化为对国家与个人的赤裸生存的可能根除（Vernichtung）或维护（Behauptung）。尽管施米特曾提到一个事实，即人同时活在其多种多样的责任（Bindung）和牵系（Verbindung）中，**作为**其家庭及其职业场合的成员，**作为**其宗教团体及其民族的成员，并且也尤其（nicht

---

① 在《国家的价值与个人的意义》一文中，施米特仍然支持一种国家无限权力的极具法学规范意义的宪法（Verfassung），在这文章中，国家并不是人的一种建构（Konstruktion），相反，国家把每个人造成一种建构"通过承认国家有凌驾于个人之上的威严……那个体的、具体的个人就消失了。因为国家要么是个人之仆，要么是法律之仆。既然只有后者是正确的，那么国家先于个人，如同法律先于国家，而如同国家的存续唯有出自法律，生活在国家中的个人的存续，也唯有从国家中流溢（fließt）出来。国家是法权伦理的唯一主体，它是至关重要的拥有法权义务的唯一者；相反，具体个人被国家所强制，其义务一如其权力，仅仅是这种强制的反映。……个人本身之于国家，是那唯一本质性任务和待实现功能的偶然承担者。因此原则上说，没有人能被国家视为不可多得的和不可替代的，而从这种职能人员的普遍现象中……从公务员中，国家的意义才更加深刻地得以解释，而不是通过把国家贬低到只给唯一重要的'人格性'进行无因管理（negotiorum gestio，它是大陆法系民法中的一个概念，是指在没有法定或约定义务的情况下，为避免他人利益受损失而进行管理或服务的行为。国家无因无偿地去为个体服务，这是被施米特所否定甚至嘲笑的。他所坚持的是国家高于个人。——译注）"（第85页以下）。

zuletzt）是以自己本身**作为**单个的人或个体。① 在人类存在的这些多样的"作为"中包含着的疑难问题，对于施米特却并不重要，他完完全全地把它们从国家中排除出去了。这种多元论对于施米特只有否定了国家之专制统一性的消极意义②，而本己的自我存在及其对存在或非存在的**向来本己**的决断所涉及的，就是其"私事"，这种私人性在政治上却不过是证明了资产阶级社会的个人主义自由人格。"个体的人可以出于自由意志为自己所意愿的事情去死；在一个个人主义自由社会中，它就像一切本质性的东西一样，彻底就是'私事'，也就是说，是他自由的、不被控制的、除了自由决断本身以外不涉及任何他物的决断。"③ 然而施米特没有逃脱公共与私人的区别④并因此也没有逃脱它们的**联系**。因为在政治上理解的敌人"并非**私下的**对手"，而"只是**公共的**敌人"，而后者是一个斗争着的整体。敌人是外敌（hostis），而不是私敌（inimicus）。⑤ 人作为私人（Privatmann，亦可指靠财产过活的人）没有政治上的敌人⑥，因为"对于个人本身"，没

---

① 另请参照洛维特，《他人角色中的个体》（*Das Individuum in der Rolle des Mitmenschen*），1928年版，第46页及以下数页；现已包含在全集第1卷，斯图加特1981年版，第9页及以下数页。

② 《政治的概念》，第28页以下。

③ 同上书，第36页。

④ 这一人类此之区分的政治形式从卢梭以来就是公民（citoyen）和市民（bourgeois）的区分。连马克思在其对黑格尔国家哲学的批判中为了指出"唯政治的国家"是资产阶级私人性的公共形式，也采用了这一区分！

⑤ hostis 的词源在古印欧语及古日耳曼语中包含外人的意思，指国家层面的敌人；inimicus 则是由拉丁语的 in-（非）和 amicus（朋友）组成，指的是私人意义上的敌人。——译注

⑥ 《政治的概念》，第40页。

有一种敌人"是哪怕他本人不愿，还必须与之生死斗争的；强迫他违背其意愿去战斗，在任何情况下，在私人个体看来，就是不自由和暴力"。① 国家要求献身"对于自由思考的个人主义而言"也是"没有任何办法实现并且提供根据的"。② 然而关于永远有**同一个**不可分的人，他既分担（teilhat）其民族的政治形势，又关心（teilnimmt）其至亲尤其是他自己，这个问题在对向来本己的决断进行如此反自由主义和纯然挑衅的刻画中，难道没有得到某种澄清，更不用说解决？在战争中，政治形势事实上**对于**一切从属于它的义务而言成为了"决定性的"，这并不是说反对那些义务的持续生存，而毋宁是对这持续生存的证明。战争直接表明，即使在紧要关头，人也不会全然地和简单地变成敌人的敌人，而是双方都保持着其"私人的"、非政治的品性。在战争中准备好互相残杀的人，和尽管在政治上还是敌人但互相协商对话并成为友好伙伴的人，可以是同样的一些人。③ 战俘

---

① 同上书，第57页。
② 与此相反请参照威廉·冯·洪堡的《著作集》第1卷第五章。
③ 如今在政治化了的犹太人问题上也有类似的情况，典型的情况就是，存在一些对犹太人友好的反犹主义者，他们在公共场合是犹太教的敌人，私下却同时是犹太人的朋友（另请参看施米特的《宪法学说》的题词以及对多伊布勒《北极光》的研究）。施米特对此的立场，以这种把政治紧要关头同基督教爱仇敌的诫命联系起来的办法和方式，而间接地显露出来。他从"爱你们的**敌人**（diligete inimicos vestros）"这句话所说的情况中得出结论，即这种情况与外敌（hostis）无关，而是关于私敌。因此基督教的要求完全没有触及政治上的基本区分。但这就意味着：施米特以十足自由主义的方式（同他本人在《罗马天主教与政治形式》1925年版第39页的观点相矛盾地），把基督教的绝对要求弱化为具有相对性的个人事务。但实际上由此得出的是，这条基督教诫命（在圣经的拉丁语通俗译本中）本身就与外敌（hostis）没有明显关联，从中得出的是某种别的东西：它作为对人类的一种总体规定，必须对

的情形只不过是这种和平敌对状态的极端状况。一般而言人的私人品性和公开品性原则上说是分不开的，而是以妥协的方式彼此牵系，并且从中没有产生严重的冲突状况，这并不意味着在此同样不可能出现这样一种紧要关头，它作为例外能够使规则变得明朗。这个可能的紧要关头也适用于施米特。他对个人总体性的私人化，只有一种正当结果，即为了国家的紧要关头，他必须要悬置他对存在或非存在、他者或其自身的本己决断。任何一种不像国家那样专制的机构，都几乎没有资格获得战争法权（ius belli），甚至没有资格对内宣布**外敌**是谁，而是最多只有资格获得生杀权（ius vitae ac necis），更没什么可能还有在战争中进行血腥复仇的权利。① 当国家成员的政治统一体提出献身要求的时候，国家也不能允许他们为其信仰而死或者自杀。**在战争中**使自己丧生或任别人杀死自己，以至于本己的向死之意愿唤起了为大局英勇牺牲的假象，这一极端可能性就最大程度上澄清了这种在其中"赴死的**自由**"与"生命的牺牲"，私人生存与公共生存以及本己的统一性与政治的总体性相互对立的情

人与世界的**全部**关系具有决定意义。基督徒不在世俗的方面辨别敌友，不论是以私下的还是公开的方式，因为他在每种情况下都把别人当朋友，如同基督教之前的多神论者在每种情况下都把别人当敌人。一个存在于世界但又好似不属于这个世界的人，并且对他来说并非战争、而是最后审判才是起着决断作用的紧要关头，这样的一个人也就不可能对私下与公共的敌人进行原则的区分。另请参照施米特的《宪法学说》，1928年版，第158页；《宗教沉思》，1933年末版，第45页及以下数页。

① 《政治的概念》第35页以下："一个想要放弃政治统一体的这些结果的人类团体，不会是一个政治团体，因为它要放弃一种在对把谁视为和当作敌人进行决断的方面具有决定性的可能性。"

况。① 但无论何时，这种疑难状况的可能性并不亚于不可置疑的战争，因为在本质上，此方的统一性不可能溶解在彼方中，彼方的统一性也不可能溶解在此方中。这两种同样原始并且互相之间缺少对方就不能存在的总体性之间的差异，作为天然的政治问题，从中产生的结果就是建立了将政治统一体和个人的个体性联系起来的共同秩序。

对于一种彻底决断论的国家理论来说，国家就是民族在政治上的立足②，在此范围内，就将专制决断的"元首"与他的"追随者"之间究竟是哪种牵系这一必须追问的问题表述出来了。此处这个反对人本主义人性概念和民主之"同质性"③的单纯斗争，可能也无法解决**人类的平等问题**。④ 施米特也不得不去寻找某种在领导者和听从者之间人性化地确保和承载政治统一性的平等。施米特用所谓**类的同一性**来作为承载政治统一性的平等。对他来说，它取代了上帝面前，道德面前以及法律面前的平等。在一场关于

---

① "一旦爆发了任何一场战争，在一个民族最高尚的人那里就总是也随即爆发了一种确定无疑秘藏于心的欲望：他们心醉神迷地将自己投向崭新的**死亡危险**，因为他们相信在为祖国的献身中最终会拥有那些渴慕已久的允许——**允许逃避他们的目标**：对他们来说，战争是一条自杀的弯路，但却是一条充分自觉的弯路。"尼采，《快乐的科学》（*Fröhliche Wissenschaft*），格言338。

② 此处的名词 status 为小写，因此是拉丁文而不是德文。在拉丁文中，作为动词，它是"站立"一词的被动态完成时分词，作为名词，它的意思是形势、地位，是德文和英文中"国家"（Staat, state）一词的词源。——译注

③ 《政治的概念》，第42页以下；《当今议会制的思想史状况》，第16页及以下数页，第20页。

④ 另请参照施米特的《宪法学说》第226页及以下数页，与之相反的观点可参照特奥多尔·黑克尔（Theodor Haecker）的《人是什么？》（*Was ist der Mensch?*），1933年版，第21页及以下数页，第71页及以下数页。

新国家法（Staatsrecht）精神的演讲中，施米特说明了以前的国家是平等地对待不平等的东西。与此相反，新的公务员法则以政治上的领导来尽量争取德国民众实质上的类的同一性：因为没法在政治上领导**异**类。施米特表示，类的同一性已经为新的国家是不是法权国家（Rechtsstaat）这一问题找到了答案。他认为这是一个正义的国家，因为它由具备类的同一性的民众所支撑。然而施米特从未在政治概念上对这种类的同一性的**独特方式**进行任何进一步的规定。只在一个地方能够间接地看到，他如同大多数人一样，把它理解为在种族意义上的一种**民族性**（völkisch，该词为纳粹用语——译者）平等。① 因此，他的政治概念不仅是反自由主义的，而且是反犹主义的，这两方面都超乎了他所愿意承认的范围。因为施米特不仅仅是如此反**自由主义**，以至于他宽容**一切**阵营，而完全不管它们是何种类，只要他们仅仅是"严肃的"就行了，而且，他也是那么地反**犹**，以至于去把种族特征鼓吹为共同生存的基础。这种特征又是在本质上充满斗争倾向的。施米特以此来理解非雅利安人或犹太人与所谓雅利安人与非犹太人之间的对立。对于一种纯粹挑衅性的概念来说，完全没有比这个更佳的例子了：究竟什么是雅利安人，完全只通过这个事实而得到确定，即他**不是**一个**非**雅利安人。关系到敌友基本区分的本己"存在方式"，就在国内政治上把雅利安人的实质性作为一种未加明确强调的基础来加以拥有，这种实质性赋予"存在方式"以一种出于内容的假相，并且具有挑衅地反对本质相异的非雅利安存在样式的倾向。这种对类的同一性（Artgleichheit）的要求却由施米特通过在第二版与

---

① 另请参照1916年施米特有关特奥多尔·多伊布勒《北极光》的文章中第14页对"浪漫主义种族学说"的判断。

第三版之间对一个注释所进行的修改,而令人遗憾地以一种一体化(Gleichschaltung)[1]的方式表现出来。相关段落的内容如下:

1932 年第二版第 50 页	1933 年第三版第 44 页
黑格尔的精神真正高踞于柏林多久,这是个问题。无论如何,自 1840 年起走上前台的决定性取向,更确切地说是来自**弗里德里希·尤里乌斯·施塔尔**的"保守的"国家哲学。在此期间,黑格尔经由**卡尔·马克思**传给了**列宁**,传向了莫斯科。他的辩证法在那里以一种崭新而具体的敌人概念,即**阶级敌人**概念,证明了它的具体力量,而且辩证法本身和一切其他的东西,如合法性与非法性以及国家,甚至是与对手的妥协一起,变成了一种阶级斗争的"武器"。在**捷尔吉·卢卡奇**那里,黑格尔的这种现实性具有最强的生命力。	黑格尔的精神真正高踞于柏林多久,这是个问题。无论如何,自 1840 年起走向前台的决定性取向,更确切地说是来自**弗里德里希·尤里乌斯·施塔尔**的"保守的"国家哲学。这个保守的人改变了他的信仰和他的民族,变更了他的名字,并接着在虔诚、持守和传统方面教导德国人。他觉得(顺便说说,恰如德国人叔本华一样!——洛维特)德国人黑格尔"空洞虚伪""品位低下""毫无前景"。

---

[1] 此处的一体化(Gleichschaltung)指的是纳粹执政期间,反对个人主义,将社会的各个领域统一到纳粹思想上来的措施。——译注

在第三版里，施米特不声不响地删掉了对马克思和马克思主义犹太人卢卡奇的不合时宜的评论，并且插入了对普鲁士犹太人施塔尔的颇识时务的评论。当他在另一个场合，在一条对凡尔赛和约的脚注中强调这一添加"与 1927 年无异"①时，这一点显得愈发明显。

一条颇识时务地改变了的脚注，这一微不足道的状况在原则上会产生什么后果呢？会产生一种对施米特所声称的"政治""一如既往"就是"命运"的证实。因为在德国的政治中上一场战争（即第一次世界大战。——译者）的经验及下一场事变，实际上完全规定着施米特去确定其时代以及在时代中去确定政治的方式与方法。这种情形如此之甚，以至于人们必须问：这种方式与方法，在这里是由一种"命运"进行规定，还是单纯由**实际发生的事情**来规范？一个积极的政治参与者如何对之加以把握？但如果本己的把握和概念是由当时的政治事件所规定的，那么每种概念以及每种观念难道不是必然地成为了马克

---

① 《政治的概念》，第 59 页；第三版第 54 页。在《政治的概念》第二版与第三版之间对奥本海默的国家观的批判那里，采取了一个相似的"改善"，而且是以这样一种套路，即当然不会使心地善良的读者想到，施米特的添加是在国家社会主义革命胜利之后才可能发生的；因为要是想到 1933 年以后，即第三版的时候，尽管军队和官僚尚未迫近他们，但奥本海默所代表的社会"层次"（即犹太人——译注）居然还在"闯入"，这种做法会是多么明显啊！然而当施米特继续说，"简单地以道德上的不合格来进行约束（definieren），不管是从道德上、心理上还是至少从科学上都是根本不能接受的"，人们就只能去赞同他，特别是因为这种不合格既可涉及专制国家，也可涉及自由社会。但在多版本间**所有改变的原则**永远只是那一个偶因论，它将施米特见风使舵并因此永葆尖刻的决断刻画出来。

思意义上的"**意识形态**"？马克思主义的独裁（Diktatur）和决断论国家哲学的命令（Diktum）之间的区别，就仅限于，马克思的理论批判把一切政治的和精神的存在联系于资产阶级与无产阶级辩证的基本区分，而施米特的理论斗争则将其联系于无关辩证的自由主义与专制国家的基本区分，即辩论与决断的区分。在这两种状况中，对概念辩论之意义的信任，都让位于一种"直接行动的理论"。① 但这意味着这种本身"政治意义的"**把握**，实际上根本不想**把握**什么是政治，而是为了政治决断否定了把握本身。这种将对政治本质的哲学洞见变成政治行动的智性工具的颠倒，最初是有意识地并且刻意地现身于马克思对黑格尔的争辩中。在施米特那里，这种颠倒却较为自由主义地出现于这一命题，即一切政治概念，因其受制于现成"局势"，而必须是"斗争性"的概念。② 按照施米特的观点，那些没注意到"一种具体对立性"，最终没注意到对敌关系之紧急状态，并且不受那种局势约束的政治概念，根本不存在。③

---

① 《当今议会制的思想史状况》，第76页。

② 当施米特相信自己在黑格尔对市民社会的批判中发现了"对资产阶级的首个斗争性的政治定义"时，他忘记了黑格尔的国家完全没有斗争性地否定市民社会及其个人主义原则，而是将它积极地"扬弃"于自身。所谓的个人主义对于黑格尔来说并不是市民社会的一种单纯标志，比如对于马克思和施米特那样，相反，这种个人主义基于基督教的"绝对主体性权利"、个体的"无限自由人格"的原则，这种原则在"仅仅物质性的（substantiell）"古代国家还不起作用。参见《法哲学》第185节，以及《哲学全书》第163节附释1和第482节。

③ "诸如国家、共和国、社会、阶级，以及专制权、法权国家、绝对主义、独裁、计划、中立国家或极权国家等等词汇，如果人们不知道具体是谁该通过一个这样的词被命中、被斗争、被否定和被驳倒，那么它们就是不明不白的。斗争的性质首先也支配着'政治的'一词本身的习惯用法，无论人们把对

"一切政治决断所不可避免的'不实事求是（Unsachlichkeit）'（难道施米特想避免它吗？——本文作者洛维特）"对施米特来说只是一切政治行为和概念固有的敌我区分的"反映"。然而，如果决断的最高法权从一开始就确定了的话，就算考虑到决断还可能理解为公开的或掩饰的、激进的或中庸的，这种反映到底仅仅以"党派政治占位的少得可怜的风度和眼界"表现出来，还是如克伦威尔大气磅礴的毁灭意志那样表现出来，并没有原则性的区别。

这种颠倒着哲学之严格意义的决断理论在思想史上的起源，在于克尔凯郭尔的反浪漫主义观点及这名生存论思想家的激情的主观性，并且在于马克思的一种将理论变为实践的反资产阶级的要求。因此尽管他们有不同的意图和对立的目标，但两人都狂热地反对那个"牢骚呻吟（räsonnierenden）"年代的整个内在和外在状况，这一年代的"第一法则"就是无决断性。黑格尔对两千年历史的精神总结对于马克思和克尔凯郭尔来说，都成了一场广泛革命和猛烈革新之前的"史前史"。他们的具体**中介**都颠倒为抽象的**决断**，断而支持一个古老的基督教上帝，以及断而支持一个人间的新世界。马克思把群众的一般和外在生存境况提交给一种决断，克尔凯郭尔则把个人在其自身上的内在生存境况提交给一种决断，马克思**撇开**上帝去思考，而克尔凯郭尔在上帝**面前**思考，诸如此类的明显区别都以他们与现存的资产阶级－基督教世界断然决裂为共同的前提。是两个典型的"例外"，在这个老去的世界中还表明着人类存在的"普遍性"：

手说成是'非政治的'，还是反过来将其作为'政治的'而剥夺资格或加以非难，以把自己本身抬高为'非政治的'而凌驾于其上，那都无所谓。"（《政治的概念》第18页以下；《当今议会制的思想史状况》第32页）

不见容于资产阶级社会的无产阶级群众，为一些人保证了人类存在的可能复兴，见外于现存基督教世界的个体化基督教信仰，为另一些人保证了基督徒存在的可能复兴。然而，他们借以衰败的精神力量，并不是单纯地把为决断而决断当作基础，而是以此为基础，即他们在面对人类存在的降格与均化①时，相信一个最高法庭，相信"上帝"和"人性"是他们决断的**尺度**。

自德国古典哲学以来变得合理的良知向智慧、科学以及认知的退化，却在德国古典哲学的广阔视野之内，带来了黑格尔绝对知识哲学的这两大对手。自那以后，只有**这一**区分还是原则性的：一个人究竟是仍想理解某物，还是只想去"决断"，他是想通过他的言语去启示，还是想去"命中、斗争、否定和驳倒"。必然成为流行口号的那些言语，它们的那样一种斗争力，却与"高贵知识的力量"大相径庭，从中产生的不仅仅是一种虚无主义的决断，还有人类事务的秩序。

施米特在他 1934 年的《论法学思想的三种类型》一文中，不仅如以往一样摒弃了"规则或法律思维"的不近人情（unpersönlichen）的规范主义，而且也摒弃了他自己所代表的颇具性情（persönlichen）而独断专行的**决断论**，即决断思想，而变成了一种"具体的"并且尤其是"德意志的"超个

---

① 见于克尔凯郭尔对**在伦理上**表现为永恒轮回的当下的批判，对这一概念，施米特在**政治**方面将其命名为"中立化（Neutralisierung）"，而舍勒在 1927 年的一篇施米特与之有论战关系的演讲中，将其在文化方面命名为"调和（Ausgleich）"。这些事实含糊的种种命名本身，在解释中就显示出了一种基本的差异，这种差异与施米特在"贡金"和"赔款"这两种政治概念中指出的一样明显。（《政治的概念》第18页以下）

人（überpersönlichen）"秩序及组织思想"的代理人①——尽管按照第一印象，施米特的活泛思想目前的最新变化推翻了他所说过的一切，但实际上它只不过是证明了其政治思想彻头彻尾的**偶然性**特征。因为如果这种变化是在特定的情况下通过政治上实际发生的事件而为自身注入了一种使得决断论本身空洞无物的内容，那么它就不过是那自身空虚的决断的一种后果。一旦政治紧急状况实际上被一个决断行为所解除，作为政治基本**概念**的决断论也就变得没有必要了。在这种对决断的背弃中，施米特绝没有背叛自己；因为如果他的思想从一种极端的规范主义（1917年关于《国家的价值》的文章）经过政治决断论概念（1927年）到秩序思想一路走来，恰恰在某处保持着"忠实"，在那里他如实思考每次在政治形式上以难以想象的方式归于他的东西，那么"例外状态"的反常形式在以前是多么"有决断意义"，如今"规范的（normale）"和稳定的形式以及"正常的人（der normale Mensch）"对于公正并且公义的政治思想就是多么"有决断意义"。②决定性的对立不再是规范与决断之间的对立，而是规范与秩序间的对立。于是，政治概念失去了它们从前所声称的那些本质特征：斗争的特征。它们本质上变成了实证的，与全新的实证的国家秩序相适应的，这一秩序依据的是国族社会主义革命的政治决断。过去的专制的决断——从它破产以后——就顺从于新出现的具体秩序。如以霍布斯的经典方式所代表的纯粹的决断论，预设了一种"无秩序"，它只能通过从根本

---

① 秩序思想最初在《政治神学》第二版前言中被称为"制度性"思想；另请参照最新的文章，第57页以下。

② 《论法学思想的三种类型》，第10页，第22页以下，第56页。

上决断而被导向秩序；但这种决断本身如今也已表现为断而支持一种有秩序的"共同生活"，这种生活在法律上的表现是秩序思想，而不再是纯粹决断意义的思想了。①

在描绘"德国至今为止的发展"时，施米特表述了其政治思想从1917年到1934年的发展——不外乎是他自己用一种轻蔑说法提及其对手凯尔森（H. Kelsen）时那样。② 在这个发展中值得钦佩的仅仅是，施米特明显认为，用只言片语去说清自从《政治的概念》以来其专制决断论的这种不可避免的变化，甚至在其读者面前为之辩解，是完全多此一举的。

纯粹为决断而决断的热情在两次世界大战之间获得了普遍的同情。这种热情为断而支持希特勒的决断做好了准备，使作为"虚无主义革命"的政治颠覆得以可能。但它完全不仅限于政治决断论，它所标志的同样也有辩证神学以及坚定的生存哲学。这种政治、哲学和神学决断论③ 的内在关联性，将在接下来对上面在1935年写成的讨论施米特的文章的补充中，借马丁·海德格尔④ 和弗里德里希·戈加尔顿（F.

---

① 同上书，第52页。

② 同上书，第15页注释1。

③ 另请参照格拉夫·克罗科（Graf Krockow）最近的社会学著作《决断：云格尔、施米特、海德格尔研究》（*Die Entscheidung, eine Untersuchung über E. Jünger, C. Schimitt, M. Heidegger*），1958年。不过其中并未谈到神学决断论。

④ 以下请参照作者1947年在《现代》杂志中更为全面的阐述。未发表的德语文本于1939年写成并在此部分采用（首先参照《洛维特全集（*Sämtliche Schriften*）》第2卷《世界历史与救恩事件》（*Weltgeschichte und Heilsgeschehen*），斯图加特1983年版，第473页及以下数页，第614页及以下数页）。

Gogarten）而得到清楚的说明。《存在与时间》这部尽管是在时间的视野内提出存在问题的、看起来完全无关政治的著作，与施米特的《政治的概念》同年出版，那也是辩证神学产生最大吸引力的时候。

为了理解海德格尔的种种激进动力在当时的历史背景，将它与里尔克的一段表述联系起来是有益处的。里尔克1915年11月8日在一封信里写道，市民世界在对进步和人性的信仰上，遗忘了人类生活的"终审法庭"，忘了它"从最初就彻底被死亡和上帝所超越了"。《存在与时间》（第63节）也把死亡作为我们的存在与能够（Können）之不可超越的"最高法庭"。《存在与时间》里当然没谈到上帝。海德格尔作为基督教神学家的时间太久了，不能还像里尔克那样讲"亲爱的上帝的故事"。对他来说，唯一要务是一种对存在本身和整体的追问，对于这种追问，虚无和死亡尤其具有启发意义。死亡就是那种我们的时间性生存在它面前暴露出彻底有限性的虚无，或者如1920年的弗莱堡演讲中说的：是"历史的事实"，其悲情（Pathos）就是去承担最本己的此在的决心（Entschlossenheit）。向来本己并个别化于自身的此在，通过《存在与时间》（第53节）中加倍强调的"**向死的自由**"，达到了其"能够整体存在（Ganz-sein-Können）"，这种"向死的自由"与政治决断论中在战争的紧要关头为极权国家**牺牲生命**是相对应的。这两种情况下的原则是一样的：彻底退回到最终的东西，即事实性的赤裸裸的是**那回事**（Daβ-sein），也就是说，在人与一切传统的生活内容，与是**哪回事**（Was-sein）决裂的时候，退回到那生命所仅剩的事情中去。根据同样的这一条原则，六年后，在海德格尔作为纳粹校长为纪念施拉格特

62

（Schlageter）① 而做的演讲中，《存在与时间》的最高法庭就能很容易地从向来本己的此在转变为一种普遍的、但在其普遍性中同样本己的"德意志此在"。在向来本己的此在的视域中作为向死的自由表现出来的东西，能够在民族共同体的政治视域中表现为为了民族牺牲生命。

这篇矫揉造作的纪念演讲中说，在施拉格特的民族颓毁屈辱的时候，他手无寸铁地被枪决，经历了"最残酷最伟大的死亡"。"他不得不孤单地从自己的内心中，在他的灵魂面前，去树立起未来民众向着荣光和伟业启程的景象，以便怀着对此的信念去死。"海德格尔又问：这种"意志的坚定"和"内心的纯净"来自何处？他以黑森林（施拉格特的家乡）群山上的"原始岩石"及其秋天般的纯净来对此作答。这种土壤的力量涌入了这名年少英雄的意志与内心之中。——实际上施拉格特是战后被抛离其轨道的众多德国年轻人中的一员，他们有些人成为了共产主义者，有些人则相反，就像恩斯特·冯·扎洛蒙（E. von Salomon）的小说《城》中所出色描写的那样，因战争而荒废，又结束了兵役，他们再也无法找到回归平民生活的道路；他们加入志愿军，以便无论在哪、不管对谁，在脱了缰的战事中消磨他们的生命。这位生存哲学家，海德格尔，将其称为"不得不"："他**不得不**深入（ins）波罗的海地区，**不得不**前往（nach）上西里西亚，**不得不**抵达（an）鲁尔"，**不得不**践履他们自己选择的命运。古代的悲剧天命到了我们这个自命不凡的时代，在一个哲学家那里居然堕落到如此地步！

---

① 施拉格特是弗莱堡大学的学生，他在一战之后参与了反抗法国占领军的暴动，因为阴谋破坏而被枪决，并被纳粹奉为圣徒。海德格尔的演讲发表在1933年6月1日的《弗莱堡学生报》上。

这场演讲的数月之后，德国昂首挺胸地退出了国际联盟。"元首"命令举行一场补充选举，以便给外国看看，德国和希特勒就是一人。海德格尔让弗莱堡的大学生整齐划一地行进到选举大厅，作为整体在那里表演他们对希特勒的决断的拥护。在他看来，向希特勒的决断叫"好"，和对"本己的存在"说"好"是没有两样的！海德格尔作为校长所做的选举动员，完全是国族社会主义范儿的，同时也是海德格尔决心哲学的流行精粹："德意志的男人们和女人们！元首在召唤德国人民投票。但元首对人民并无所求。相反，他将最高自由决断的最直接可能给予人民：它——全体人民——是想要它本己的此在，还是不想要。这场选举是一切迄今为止的选举进程所完全无法比拟的。这场选举的独特之处，就是在其中所发生着的决断的伟大。简单和最终的事情的不容分说性，是不允许任何犹豫和踌躇的。这个最终的决断触及了我们人民的此在的最远边界。这个边界是什么呢？它以一切此在的原始要求，即拥有和拯救他们本己的本质为内容。……在 11 月 12 日，德国人民作为整体，要选择**自己的**未来。这个未来系于元首。人民不能基于所谓对外政治的考虑用投票叫好（Ja）的方式选择这一未来，而不把元首和无条件献身于他的运动也包含在这个叫好（Ja）中。没有对外政治也没有国内政治。只有一种意志，就是向着国家的完整此在的意志。元首已经在全体人民中充分唤起了这种意志，并把它结合为独一无二的决定（Entschluß）。在展现这一决心的日子里，任何人都不能缺席！"（《弗莱堡学生报》1933 年 11 月 10 日①）

---

① 《洛维特全集》第8卷（Metzler 出版社1984年版）将此处误印成1983年，兹据 Kohlhammer 出版社1960年版的洛维特《论文选集：历史生存批判》订正为1933年。

由于走出这种仍然半宗教的个别化——《存在与时间》就是由它一般性地提出存在问题——而踏入公共领域，并且由于向来本己的此在及其不得不（Müssen）随之转身 – 应用（Um- und Anwendung）于德国的命运与此在，在决定（Entschluß）中才对它自己产生出来的形式化的"决心（Entschlossenheit）"（《存在与时间》第 298 页）①，获得了一种历史 – 政治的内容。海德格尔演讲的一名听众有一天开的一个绝妙的玩笑："我下定决心了——只是不知道决心去干啥"，获得了一种始料未及的严峻性，因为这名存在主义者活力充沛的瞎忙活（"自己下定决心""屹立在虚无的面前""期望其命运""自己挺住"）获得了一种实现，并进入了普遍的、政治的"运动"。

在德国暴发的决断性时刻，海德格尔听任自己被选为弗莱堡大学校长，这是件非同寻常的事，因为在这个要紧的时候，其他所有大学都缺这样一个不仅仅是通过一枚党派徽章，而是能通过其学术成就而居于如此职位的"领袖"。德国知识界的大批人都在政治上反动或冷淡。海德格尔谢绝了让他去柏林的任命，但经不住自己学校让他做领袖的诱惑。他的决断不仅在本

---

① 阿尔弗雷德·博伊姆勒（A. Baeumler）在一本折价书（《男性社团与学术》*Männerbund und Wissenschaft*，1934 年版第 108 页）中把从海德格尔那里分析出来的决心（Entschlossenheit）通俗化为决定（Entschluß）。对他来说，行动不意味着决断去**支持某种东西**，而仅仅是根据"命运的旨意"去"赞成一种路线"。相反，因为人们知道人们想要什么，而决断支持人们认为正确的东西，则已经是"次要的"了。参看赫伯特·马尔库塞（H. Marcuse）的批评《以极权主义国家观反对自由主义的斗争》(*Der Kampf gegen den Liberalismus in der totalitären Staatsauffassung*)，载于《社会研究杂志》(*Zeitschrift für Sozialforschung*)，1934 年卷，第 3 期，第 187 页以下。

地具有意义，而且带来了普遍的关注，因为海德格尔在那时处于其声望的巅峰。柏林的全体大学生要求所有大学效仿在弗莱堡所实现的"一体化"。在就任校长一职时，海德格尔发表了一场题为《德国大学的自我主张》的演讲。①

与推翻魏玛政府后被一体化的教授们所发表的那些数不胜数的小册子和演讲相比，这篇演讲是高档次的，是一篇短小的在表达与结构上的大师之作。以哲学的标准来衡量，它的模棱两可性也是独一无二的，因为它懂得要使生存本体论范畴能够服务于"流俗"历史的"瞬间"，就要唤起这一假象，似乎那些范畴的哲学意图能够并且必须先天地适应于政治环境，似乎研究的自由能够并且必须先天地适应于国家的强制。"知识役（Wissensdienst）"与"劳役（Arbeits-）"和"兵役"（Wehrdienst）是一样的，以至于在演讲结束时，人们不知道是该手捧第尔斯（Diels）的前苏格拉底哲学家们②，还是跟冲锋队③一起行进。因此，人们既不能把这篇演讲判定为纯然政治的，又不能判定为纯粹哲学的。它作为政治演讲与作为哲学论文都是模糊不清的。它把海德格尔历史性的生存哲学置入了德国的时事，通过这篇文章，海德格尔对影响力的愿望首次找到了一个基础，以至于生存范畴的形式轮廓获得了一种已决断的内容。

---

① 布雷斯劳1933年。
② 指第尔斯（H. Diels）编的《前苏格拉底哲学家残篇》（*Fragmente der Vorsokratiker*）——译注
③ 原文缩写为SA，全称是 Sturmabteilung，是希特勒在1923年创立的组织。——译注

这篇演讲以一种自相矛盾开始：用**反对**国家威胁大学的独立性来谈其"自我主张"，而同时又否定学术自由与自治的"自由主义"形式，以无条件地适应"元首"与"追随者"的国族社会主义模板。校长的责任就是要成为全体师生的精神领袖。但他——这位领袖——同时又是一个被领导者，受"其民族的精神使命"的领导。这种使命以什么为内容，由什么证明自己，尚不明确。使命的赋予者实际上是人们应当去意愿的"命运"。与使命的这种不明确性相应，天命就被强调为"无情的"。而以一种不容分说的命令，民族的命运就和大学的宿命息息相关：大学的使命和民族的使命是一致的。德国的学术和德国的命运在**一种**"本质意志"中获得力量。在演讲中，本质意志被悄悄地与强力意志等同起来，因为就国族社会主义的立场而言，本质的东西就是那种强力意志本身。普罗米修斯，这个象征着西方决意（Wollen）的人物，被说成是应当追随的"第一哲学家"。以这种普罗米修斯的决意，欧洲人首先在希腊人那里"起来反抗存在者"，以追问他们自己的存在，这种革命性的起义是"精神"的标志，它尽管在命运的超强力量面前拒绝召唤，但正是在它的无力中具有了创造性。精神不是普遍理性，不是知性，不是智性，更加不是灵性，而是向着存在之本质的"认识的决心"，而真正的精神世界是一个"有着最外在和最内在危险的世界"。以士兵的强度要求学生，要求他自身作为意欲知识者，向着"最外在的危险阵地"推进，要求他行进、付出全力并奉献自己，要求他坚守、坚持并完全下定决心，去做那存在于希特勒身上的德国命运的接班人。献身于元首和民族，献身于其荣光与宿命，是与知识役（Wissensdienst）相一致的。而在对尼采所提出的"欧洲是对自己怀有决意，还是不怀决意了"这一问题的回答是："我们对自己怀有决意"。关于自我坚持的意志——不仅是大学的自我坚持，而且还有整个德意志此在的自我坚持，海德格尔认为，德意志民族的青年力量已经在积极的意义上做出了决断。要完整地理解"这一觉醒的壮丽和伟大"，人们必须想起柏拉图此言中的高见，海德格尔将其（粗暴扭曲地）译为："一切伟大都屹立于风暴之中！"① 海德格尔的高见以如此风暴般的声音作结，亲卫队② 的年轻人怎能不感到躁动，怎能不从这场十分德意志的风暴中认出古希腊的光环？海德格尔认为，师生团体也是那样的斗争团体，只有在斗争中才能提升和捍卫学术。他在这一时期的一次讲课时说：一切"本质"只向勇气（Mut）而不向观察展开，真理只在人苛求（zumutet）真理的情况下才让人认识。甚至德意志"气质"也被系于这种勇气。同样，敌人不仅仅是"现成的"，相反，此在为了避免变得迟钝，必须要自己**创造**出自己的敌人。海德格尔认为，举凡存在之物，均"受斗争支配"，哪里没有斗争与统治存举（west）③，哪里就有颓毁衰亡。本质（Wesen）存举于（wese）斗争中。

海德格尔的统领只持续了一年。经过一些失望和烦恼，他辞去其"使命"，以便能够重蹈覆辙去驳斥新的"常人"并能够

---

① 实际上说的是："高尚者往往处境险恶。"
② SS，即 Schutzstaffel，又译党卫队、党卫军。——译注
③ 此动词原型为 wesen，是旧时或在诗歌中使用的词，意思是存在并活动着，其名词形式 Wesen 的意思是本质。在此取成语"人存政举"中的两字，译为存举。——译注

67 在其课程中冒险发表辛辣的评论,但这与他实质上把国族社会主义当作一种抵抗和否定的信仰运动去依附是不矛盾的。因为国族社会主义的"精神"并不怎么关心民族和社会,而是相反更关心那些彻底的决心和动力,它们拒绝每种辩论与谅解,因为它们唯独仅仅(einzig und allein)依赖自身——依赖向来本己的(德意志)而能够存在。到处都充斥着暴力和决心的表达方式,它们决定了国族社会主义政治以及海德格尔演讲的语汇。海德格尔煽情措辞中的不容争辩正符合政治的独裁范儿。只有一种程度上而非方法上的差别,在决定着追随者的内部分歧,而说到头它就是"命运",是它为一切决意提供根据,为决意披上一件存在历史的外衣。

在这种历史-政治的背景下,海德格尔此在概念特有的德意志意义得以彰显:生存和决心、存在和能够存在、将这些能在解释为命运与不得不、在"向来本己的"(德意志)能够存在以及永恒轮回的话语上的坚持;驯养与强制(据说人必须"强制自己向上"达到"知的澄明")、冷酷无情、顽固与生硬、严厉与苛刻("此在的激烈坚持");坚守、屹立、付出全力、献身于危险;变革、觉醒、突破。这一切都反映着一战后一代德国人**灾难性的思维方式**。他们最起码想的是"本源"与"中介"或"边缘处境"。所有这些概念和词汇基本上都表达着在虚无面前坚持自身的意志行为的一种辛酸痛苦的决心,这种表达为它蔑视幸福、理性和同情而自豪。

海德格尔的国族社会主义对小资产阶级政党的正统观念抱有怀疑,因为在其中种族问题和犹太人问题无关紧要。《存在与时间》题献给了犹太人胡塞尔,题献给了半犹太人舍勒。海德格尔的精神样式似乎并不符合北欧样式①，因为后者并不受畏惧虚无的影响。②这种看法被日耳曼学研究者瑙曼③颠倒过来，用《存在与时间》中的概念去解释日耳曼神话，在奥丁（Odin）身上发现了"操心"，在巴德尔（Baldur）身上发现了"常人"！不管这种支持还是那种否定，人们都没法严肃对待，因为海德格尔的断而支持希特勒，远超乎大多数人对党的意识形态与政治纲领的投票支持。他曾是并且仍是一个处在边缘的，并居于个体化——但这种个体化绝非没有影响——中的"国族社会主义者"。仅凭一种**激进主义**，这种激进主义把向来本己和属德意志的定在的自由置于**虚无**（*Nichts*）的公开性上，他就已经是这样一个人了。④

1921年，弗里德里希·戈加尔顿出版了一本题为《宗教的决断》的论文和演讲集。作为基督教神学家以及卡尔·巴特（K. Barth）的追随者，他自信知道人们断而支持什么：支持作为"全然他者"的上帝，而非这个世界、它的宗教与文化或者德意志民族。因此他转而反对恩斯特·福克斯（E. Fuchs），此人作为贵格会教徒，意欲居中调和基督教的要求和社会的要求。但戈加尔顿认为，基督作为上帝和人之间的中保，禁止任何居中调和。在他看来，如果人们不把基督教降格为一种文化现象，而是把

---

① 即日耳曼样式。——译注
② 参看霍白克（A. Hoberg），《人的此在》（*Das Dasein des Menschen*），1937年。
③ 《日耳曼命运信仰》，1934年。
④ 《什么是形而上学？》，第20页，H. Freyer 受青年运动激发所做的题为《20世纪的历史自我意识》的演讲，与海德格尔的校长演讲源于同一个"时代精神"，其中自觉地表演了针对"历史发展"的"决断"。

握为上帝的行动，人们就只能把自己置于自我与上帝之间，放弃每一种居中调和。对他来说，重要的是断然放弃一切宗教顿悟，以及修行避静、切身体验、美德操守和必要需求，以便以无条件的赤诚将自己置于上帝面前。但人作为人，如何才能将自己像那样置入无条件的状况，如奥弗尔贝克（F. Overbeck）所说，"置入空气中"呢？对我们人类来说什么是上帝，这个绝对的问题，是绝对没有答案的，因为在我们和上帝之间绝没有任何居中关系。这个一切问题的问题移走了我们的立足土壤，因为教会和宗教、家庭、国家、民族性或者人们想要的其他什么东西，都不是找到上帝并无条件地站在他面前的手段。而当这个问题把我们置于一切条件性之外而移走每一寸土壤，那么对于戈加尔顿来说，这不外乎是：我们被归还到那作为本源的**虚无**中，这本源是一种"孕育着的死亡，创造着的毁灭"。

出于这种决断的观点，每一种对文化及属于文化的宗教之命运的窥伺，对于戈加尔顿来说，就像在同一时代对于海德格尔来说的一样，是无关紧要的。海德格尔有一次在提及克尔凯郭尔的时候写道："我起码想要点别的——这并不过分：我要的也就是，在如今的天翻地覆中被我活生生地经验为'必然'的东西，而不不去窥伺，从中是否会产生一种'文化'或毁灭的加速。"海德格尔从哲学上对传统形而上学的破坏，与戈加尔顿从神学上对朝向某种终极（ein Letztes und Radikales）的传统神学的瓦解，这两者之间的区别仅仅在于，这终极在一种情况下是死亡和投入虚无的即将来临，在另一种情况下是作为"创造着的毁灭"站在不可思议不可捉摸的上帝面前。正如海德格尔在"决断年代"（施宾格勒语）放任虚无面前的个体化此在转向希特勒的德意志此在，戈加尔顿在他早先反对种种基督教上帝信仰的民族义务之后，也归顺了一种"德意志的基督教"，而在战后又转回布尔特曼所勾勒出的神学路线。这种向起初原点的回返，是与重提"**虚无中的决断**"这一问题相一致的。① 对于戈加尔顿和对于布尔特曼一样，信仰都弱化为一种赞成或反对信仰本身的深思熟虑的决断，人在这种信仰决断中赢得或者失去其"本真存在"。布尔特曼说②，上帝信仰从来都不是保有（Besitz），而永远是"决定（Entschluß）"。这种决定让我们不受世界的束缚，反正每种秩序都缺乏人所能适应的当前的世界形态。当戈加尔顿以一种对中世纪的创造秩序——即人类拥有从原罪到最后审判的永久天命——的历史性反思作为起点，他就意识到，他把信仰理解为一种"虚无中的决断"，本身是有历史条件的，即是说，由于当今人类世界不存在（Nichts an）可靠的世界秩序。因为当今世界之唯一的、普遍有效的秩序是科学技术的秩序，只有专家对它负责并且熟悉它，对作为人的人来说，它是陌生的。不断进展着的人类及其世界的理性客观化，没有为人类存在的问题给出答案，而上帝问题就是在人类存在问题中显现出来的。当有一种言语（Wort）苛刻地向我提问而我必须对它加以回答（antworten）时，才有在字面意义上严格的（wörtlich）答-辨（Ver-antwortung）③。对人的源始问题的追问只能出自其起源，也

---

① 《埃卡尔特》（Eckart）杂志（在维也纳发行的一本政治杂志——译注），1952年4-6月号。
② 《信仰与理解》（Glauben und Verstehen）第2卷中的《信仰的危机》（Die Krise des Glaubens），1931年。
③ Verantworting 的意思是责任，答辩，辩白。——译注

就是说，只能从那构成我们世界的一切东西都还什么也不是的地方。这些东西从虚无中来，在虚无面前为我们安置了当今的世界。但由此，它们就直接面对上帝问题和可靠的信仰。因为戈加尔顿认为，无条件的信仰意味着：放下一切人们想依赖的东西。信仰通过将自己从万事万物中分离出来，而将自己可靠地释入虚无。

以这种方式，戈加尔顿试图从"虚无主义"中引出和展示一种谦卑的成果，即，从当今世界的虚无所带来的威胁中，如何产生对上帝的源始追问，而从对上帝的源始追问中，如何产生对人的问题的回答。决定性的问题无疑是，人是来自于世界还是来自于上帝。"如今的人被虚无所威胁，这就是说，他处于最急迫的危险中，面临科学技术的世界及其对于人类存在的优势而感到绝望。对于这些人来说，信仰上帝只能意味着，比起听天由命和由此带来的绝望，他更彻底并且更果断地将自己暴露给那在他面前开启的虚无，他正是在其中才把握到他对上帝的全部依赖，才把自己接受为从神性的起源中存在起来的人。"意识到如今不可能再像不同年代的前辈那样，去对上帝进行追问以及用基督教信仰回答，戈加尔顿尝试把信仰理解为一种"虚无中的决断"。这种以虚无为根据的神学信仰决断，与哲学和政治决断论的内在关联是显而易见的。它们的共同来源是坚决信服：一切传统的福祉与秩序、内容与尺度，以及其中隐含的把"世界"等同于历史性的人类世界的做法，都变得毫无意义。而不难认清的是，这种决断的神学与哲学，其精神榜样在多大程度上在于克尔凯郭尔。他的长处在于，他把他的生存决断的极端姿态一直理解为一种对其时代的"校正"，并且明确反对这一观点：一种受时代制约的校正能够发挥规范作用。奇怪的是，不论布尔特曼还是戈加尔顿，从来都没有同意去把和克尔凯郭尔进行争论当作课题并付诸解决，以至于他们的看法与克尔凯郭尔在信仰中的绝望飞跃是否有别以及有多大程度的区别，从来都没有变得明确。

马丁·海德格尔和弗朗茨·罗森茨韦克[①]
——《存在与时间》补论

M. Heidegger und F. Rosenzweig.
Ein Nachtrag zu *Sein und Zeit*
1942/43

[①] 罗森茨韦克（F. Rosenzweig，一译罗森茨威格）的生平简述如下：生于1886年，1905年起学医5个学期，1907/08年起在弗莱堡师从弗里德里希·迈内克（F. Meinecke）学习历史，后在柏林师从赫尔曼·科恩（H. Cohen）学习哲学。1912年，罗森茨韦克以其著作《黑格尔与国家》的一部分获得博士学位。1914—1918年从军。1917/1918年在战场上构想了《救赎之星》。战后完成了《黑格尔与国家》（1920年）和《救赎之星》（1921年）。1920年在美茵河畔的法兰克福建立了一个犹太学社，1922年翻译犹太诗人耶胡达·哈勒维的作品，1923年为赫尔曼·科恩的《犹太文稿》（*Jüdische Schriften*）撰写引言，1924—1929年同马丁·布伯（M. Buber）一道翻译圣经并且撰文讨论翻译问题。1929年逝世。——本文引用的是《救赎之星》（*Der Stern der Erlösung*）的第二版（1930年，Schocken 出版社）以及同一个出版社1935年出版的书信，1937年出版的《短文集》（*Kleinere Schriften*），其中也包括罗森茨韦克为科恩的《犹太文稿》撰写的引言。

引 言

如果海德格尔曾经拥有一个不仅在年代意义上所堪称的同时代人,那么这人就是其主要著作比《存在与时间》早六年出版的这位德国犹太人。海德格尔的"新思想"与罗森茨韦克的"新思想"在当代历史上的关联并不广为人知,虽然罗森茨韦克本人确实引人注目。他们的从属关系是以这样的方式显著表现出来的,即一人的思想与另一人的思想一样,不陷入实证主义而积极地通过他们出于人类此在"实际状态"(Faktizität)的共同出发点,避免了德国观念论的意识的形而上学。欧根·罗森施托克(E. Rosenstock)的早期著作,马丁·布伯、汉斯·艾伦贝克和鲁道夫·艾伦贝克(H. und R. Ehrenberg)、维克多·冯·魏茨泽克(V. von Weizsäcker)以及费迪南·埃布纳(F. Ebner),都产生于时代的同一个精神。《辩证神学》的开端,在第一次世界大战之后的这一历史范围内,也属于德国哲学如今的最新时代,在这一时代中,哲学是创造性的,并且具有一种坚定的面貌,这面貌不仅仅是自言自语的孤独者的头脑。在此我们限定于讨论《救赎之星》与海德格尔《存在与时间》的对立,并借此讨论不同于时间之**时间性**的**永恒性**问题。

在罗森茨韦克的短文集中有题为"混乱的阵线"(Vertauschte Fronten)的两页文章。它为宣扬科恩的《源于犹太教的理性宗教》①(Religion der Vernunft aus der Quellen des Judentums)第一版而作，而且受 1929 年春在达沃斯举行的高校会议影响，恩斯特·卡西尔与海德格尔的争论是这场会议的焦点。罗森茨韦克有关于此的观点在他死后才发表在一本杂志上。其内容如下：科恩的著作曾拥有一种值得注意的命运：他作为学徒在康德的车间里所干的活（康德的经验理论、康德的伦理学奠基、康德的美学奠基），彻底革新了他们时代的学院哲学，并且为"马堡学派"奠定了基础。他成了师傅之后的著作（《纯粹认知逻辑》《纯粹意愿伦理学》《纯粹感觉美学》）在这一学派以外很少被人注意，他自己的体系停留在一种显然过时的精神的古怪著作中。最后，年迈的科恩在其体系的基础上设计了一种改建与重建，即《理性宗教》（1919 年科恩死后出版，1929 年再版），这几乎完全默默无闻，尽管老实说，这部著作与众不同地通过人与上帝之间，人与人之间"相互关联（Korrelation）"的基本概念冲破了观念论的边界，并如罗森茨韦克所称，预先指向了"新思想"②。按照罗森茨韦克的看法，海德格尔与卡西尔之间"混乱的阵线"在于，卡西尔代表马堡的康德主义"旧思想"，与此相反，海德格尔实际上代表老科恩的"新思想"而与康德主义嫡系学者相对立，恰恰就这点而言，科恩教席的继任者想必会对这位以及每位老

---

① 与罗森茨韦克的《星》一书类似，科恩的这部最独特的书并不为德国学术圈所熟知。这一点突出表现为，海德格尔在其报告《马堡大学哲学教席史》(Zur Geschichte des philosophischen Lehrstuhls der Marburger Universtät) 中完全没有把科恩的《理性宗教》归入其著作来提及。

② 参照赫尔曼·赫立格尔（H. Herrigel），《新思想》（Das neue Denken），柏林 1928 年版；以及埃尔泽·弗洛恩特（E. Freund），《弗朗茨·罗森茨韦克的生存哲学》（Die Existenzphilosophie F. Rosenzweigs），1933 年版，1959 年新版。

"马堡人"怀有矛盾的心情。

　　罗森茨韦克为了给他的论点——海德格尔的思想运行于科恩所选取的方向上——提供根据，比较了海德格尔的出发点：人——其完全自由的此在是一种"被抛的实际性"——的有限本质与科恩的一种表态①，在其中科恩怀着激情去强调"起码的个体"（Individuum quand même），与"见多识广的资产阶级思想"针锋相对，他说贫弱的人类个体的本来价值存活于"文化之永恒性上的智力输送"，然而又说那永久合乎人情的，恰恰是情绪与心态上稍纵即逝的东西。并且当海德格尔在其演讲中谈到，人们必须把人从所谓文化商品的懒散享乐中唤回到他命运的困境中时，科恩的讽刺就与此相称：科恩说，人们能够把"过往理性的碎片"以及"道德法则的稻草人"留给他的命运。科恩晚年著作所抛在身后的理性，是观念论的"产生着的"（erzeugende）理性，他以受造物的天赋理性取代了前者。然而，海德格尔与科恩各自回返到赤裸裸的实际个体，其间的区别在于，科恩要在起码的个体（Individuum quand même）上，如同个体在一切观念的生成之前就绝对地在此那样，去证得宗教的观念论（Idealismus），他尤其是要"以永恒的荣耀去装点尘世的虚荣之物"，相反，海德格尔不再想从永恒性那里再去了解任何东西，而是出于时间去理解存在。

---

　　① 1890年在戈特弗里德·凯勒（G. Keller）逝世后致奥古斯特·施塔特勒（Stadler）的信，现已刊于赫尔曼·科恩的《书信集》，柏林 Schocken 出版社，1939年。

一

在对海德格尔与科恩的学生罗森茨韦克的比较中，也显示出了一种相似的区别。他们的出发点是一样的：在有限生存中，先于一切文化成分的那般赤裸裸的人。他们两人都意欲回返到一种强烈经验中的源始和本质的东西，凭这种意欲，他们在那些分裂的（scheidenden）和决断的（entscheidenden）时代的同一种精神中遭遇到彼此，那时代被第一次世界大战所支配，在其中一切不必要的东西都迫不得已地略去了。虽然海德格尔在概念上的清醒与罗森茨韦克的语言是如此不同，两人都慷慨激昂地被一种强烈的真诚所感动。在一个迫切要求决断的时代，他们重新意愿一，也就是那"至关重要的一"（Eine das not tut），而不再意愿多，因为现代文化所遗留下来的种种内容完全没法站稳脚跟。他们两人都从头到尾追问人类生存的"**真相**"（*Wahrheit*），都论及**人**和**世界**，论及作为**语言**的**逻各斯**以及**时间**。他们的灵敏睿智主要从语言中把思想阐发出来，两人都熟练地与语言打交道。他们与学术上的同时代人相反，像《星》的第一部里提出的口号那样"反哲学家地"（*in philosophos*）地进行哲学思考，并同时像第二部里写着的那样"反神学家地"（*in theologos*）思考，因为两者本身都存在于一个人身上。罗森茨韦克说，哲学如今企望着对神学进行哲学思考。他们相互依赖并且共同孕育出一种新型的神学式的哲学家。"新思想"的一种标记——"神学问题要被转译为人的问题，人的问题要推进到神学问题"①,对罗森茨韦克和早年的海德格尔都一样合适,尽管海德格尔与基督教的关系是离弃,罗森茨韦克与犹太教的关系是返回。

他们的新思想有一个先决条件,即它伴随着旧思想的消逝而存在起来。当黑格尔把欧洲精神的整部历史囊括在体系中,并在表面上使古老的基督教神学与古希腊哲学和解时,旧思想就完-结(voll-endet)了。黑格尔除了唯一的和纯粹的自足思想之外,不再以任何东西为前提,以此把握了存在的历史性整体。②

但这种把握一切的思想是否真正自足,它是否无需一种经验性的实际与根基——正如谢林和黑格尔左派在其反对黑格尔的斗争中所坚持的那样——总之能够开端?对黑格尔体系以及观念论哲学的反抗——在克尔凯郭尔和马克思那里,在叔本华和尼采那里③——除了一种作为对"贫乏"并且"关心"存在的人的平反,究竟还意味着什么,对此恰如海德格尔所言,"在他们的存在中与自己打交道"。罗森茨韦克认为,对万物或存在者整体的认知的真正开端不是一种热情奔放的思想,而是一种实际的现实(eine faktische Wirklichkeit):人"完完全全还在此",是意指某种确定和个别东西的纯粹"事实性"④的一个概念,而非"观念"(Idee)或普遍"本质"。就算在那种觉得

---

① 《星》第二部,第24页;《短文集》,第389页。参看前面引用过的赫尔曼·赫立格尔的《新思想》。
② 《星》第一部,第11页及以下数页;第二部,第21页以下;《书信集》第264页和第645页;《短文集》第358页以下。
③ 《星》第一部,第12页及以下数页。
④ 《短文集》,第363页和第369页。

它能够忽略掉我此在之实际性的哲学中,"我①这般完全平庸的私家货色,我这个教名和绰号,我这点尘埃和灰烬,我还在此——并且进行哲学思考"②。统一与普遍的存在仅仅在对确切与突出的存在——这种存在向来就是我自己③——的孤立中才能达到,并且普遍的存在论因此需要一种"基础性的"东西,即对实际此在的分析,这种与海德格尔论点的亲缘关系无疑是明显的。与传统的本质概念相反④,两人都进一步发展了"**是**(*ist*)"的意义,因为对一切所是的"**什么**"⑤的追问,仅仅涉及存在者的能够设想的普遍性——不管它是"水"(泰勒斯)还是"精神"(黑格尔),而不涉及可经验的现实以及特殊的"事件"(Geschehnis),我仅对此有所知,因为它发生于我,形成了我的历史性。⑥罗森茨韦克说,本质不会从**时间**那里知道任何东西,然而现实仅仅在时态词(Zeitwort)⑦中才能领会,并且发生的事情(Geschehen)不是发生在时间中,相反时间自己发生着⑧,我在其中行动并遭受。新思想这样理解:它本身以及一

---

① 此处以及以下两个"我"是大写为名词的Ich,随后的"我"是代词。——译注
② 《短文集》,第359页。
③ 《存在与时间》,第3页及第38页以下。
④ 《存在与时间》,第9节。
⑤ 此处的什么(Was)大写,并且加了着重号。——译注
⑥ 《短文集》,第365页以下,第377页以下,第383页;《星》第三部,第156页,第167页以下。
⑦ 时态词 Zeitwort 是动词 Verb 的另一种说法。下一段中提到时态词的时候,括号中列举了一系列有关时间的副词,该处对时态词做了广义理解,因为副词不可避免地与动词相关。但一般来说,Zeitwort 仅表示动词。——译注
⑧ 《短文集》,第384页。

切存在着的东西,已经在此的和尚不在此的,过去的和未来的,在每一眨眼间都是时间性的,与之相反,旧哲学自古希腊以来就追求无时间地去思考。

这种对现实存在而言与生俱来的时间性要求一种新的表达方式。罗森茨韦克说,思想必须成为"语言思想"(Sprachdenken),因为只有语言是符合时间(zeit-gemäß)的,相反,思想本身是从说话(Gespräch)——言谈(Reden)、沉默(Schweigen)、倾听(Hören)——的时态(Zeit)中根据意图抽象出来的。语言所引导的思想不是纯然逻辑的,而是一种"语法的"思想,并且只有这种系于语言的思想才能以逻各斯的形式认真地对待时间。① 罗森茨韦克的《星》以及海德格尔的《存在与时间》标明了这样一种语法思想,其革命性的创新首先在于,它使得围绕日常言谈的时态词(日常、当时、首先及多半、如今及以后、不断、预先)成为了哲学术语。罗森茨韦克对"已经"的解说,也能够出现于海德格尔的《存在与时间》中,如果人们暂且忽略掉这一点,即罗森茨韦克并不以对"已经"的分析去指向无神的"被抛状态"(Geworfenheit),而是指向"被造状态"(Geschöpflichkeit)的话。他对造化(Genesis)"之初"的"创世(Schöpfung)逻辑"做了如下发展②:世界预先在此,完全就在此,世界的存在是其"总已在此"(Immer-schon-da-sein)。当我们把世界理解为那样的一种已经此在,我们也就把握了被创造(Geschaffensein)的意义,并借此把握了创世的力量

---

① 《星》第二部,第68页及以下数页;《短文集》,第383页以下,第385页以下。

② 《星》第二部,第56页以下。

（Schöpfungsmacht），这力量造就了（macht）人和世界的存在。因此，一切指向某种开端与终末的词汇绝非偶然地拥有**过去时**（Vergangenheit）的形式：基础（Grund）与根－据（Grund-lage），原－因（Ur-sache）与起－源（Ur-sprung），前－提（Voraus-setzung）与规律（Gesetz），也就是说，预先设定好的（Gesetztes）。

通过以这种可经验的现实的实际性为导向，两人的哲学就成为了一种"经验着的哲学"或者一种"绝对的经验主义"① 以及一种"启示"哲学，两者都采取了谢林所用过的方法：哲学将要启示存在着的现实，它的"积极的"、预先设定好的、但正因此也是无的"生存"。当海德格尔按照其作为无－蔽（*a-letheia*）的真理概念表达了对遮蔽之"开显"，以此清除了启示概念的神学意义的时候②，罗森茨韦克联系着创世和救赎的概念，阐释了圣经上的启示概念。③

对两人来说，那种使得我"还在此"这一点预先就完美可见的现实，是作为我们此在的确切虚无的死（Tod）。死作为我们此在的"最高法庭"处于海德格尔《存在与时间》的核心以及《救赎之星》的开端。它对两人来说都意味着对"纯粹"自我哲学和意识哲学的羞辱，它们不知道此在的这种经验上的终结。罗森茨韦克说，一切认知行为皆创举（anheben）于死。而旧哲学通过将死亡（Sterben）限于肉体而保留灵魂与精神，否认了这种凡间的畏惧（Angst），尽管真正的畏惧死亡是不明白那样一种区分的。人，只要他还活着，就没办法从自身中甩

---

① 《短文集》，第379页及第398页。
② 《存在与时间》，第44节。
③ 《星》第二部，正文；《短文集》，第357页。

下凡间的畏惧,他也不应当这样,相反必须学着在死亡的畏惧中逗留(bleiben)。"哲学为了这个应当,通过在凡间织就了他万有思想(Allgedanken)的蓝色迷雾,而欺骗了他。因为毫无疑问的是:一个万有(All)是不会死亡的,在万有中什么都不会死亡。死亡只可能是个别者,而一切有死者都是孤独的。"① 但由于哲学把"是"(ist)理解为普遍本质,而否认了死,这个"阴暗的前提",它就唤起了无前提性的假相。与这种逃避死的思想相反,罗森茨韦克有意识地从一个基本前提开始,即生本身就陷于死中——与海德格尔并无不同,后者也坚持某种预先设定的东西的必要性,以便能够从根本上理解"是"(ist)。② 然而这一共同性内部的本质区别在于,罗森茨韦克通过创世的开端,启示的中途和救赎的终点③,踏上了一条进入"永生"的道路,对永生而言,**星星**就相当于"永恒真理",与此相反,海德格尔把对永恒真理的信仰标明为"基督教神学尚未彻底消除的残余",而只认"生存论意义上的",也就是时间性的种种真理。因为海德格尔在一场关于真理的本质的演讲中曾说,"对上帝",这个无时间的永恒者,"我们一无所知"——罗森茨韦克也认可这句话,尽管附加说,这种无知是"对上帝"的无知,

---

① 《星》第一部,第8页。
② 《存在与时间》,第227页以下,第310页。
③ 《星》第二部导言以外的三卷分别为:创世或事物永续的基础(Schöpfung oder der immerwährende Grund der Dinge);启示或灵魂常新的诞生(Offenbarung oder die allzeiterneuerte Geburt der Seele);救赎或国的永恒未来(Erlösung oder die ewige Zukunft des Reichs)。这里指的就是这三部分。——译注

并且本身就是我们对上帝的知的开端。①

作为在凡人的实际立场（Standpunkt）上充满前提的思想，两人的哲学都是一种"立场哲学"（Standpunktphilosophie），一种"世界观"和"人生观"，但不是狄尔泰的那种历史相对主义方式②，而是处于一种**绝对**历史的意义上。"哲学，如果它当为真实的，并且必是从哲学思考者的真实立场出发完成哲学思考的（erphilosophiert），这就是我真正想要的。因为没有任何别的可能性去成为客观的，除非人老老实实地从他的主观性中出发。对客观性负有义务仅仅是要求人真正地仔细观察整个视野，而不是要求人们出于一个不同于他们所处的另一个立场去看，或者完全没有立场。自己的眼睛无疑只是自己的眼睛；但蠢货才会相信，人为了真知灼见必须逃离自己。"③但如果人们仅仅是看到和承认在我们偶然眼界的有限视野中有什么东西，那还是"科学"或者对"事情本身"的认知吗？"我们也这样问，也带着这种在新时代的哲学现相（Erscheinungen）中看到哲学和科学蒙受损失的沮丧问自己。于是在这里明显产生了哲学的一种需求，它明显不能使哲学从自身出发获得满意。如果哲学不应该重新放弃它的新概念——假使它仅把这概念的存续（Fortleben）归功于那个从解决哲学源始任务出发的关键点，它怎么做得到——那么对它、更准确地说对其科学性的支持，必须从别的地方而来。它必须坚持其新的发端（Ausgangsstelle），主观的甚至极端个人的，超乎那无可比拟的埋藏于自己本身的自我及其立场，并仍

---

① 《星》第一部，第33页。
② 另请参看《短文集》第511页以下，罗森茨韦克对狄尔泰的评判。
③ 《书信集》，第597页。

然达到科学的客观性。何处可发现这座在极端的主观性，人们会说，在视而不见听而不闻的恰如己身的状态（Selbsthaftigkeit）与无限客观性的明亮清晰之间进行连接的桥梁？"[①]罗森茨韦克对此的回答是：最终作为最主观与最客观之间桥梁的，是神学的启示概念，因为人只有作为受到启示的人，才在自身中具有两者。为了使得永恒真理自在地作为一种能够被我们所经验的真理，哲学家必须同时是神学家。[②]

在海德格尔的《存在与时间》里，由于他在存在论意义上表达了其"视而不见听而不闻的恰如己身的状态"，其立场的客观真理问题就消除了[③]，以至于当据说此处不再有一个真实的人谈论真实的生命与死亡，而是一个纯粹的"在人中的此在"[④]在谈论，这个此在的"向来属我性"（Jemeinigkeit）仅仅如同黑格尔感性确定性的辩证法中此时此地的"这一个"对任何时间任何人的意谓来说是普遍的这一个[⑤]一样，这时就产生了幻相。尽管海德格尔也强调了为"每一个自己的"存在的前提及其生存观念（Existenzidee）辩护的必要性，但他做这件事的方式方法，却并不像启示的听取（Vernehmen）那样从自我性（Selbstheit）中引出来，而是相反，把自我性闭锁于自身之内，闭锁于一个

---

① 《星》第二部，第23页以下。
② 《星》第二部，第24页；参照第三部，第172页以下。
③ 另请参看格奥尔格·米什（G. Misch）的《生命哲学和现象学》（*Lebensphilosophie und Phänomenologie*），1931年第二版。
④ 《康德与形而上学疑难》（*Kant und das Problem der Metaphysik*），波恩1929年版，第41节。
⑤ 另请参看费尔巴哈（Feuerbach），《未来哲学原理》（*Grundsätze der Philosophie der Zukunft*），第28节。

"循环"（Zirkel）之内，海德格尔太过轻易地摘下了这个循环的恶名（das Prädikat des *vitiosus*）[①]。因为据说重要的不是跳出一切理解的循环，而是以恰当的方式跳入其中，也就是说使得预先设定的东西本身主题化。对存在的哲学注解将直接"保证"这种一切理解中的此在的"前结构"，确知（vergewissern）其"先行具有"（Vorhabe），其"先行视见"（Vor-sicht）及其"先行掌握"（Vor-griff）。[②] 用更粗糙的话说就是：此在除了决定尽可能完整地去存在以外，没有能力做任何别的以及更好的事情，或者用路德的话说，"每个人在自己的生存中都可能是强大的"（unus quisque robustus sit in existentia sua）。在存在论上对此的阐释就是："为自己的存在而在世的存在者具有存在论上的循环结构。"此在及其对存在的理解必须在一个循环中活动，因为此在自己总已经"先于"自身，并且只有如此才回到自身。生存论的存在论，在《存在与时间》的导论中[③]被称为，"把一切哲学发问的主导线索的端点固定在这种发问所从之**出**而且向之**归**的地方了"，这就是说，《存在与时间》中的此在，在它所有的时间性的"绽出"中，总不过是在自己身边[④]；它——用罗森茨韦克的话说——对每一丝尚未在其周围闪耀的光线都视而不见，对每一缕尚未由它自身发出的声音都听而不闻。它是并且一直是一个穴居者，既不

[①] 循环论证的拉丁文写法是 *circulus vitiosus*，字面意思是"恶性循环"，此句中的 Zirkel 是循环一词的德语写法，后面的拉丁文 *vitiosus* 一词即取自循环论证的字面意思。——译注

[②] 《存在与时间》，第153页以下，第314页及以下数页。

[③] 《存在与时间》，第38页。

[④] 另请参看阿道夫·施特恩贝格（A.Sternberger）的《被理解的死》（*Der erstandene Tod*），莱比锡1934年版。

知道柏拉图的太阳，也不知道基督教的复活，也不知道犹太教直至救赎之日的等候。按照这种对比，海德格尔与罗森茨韦克的基本概念不是在出发点上，而是在目标上，并且就此而言无疑也总在两人原则上所针对的东西上有所区分。

二

海德格尔与罗森茨韦克都从总已此在（Immer-schon-dasein）的"实际状态"（Faktizität）或"事实性"（Tatsächlichkeit）出发。他们以此否定由笛卡尔所奠基的在一个我或者一个抽空了经验实在性的自我意识上的出发点。"我在"的意义与存在并不从一个我中产生，而是从第一人称——它总只是我一向所是——的人称代词中产生。海德格尔说，此在始终是向来属我的，并且"对此在的道出必须按照这个存在者的向来属我性的特征，始终一同说出人称代词：'我在'，'你在'"。① 直至此处罗森茨韦克还是与海德格尔一致的。在关系到第二人称，而且由此为第一人称的存在获取了一种别的含义时，他们才分道扬镳。海德格尔的分析只在**另一个人**的同等形式下认出了第二人称，但并不把它认作是我的伙伴或者我的你。一向本己的此在尽管被规定为与他人的"共在"（Mitsein）②，但这个他人的存在也是一个向来本己的存在并且因此是一个单纯的与我共在。这不是一起共处（Miteinandersein），在其中彼此一样把自己规定为相互付出与求取的。这种貌合（Mithaftigkeit）对支持着海德格尔此在分

---

① 《存在与时间》，第9节。
② 《存在与时间》，第26节。

析的事实——这种他人的仅仅**也**共同此在（Auch-mit-dasein）并不组建行为的**相互性**（Gegenseitigkeit）——没有任何改变。在海德格尔的分析中缺少相互"承认"（黑格尔用语）的现象。如果两个第一人称之间的关系片面地固定于我把第二人看待为另一个人，那么此在，不顾其共在，总是只"照面"①到自己本身。海德格尔分析的"片面性"，由于人们或许以另一面对其进行了补充，因而无需清除，它其实属于海德格尔哲学基础的单义性（Eindeutigkeit）。它只可能借此被突破，即经验和洞见到他人作为"另一个我"（alter ego）或者"第二个我"（secundus）是一个不比我差而完全不同的人，但也有别于那种我在其中认出我自己的别人（alius），也就是不同于一个"你"。②一个真正的你不是如第二个人那样，而是那个共同为人（Mitmensch），他首先向我揭示出我本身是一个——在话语（Rede）与回应（Gegenrede），讲述与倾听中——听取他人要求的"我"。

"你"的准确概念的原则性含义并不限于构成共同世界（Mitwelt）的人与邻人之间的关系，而是有鉴于上帝才实实在在地表现出来。当上帝呼唤亚当："你是谁"的时候，人自己的"我在这儿"才从上帝那里出来展示自己。"我"首先是闭锁的和缄默的，他等待直接从上帝那里响起的一声呼唤，等待间接从邻人那里响起的一声呼求。别人的"我"并不先于"我"在

---

① 另请参看本文作者洛维特的《共同为人角色中的个体》（Das Individuum in der Rolle Mitmenschen），1928年，第9–15节。

② 参照作为邻人的共同为人概念：赫尔曼·科恩，《邻人》（Der Nächste），第四篇论文，马丁·布伯及 Schocken 出版社出版；罗森茨韦克，《星》第二部，第168页以下，第196页；以及《短文集》，第364页和第388页。

此，他需要第二个人的呼求，借此被要求言说并"置于"言说。罗森茨韦克把这一关系发展为圣经创世史的"语法"注解①，正如《星》完全是对罗森茨韦克创世记翻译的先行评注。② 罗森茨韦克从始至终都没有把"存在"在创世史的阐释中的彰显领会为**我的**,而是领会为"**他的存在**",也就是说,"永恒者"的存在,一切时间性的东西都通过他而在此。相反海德格尔的分析不顾其实际出发点,仍在观念论之根基的范围内活动,尽管他在生存论上具体地解释了观念论的"生成"(Erzeugung)概念,这一神学创世概念的世俗化。③ 总只"与自己打交道的"《存在与时间》中的此在,无可救药地封闭(geschlossen)在对自身的决心(Entschlossenheit)中。既没有一个神也没有一个共同为人来向他回答其存在的意义问题。

由于海德格尔把生存着的此在规定为"向来属我",其所此在于的世界就总已是**他的**世界或一个"生存论的环节",也就是说,是一个同我本身一样的存在。此在从来就是我的在世存在。人不像一块石头那样"现成在手",也不像一件用具那样"当下上手";他也不像自然生物那样生活在自然世界中,相反,石头、植物和动物"在"世界中与他照面,因为他本己的存在先天就是一个在其中他能照面某物的"在之中"(In-sein)。世界是此在的一个"存在建构"(Seinsverfassung)以及一个"结构环节"。于是人的此在与世界就是一个"统一的现象"。④

---

① 《星》第二部,第110—120页。
② 参看《书信集》,第618页以下。
③ 《星》第二部,第69页及以下诸页。
④ 《存在与时间》,第12节及第28节。

在这种把世界标明为一个生存论环节的世界之处,有三点要注意的:首先,它指向现成于世界之内的**存在者**与世界之为世界(Weltlichkeit)本身生存着的**存在**的区别;其次,它与把此在当作一个在世界之内的"现成者"的看法针锋相对;第三,它与把世界规定为**自然**针锋相对。自然只是一个"处于世界之内的存在者之存在的边缘状况"。① 实际上在海德格尔的存在论里,一切存在者的整个自然是无足轻重的;它迷失于那仅仅现成者的隐秘概念中,这概念遮蔽了一切**没有**"生存"和并不"现成"的存在者。在《存在与时间》中没有一种自然的独立生命。对于海德格尔来说,这种生存论意义上的世界概念的非自然性并不是那种他无法反驳的不同意见;因为对于此在来说,在对其世界的操劳中沉沦于现成在手与当下上手之物,并且自古以来都"非本真地"理解自己,是再自然不过的了。然而,生存论 - 存在论分析之粗暴性的这种自我辩解,在海德格尔的世界概念扇了自然意识的耳光这个事实上,并没有改变任何东西。这种自然意识在圣经的创世史中显得既质朴又卓越,这创世史讲述了人在先于他被创造并因此"现成在手"的世界中是如何向着自身觉醒的,一切存在者如何被冠以一个名字,并如何凭借这种回应上帝的能力超出自然世界的沉默受造物的。但海德格尔世界概念的反自然性也在其自身得到了证明,因为"统一的"现象只能以三个连字符(在世存在,In-der-Welt-sein)结合起来。据说谁相信语言并由之开始思考,就一定会发觉,对人

---

① 《存在与时间》,第65页;参照有关生命概念的第10节,第49节以及第240页以下。参照《论根据的本质》(*Vom Wesen des Grundes*),第一版,注释第95页。

类此在和世界存在缺少一种共同的词汇，不可能是一种单纯的偶然事件。据说把世界与人凝聚在一个统一性中的尝试的成功，将以人出于自然而在此并且拥有一个与一切存在者的自然没有本质区别的人类自然为前提。海德格尔生存论的存在论，既没有能力带回古代的自然哲学，也无法放弃基督教获生与再生的人、"本真的"此在与"非本真的"此在的分裂。这种双重不可能性的结果就是，海德格尔的"世界性"和"世界时间"概念，暗中靠基督教的"当下"（saeculum）维持并徒劳地将其世俗化。

罗森茨韦克有意识地从自犹太教－基督教走上世界历史以来就毁弃了的希腊宇宙与神话的生动统一出发。《星》的第一部包含一种异教哲学，它旨在表明异教世界的真理虽然是一种永存的真理，但却是一种没有启示出来的东西的真理。它仅仅作为"要素"（Element）才是"永久的"。① 在古老的宇宙论秩序的位置上，开始了一种新的创世秩序，在其中人和世界只作为上帝的创造而属于一个整体。将两者集合在一起的，不多不少就是一个"和"（und），而不是需要具有生产性的观念的综合。② 在人身上发现的或许是深深侵入的经验，永远总单纯是人的，在世间即为世俗的，在神中即为神性的，更确切地说只在神中为神性的，只在世间为世俗的，只在人身上是人的。它反对进入生命和自然世界之内去解释人，进入精神生命和人之内去解释世界，进入世界和人之内去解释神。为此，《星》的第一部在原则上不外乎指出这三个基本概念相互追溯的不可能性。神，人和世界，它们——一个从永恒到永恒，其他的自被创造以来

---

① 《短文集》，第381页以下。
② 《星》第一部，第183页。

——彻底地立于自己本身，它们仅有一种联系，因为唯一永恒的神为人创造天地，在人身上启示出与他相似的模样，并且在时间的终点对人和世界进行拯救。① 神、人和世界，在直接经验对它们显现的时候，它们并非某种"本来"就完全见外的东西②，相反，它们不外乎经验所示：神和世界和人，各自彼此联系，但并非通过在世存在的连字符，没有在创造中的开端就强行逼向一种统一性的。

其他的一切也根据神，人和世界的基本概念进行区分：《存在与时间》中"**被抛的筹划**"与《星》中的**创世**与**拯救**相应；"**向死的自由**"与**永恒生命的确定性**相应；"即刻为他的时代存在"（*Augenblicklichsein für seine Zeit*）与**随时为时间终结之际的王国的到来做好准备**相应；"我本人就是时间"（*Ich selber bin die Zeit*）这个命题与**上帝的时间从永恒到永恒并因而根本没有时间**这句话相应；时间性生存的"当下真理"与**恒星**的永恒真理③ 相应。在罗森茨韦克那里，海德格尔的"向死的自由"概念作为一个重要的区别标志，被摆在"永恒生命"概念的对面。两者都涉及人类生存的真理。④

当《存在与时间》预设了死是我们最本己的能在的最高法庭时⑤，与死的关系就完完全全成了决定性的。"对本真的向死

---

① 《短文集》，第379页。
② 《短文集》，第377页以下，第395页。
③ 《存在与时间》，第44节；《星》第二部，第212页及以下诸页；第三部，第155页及以下诸页。
④ 《存在与时间》，第54节以及以下诸节；《星》第三部，第172页；《短文集》，第395页及以下诸页。
⑤ 《存在与时间》，第313页。

存在的筹划"①不允许任何对这一点的怀疑：向死存在作为我们存在的"最本己的"并因而也是"最本真的"可能性，应当是发现此在最终真理的关键。与偶尔惧怕死亡而非拥有"畏的勇气"的"常人"相反，向来本己的自我从人们通常借以躲藏那个不甚清晰但确凿无疑——不甚清晰是何时，确凿无疑有这回事——的死之将至的幻觉中解脱出来。死应当被承受为一种**可能性**，因为据说逝世或死亡的现实性不是生存，也就是我的**能在**的问题。人不应当等待，直到有一天他必须去死，而应当不断独立地"先行"到其最终能在的这个"最极端"的可能性中。生存着的此在将其最极端的可能性开展出来，通过坚决在死之上把自己筹划出来，并且还不断以这种方式先行取得尚未到来的终结。死作为最极端的终结是一种"不可逾越"的可能性，先行到死超过了一切失落于世的此在的"暂先行之"（Vorläufigkeiten）。对此在来说，在死面前**显然**"攸关其存在"（geht es ... um sein Sein）。最本己的、最本真的、最极端的和不可逾越的可能性同时也是一种"无所关联的"可能性，因为向死存在为我们消除了一切对某物的操劳关系以及对他物的操持关系，我们通常对之有所依靠。向死存在，更具体地说是畏死，把人完全孤立于其自身及其本己的在世存在。以对死的本真态度，此在把自己作为整体重新取回并先行取得。仅仅在此在中，它的**"能整体存在"**证明了自己。

在这个"筹划"的最后，海德格尔自问，一个本真的能整体存在的这种生存论-存在论上的可能性是否有了一种由

---

① 《存在与时间》，第53节。

此在自己"见证"的、存在者层次上－生存上的真正的能够（Können）与之相符，就还不是一种**存在者层次上－生存上**（ontisch-existenziell）想入非非的奢望。但它怎么见证？天真的读者看到这个见证的建议，将不由自主地预料到，海德格尔用着重号强调的对实际的"向死的自由"的真正见证，不外乎实际上被见证为人类此在最极端的可能性的**自愿的死**。这个预料看起来符合这一点，即海德格尔把最极端的可能性也标明为"放弃自己"①，并接着从尼采的《查拉图斯特拉如是说》中"自愿的死"一章引用了一句话，在那里，尼采要人明白"在恰当的时候"出于自愿的决心去死："自愿去死且死得自愿，如果不再有时间说'愿意'，那就做个神圣的说'不愿'者，他就这样理解生与死。"如此去死，也就是说自愿地完－结其生命，据说是最好的；第二好的据说是，战死并捐弃一个伟大的灵魂。②

然而，预料到海德格尔也以"向死的自由"来为真正的自弃的自由辩护，是彻底令人失望的。先前预告的本真的向死存在的"见证"，完全没有由那种"可能性"——如生存着或者此在着的仅仅是生存论上理解的死③——产生任何现实性；相反，向死存在停留在可能性上并因而停留在在世存在上。生存上的见证应当成就"良知"的形式结构④，但良知那一方面又是以生存论－存在论来解释的，虽然见证的这方面坚持断言，对能够整

---

① 《存在与时间》，第264页；另请参照前面引用过的阿道夫·施特恩贝格的书（《被理解的死》），第111页和第117页。

② 另请参照海德格尔演讲《什么是形而上学？》（1929年，第23页），该处同样表达了此在通过"捐弃"自己而保护其"最后的伟大"这一点。

③ 《存在与时间》，第261页。

④ 《存在与时间》，第54节。

体存在的追问是一种此在借以回答说它"下了决心"的"实际生存上的"追问。然而这种对立仍是一种表面上的对立,因为先行的决心(Entschlossenheit)没有一个确定的何所向(Wozu)!此在实际上向着什么(Wozu)做决定,仍然是敞开的,因为据说仅只**在**决定(Entschluss)中,先前难免的不确定性才能确定它的何所向。① 决定对历史境况的"当下实际的可能性"保持敞开。② 与何所向的这种"开放"(Freigabe)相符,海德格尔拒绝承接对生存上的种种可能性与约束性的"裁断"(Machtspruch)。③ 决心应当**持续地**对**整个**能在开放,而且据说在一种特定境况中作出的决定的可能的回收(Zurücknahme)也属于它。④ 因此决心从不做推论(Schluß),它是一个悬设(Postulat),如定言命令一样形式化,并且在它的形式性中向每个人敞开任何一种内容。但可能的自我毁灭的决定仍然从未敞开,而是被坚决地驳回了⑤;因为它想要以一种现实性把持续先行的可能性一劳永逸地锁闭起来。

然而由于在此在中仍有自弃的本质可能性,它如果有意识地"承接了"它的实际性,就只能生存而已。下了决心的此在以其被抛的筹划的自由承接了"其无性的无之根据(nichtigen Grund seiner Nichtigkeit)",也就是它的"罪责"(Schuld)⑥,那

---

① 《存在与时间》,第298页。
② 《存在与时间》,第307页以下。
③ 《存在与时间》,第248页以下,以及第312页。
④ 《存在与时间》,第308页,第391页。
⑤ 《存在与时间》,第261页以下。
⑥ 《存在与时间》,第55-60节。海德格尔在"为某事担罪责"——也就是作为某个缺陷,某个"无"的原因——的形式化意义上的使用"罪责"的说法。

对其开展良知之呼唤的东西。下了决心的此在承接了"无",这无在于它**没有**把它自身带入此在,**没有**把此在存在的原因埋藏于自身。它承接并"交付"其存在自身。在这种自身承接(Sich-selbst-übernehmen)、自身交付(Sich-selbst-überantworten)以及自身承传(Sich-selbst-überliefern)中,暴露了海德格尔此在概念的无神论意义,它不了解创世与救赎。然而这种自我解脱愿望的绊脚石①仍是"实际性",或者用尼采的话说,是"曾在"(es war),是我总已此在并因此在我自己身上不担罪责的僵硬事实(factum brutum)。②

但此在究竟为何必须**存在**,海德格尔怎么能说它存在"而且不得不存在"③,尤其是同时还强调说,它本质上是一个"负担"(Last)④;人们会问,为什么此在不能出于自愿卸下这负担,就像它允许了整个异教哲学以及把斯多亚派宣扬为终极智慧并付诸实践那样;为什么在海德格尔那里没谈到这种为其此在划上终点的真正见证的可能性? "先行"(Vorlaufen)本身难道不也是某种单纯的暂且(Vorläufiges),并能够通过决定去取得自己未曾给予自己的生活而被逾越?

对这个问题的回答带给我们的不是海德格尔本身,而仅仅是其生存论环节(Existenzialien)的历史:它们全部发源于**基督教的**承传,虽然死、良知、罪责、畏和沉沦都在存在论上形式

---

① 绊脚石,der Stein des Anstoßes,语出圣经·以赛亚书 8:14,彼得前书 2:8。——译注
② 另请参照尼采的《查拉图斯特拉如是说》第二部,"拯救"。
③ 《存在与时间》,第134、276页。
④ 《存在与时间》,第134、284页。

化并中立化为此在的概念。本质的生存概念由基督教神学而来，这阻止了海德格尔坦率地去承认，现实的向死的自由比如寓于一种实际上独立造就自己、除了本己的死以外并不拥有任何更高法庭的此在的一贯性中。对于一个有信仰的基督徒来说，他作为神的造物不可自己杀死自己，这是显而易见的①，对于一个被抛的生存来说，他必须能够摆脱此－在（Da-sein）之负担，这是天经地义的。如果《存在与时间》的作者不是两面三刀地"跳出"其神学的基础存在论的无神论神学家，那么本无法洞见到，能够阻止海德格尔的东西，从那种朝向存在如同朝向无的自由中，牵出了斯多葛派的一贯性。他转而对基督教神学采取了一种骨子里两面三刀的态度②：在生存论的分析中，他把比如"罪责"、堕落状态（status corruptionis）实际可能性的"存在论上的条件"留给基督教神学去发现。③一位新教神学家（鲁道夫·布尔特曼 R. Bultmann）轻信地接受了一种"哲学前理解"的这种双刃的提议，但这"哲学前理解"也就对他来说才可能，因为海德格尔自己已经在半路上以一种神学前理解去迎合神学了。他把死、罪责和良知植根于一个自身交付的此在中，这尽管是

---

① 在康德的伦理学讲座（Paul Menzer 出版，柏林，1924年，第183页以下诸页）中亦是如此；参照《道德形而上学奠基》（*Grundl. Der Metaphzsik der Sitten*），Reclam 版，第56页和第65页以下诸页。

② 另请参看本文作者的《现象学向哲学发展的基本特点及其与新教神学的关系》（*Grundzüge der Entwicklung der Phänomenologie zur Philosophie und ihr Verhältnis zur protestantischen Theologie*），《神学展望》（Theologische Rundschau），1930年第5期；以及《现象学存在论与新教神学》（*Phänomenologische Ontologie und protestantische Theologie*），《神学与教会杂志》（Zeitschrift für Theologie und Kirche），1930年第5期。

③《存在与时间》，第306、180页。

将这些概念从其基督教发源地拔除，但这样一来也恰恰是在这个地方得到证明。

　　自身承接的这种骨子里的反基督教含义，仅仅在这个位置才表露出来，也就是这里，海德格尔论及"怀疑论者"——他较真地认为无法洞见到真理和此在为何不得不存在——的可能性。没有人类此在曾经被问过，他究竟是否想存在。① 正因为没被问过，它就能否认这个其此在的基础前‐提（Voraus-setzung），即在与此在等同的"自杀的绝望中"也抹掉了真理与谎言。"就像无法证明有'永恒'真理一样，也无法证明曾'有'过任何一个'实际的'怀疑论者——不管怀疑论都反驳些什么，归根到底它相信'有'怀疑论者。当人们尝试用形式辩证法进攻'怀疑论'的时候，大概十分天真,还不知道怀疑论者相信这一点。"② 因此"怀疑论者"在原则上是有理的，因为一个实际上的偶然事件的必然性，就像有此在本身存在那样，从来都是不可证明的。此在尽管可以通过从先行中回返而取得它的"此"，但只要它把自身预设为存在着的，它就"必须"要承接自身。断言此在"不得不存在"，并不意味着某种必须存在，而意味着一种能够存在。它能存在正如它能不存在，因为它总已在此，不管它愿意或者不愿意。这种不得不存在也不排除掉一个真正的怀疑论者实际上能够"自我驳斥"的这回事，而是将其包含进来。《存在与时间》中的海德格尔不是怀疑论者，而是一个无神的"**基督教神学家**"，因此自杀对他来说既不是罪孽（Sünde）也不是自由，而是一种"绝望"行动，而并不是像尼采照着经典的模板又以一种反基督

---

① 《存在与时间》，第228页以下，第284页。
② 《存在与时间》，第229页。

教的说教所教导的那种恰当时候的死亡。

　　与既不坚决赞同也不反对自杀的向死自由的生存论概念在生存上的模棱两可相反，罗森茨韦克在《救赎之星》里明确区分了对现实死亡之畏与自杀行为，没有理会那极其可疑的对向着终结的存在（Sein-zum-Ende）与自然死亡的切割。对罗森茨韦克来说，自杀是彻底反自然的，因为自己杀死自己是背离生命本性的，相反，作为死亡的死是属于生命的。"能够自杀的恐怖能力把人与一切我们熟悉或不熟悉的本质存在区别开来。它直截了当地表明了这种从一切自然物中的出走。虽然必不可少的是，人毕竟要走出它的生命，人毕竟……必须彻夜直面着无，但尘世每每重新需要他。每夜他都不可饮尽棕色的汁液。对他来说，除了跌落到深渊的血盆大口之中，还预定有另一条走出无之关隘的出路。"① 但对罗森茨韦克来说，走出无之关隘的真正出路不是自己承接实际此在的赤裸裸的决心，而是通过一种启示与永恒许诺的自我敞开承认其受造性。这首先与犹太民族作为上帝——他的名字是"永恒者"——的选民相关。② "永恒的犹太人"③ 不是基督教和反犹主义者的杜撰，而是一种世界历史上的现象，时代霸权的所有惯常经验都反对着它。只要犹太民族如上帝所命令并且许诺他们的那样，通过家族继承的自然繁衍使自身成为永恒，以在后裔中证明其先祖的信仰，真正的

---

① 《星》第一部，第8页。
② 另请参看罗森茨韦克《短文集》中的文章，第182页及以下诸页。
③ 永恒的犹太人即流浪的犹太人，是中世纪民间传说中带着偏见所虚构的人物形象。纳粹为了达到其迫害犹太人的目的，曾以此为题进行了多场堕落艺术的展览，并炮制了一部充满诋毁中伤的宣传片。——译注

犹太人实际上就能自由地说"我们",并且接下来说"是永恒的"。① 在犹太人那里,对自身永恒性的信仰是与对其上帝的信仰相一致的,因为他们知道自己是上帝的子民。他们的信仰不像基督教那样是一种被传承的见证内容,而是"一种繁衍的成果"(Erzeugnis einer Zeugung)。生而为犹太人者通过对永恒民族的续证(fortzeugt),证明了他的信仰。他不相信某种东西,他本身**就是**信仰,他是任何虔诚的基督徒从来都无法承担的一种直接性中的民族。② 因此人们——在民族的团体中——只能**是**或者不是犹太人;相反,人们——作为个体——必须**成为**基督徒。"人们是由自己出生以前基督的诞生才取得了基督徒身份;相反犹太人由他们自己的出生,通过在民族的史前时代以及启示史中取得成为犹太人的条件,而占得并保有犹太人身份。"③ 基督徒原原本本或者说与生俱来就是异教徒,而犹太人原原本本生来就是犹太人。因此基督徒的道路是从他们民族的束缚中迈步向前的自我实现之路,犹太人的生命则以其祖传的方式引领自身不断深入。与此相应,基督教本质上必须传播④ 和扩散,以便能够屹立于世界,相反犹太教总是只靠一种"遗余"(Rest)⑤ 生存,通过与其他民族的隔绝而维持其自身。以这种血统的信仰团体,犹太人在其历史上的每个危机瞬间,都获得了当下即已"永恒"的保证。

---

① 《星》第二部,第212页以下;第三部,第48页及以下诸页;《短文集》,第348页;《书信集》,第682页。
② 《星》第三部,第105页。
③ 《星》第三部,第176页。
④ 《星》第三部,第104页。
⑤ 《星》第三部,第192页以下;《书信集》,第200页。

> 每个别的，每个不是在血统上繁殖着的团体，如果想要为了永恒去延续①他们的我们（Wir），就只能这样去做，即在未来中为它们确保一席之地：一切无关血统的永恒都建基于意愿与希望。只有血统团体在今时今日就已察觉到其永恒性的保证……通过血统而流转。唯独对他们来说，时间才不是有待驯服的、或许将战胜或许战胜不了的仇敌，而是孩子和孩子的孩子。唯独对他们来说，对其他种种团体而言的……未来——已经是当下了；唯独对他们来说，未来的东西不是陌生的东西，而是一个本己的、怀抱于膝间的东西，每天他们都能将其产生出来。每一种要求永恒的其他团体必须准备把当下的火炬传递到未来，然而唯独血统团体不需要那种承传的准备；它不需要劳烦精神：在肉体的自然繁殖中它就拥有了它永恒性的保证。②

罗森茨韦克在这里所说的"血统"却不是民族意识形态之血统，而是"亚伯拉罕的种"，上帝向其许诺了未来；它是一种从一开始就由信仰所规定的血统。

> 世俗的各个民族不可能满足于血统的团体；他们扎根于土地……的黑夜中，从他们的坚持里取得自己坚持的保证。他们对永恒的意愿紧紧地攥住土壤以及土壤的领地，攥住疆土。子嗣的血统在家乡的土地周围流动；

---

① 延续，fortsetzen，《星》一书的原文里是 festsetzen，确立。——译注
②《星》第三部，第49页。

因为他们并不相信那不驻泊于土地之坚实基础的有生命的血统团体。唯独我们信赖血统并且放弃了乡土……因此不同于世俗的各个民族，永恒民族的世系传说并不始于世代定居。出于土地的，本身单就其肉体而言，就只是人的父亲；但以色列的祖先是随迁的；他们的历史，如神圣的经卷所述，始于以上帝的命令离开其降生之地，去到上帝所显示给他们的地方。在他们史前时代的曙光中，又在之后历史的璀璨光芒中，在他们的流亡埃及中，又在之后的流亡巴比伦中，这个民族成为了民族。世俗民族的生民栖居和耕作于家乡，直到几乎遗忘掉，民族的存在还意味着某种与栖息于乡土所不同的东西——永恒的民族从不具有这种意义……土地对它的最深刻意义只不过是作为其所思念的土地，作为圣地。因此对这个民族来说，当它在家乡，它仍旧与一切土地的民族不同，它怀疑家乡的全部所有：它只是一个外人，客寓在自己的乡土；"这是我的国"，上帝对它说；只要乡土还伸手可及，乡土的神圣性就脱去自己无拘无束的可及性；在失去以后，这神圣性把永恒民族的思念提升到无限，并且从此以后不再让它以别的乡土为家；这神圣性强迫它把民族意愿的全部力量聚焦于在世俗民族那里不过是众里之一的一点，聚焦于本真纯粹的生命点，聚焦于血统团体；在这里，民族意愿不可依附任何死的东西；它只可由民族自身实现。①

---

① 《星》第三部，第49页及以下诸页；参照《书信集》，第326页，第335页以下，第686页。

这唯一且突出的民族,其语言也和其生活一样保持着永恒不变,没有其他民族语言的那种活生生的变迁。犹太民族在全世界讲着他们所客居之处的异族语言。长久以来,其固有的语言不再是日常生活的语言,但也并未死亡,而是恒久地作为神圣的语言,只在祈祷和祭祀中使用。犹太人同上帝说另一种语言,不同于与他的人类同胞所说的。同样,神圣的律法(妥拉,Thora,指律法书,即摩西五经)与习俗也不变迁;它们也保持永恒不变,并把犹太人置于一切其他民族的时代和历史之外。

这里没有那在时间的活生生的进程中更新律法的立法者;革新以后或许是怎么一回事,这本身就必须始终表现为就像已经在永恒的律法中写着并且在它的启示中一同启示出来的那样。因此在这里,民族的日历不可能是自己时代的计数;因为它是无时间的(zeitlos),它没有时代。相反,它必须按照世俗的年份来纪年。如同前面与语言和土地的关系中那样,我们再一次在与自己历史的关系中看到,出于永恒生命的意愿,时间性的(zeitlich)生命是如何被拒绝给予这个民族的;它也不能完全和有创造力地去过世俗民族历史性的生活,它永远立于世俗与神圣之间的某处,每次总是通过另一方与双方分离,最后这样活,不像世俗的各个民族那样过一种适合该民族的明显入世的生活,不讲一种能说出其灵魂的有腔调的通俗语言,不待在一种稳定地局限并建基于土地的公有地带,而是独自靠那保证民族在时间之上的存续、保证其生命之不朽性的东西生活:活在来源于深沉血缘的自身永恒性之创造中。然而，由于它只信赖自我创造的永恒性而从来不信世上其他东西，这个民族也就真正地信仰它的永恒性，而其他民族基本上全都像个体的人那样，预料它在某时某刻——尽管还是个遥远的时间点——的死亡。是的，他们对自身民族性的爱……由这个对死的预感而沉重。只对有死者来说爱才是完全甜蜜的，这种最终甜蜜的秘密只包含在死的痛苦中。世俗民族预见到一个时代，那时他们的乡土及其山川还像如今一样好好地存在于天空之下，但住的却是另外一些人；他们的语言被葬入书籍，他们的风俗和律法失去了活力。只有我们能够不预设那样一个时代；因为世俗民族把他们的生命驻泊于其间的一切，都早已从我们这里夺走：乡土、语言、风俗以及律法久已离开我们的生活范围，并且在我们这里从生活提升到了神圣；而我们总是活着并永远活着；我们的生活不与任何其他的东西交织，我们把根包含在我们自身中，尽管不扎根于土地，在其间做永恒的流浪者，但仍在我们自身中，在我们自己的血肉中生根。这种在我们自身中并且仅在我们自身中的生根，为我们确保了永恒性。①

对犹太民族来说，尘世此在的时间性并非世俗历史命运的生死斗争，而是一种流浪和等候，其中的每一个瞬间，犹太民

---

① 《星》第三部，第56页以下；参照《书信集》，第270页。——黑格尔在《早期神学著作》（*Theologischen Jugendschriften*，第243页及以下诸页）中曾以希腊民族为标尺阐释了犹太民族的特点，并据此做了其他评价。

族都先行取得了完成；它并不了解一种真正的成长与消亡。对于犹太人来说，全部的世界史、国家史、战争史以及革命史都失去了在别的民族那里所拥有的严肃性和分量，因为对"上帝的民族"而言，任何时候永恒都在眼前，相反，其他民族需要国家、国家的权力及其权威，以把时代作为整体的时代树立起来，并且确保一种相对的持续性。① 以色列民族固执地不去理会世界和历史，而凝视着它那既遥远又在眼前的永恒的目标。②

> 国家在世界历史的纪元中，以利刃将永恒的时刻镌刻在生长着的时间之树上，与此相反，永恒民族无忧无虑无动于衷，一年又一年一轮又一轮地围绕其永恒生命的主干安身。在这心无旁骛的寂静生命上，激荡着世界历史的力量。然而如果这力量永远把它最新的永恒性断定为真正的永恒性，我们就与所有这种层出不穷的断言相反，把我们此在的静默图景安置下来，迫使那想看和不想看到这图景的人接受这一认知，即永恒性并非最新的东西。强权想将最新的和以前的东西强制结合成一种崭新的永恒性。但这并不是最晚近的子孙和最古老的祖先的和解。而这种真正的生命永恒性，这种先祖们的心灵向子嗣们的转变，永远通过我们的此在推向世俗民族的眼前，它将默默惩罚那些世俗的、太世俗的虚假永恒性——他们以国家来表述世界历史瞬间的种种谎言的虚

---

① 《星》第三部，第91页及以下诸页。
② 另请参照《书信集》，第73、123以及209页，在那里罗森茨韦克解释了为什么1914年对他来说并没有成为一个新纪元。

假永恒性。只要上帝的国还会来临，世界历史进程就永远只使创造在自身中和解，只使它的后一瞬间与前一瞬间和解。但只要救赎仍在来临，仅仅通过被置于一切世界历史之外的永恒民族，创造本身作为整体就与任何时候的救赎结合在一起了。①

在海德格尔的《存在与时间》中，死亡作为我们本己能在无条件的终点，是一种对永恒性的代替。②死亡是唯一预先确知，绝对稳固并且似乎永恒的东西，是一个"持久的现在"（nunc stans），在它这里，时间性搁浅了，操心与一切操劳也中止了。但同时对死亡的遇见也是一切**历史性**的隐藏动机（Beweggrund），这历史性属于生存活动的实质。通过"向死存在"，生存获得了特有的能量和决心，它们所兜售的，是让自己为某物尽心尽力（sich einsetzen）以及把自己暴露（sich aussetzen läßt）给命运。这种从有限性出发对历史性的奠基与罗森茨韦克的意见——原本就历史性的世俗民族在本质上预料到死亡，并在对其终点的预感中更加坚定地扎根于世俗此在——相遇了。

海德格尔借以做到这一点——用时间性此在之真正事件、用它的命运（Schicksal）以及由一种决定性"瞬间"而来的天命（Geschick）建立起"向死存在"的基础性联系（Fundierungszusammenhang）——的勇气（Kühlheit）③，应当同时以

---

① 《星》第三部，第95页。
② 另请参照前面引用过的阿道夫·施特恩贝格的《被理解的死》。
③ 《存在与时间》，第72-75节。

具体的方式，用向来本己此在的时间性去照亮世界历史上以及我们时代的世界瞬间（Weltaugenblick）。

《存在与时间》中说，过去的东西（das Vergangene）作为一种不再现成的东西不是历史性的，相反，在仍然现成的众多古代那里，曾在此的此在曾在的世界（die gewesene Welt eines dagewesenen Daseins）历史性地过去了（vergangen）。只要曾经此在在其存在的基础上是一个时间性的、关涉到它的终结而生存着的此在，它就先天历史地生存着。作为一种被抛入时间性此在的生存，它同时也以实际性来承接（übernimmt）它的实际遗业（Erbe），而且人越有决心地生存，他就会越发坚决地选择和承传（überliefere）其历史性遗业承袭下来的（überkommene）可能性。由于此在自由地面向死亡而自身承接了一种承传的但同时也是选择的可能性，它就把自己带入了它本己命运的单纯性，这命运同时也是一种普遍的天命，因为此在作为在世存在以及在一个民族的共同世界中与他人共在而生存。此在是"世界"历史的（»welt«-geschichtlich），因为它首先从公众的共同世界来理解自己。当此在在先行的决心本身中重演其生存之过去（Vergangenheit）的可能性时，它就是那明确承传着的它的实际遗赠。这一重演并不把过去的东西毫无改变地带回来，相反，它通过把仅靠过去所维持的"今天"置于未来批判之可能的尺度之下，而反驳了当下瞬间的曾在此的生存的可能性。但对本真的历史性来说，对当下的批判考虑（Hinblick），对过去的保守回顾（Rückblick），以及对进步之可能性的展望（Ausblick），都不是决定性的，相反，当这些有关时间之延伸的表面联系把曾在之种种可能性的先行到死的自身承传带入到"瞬间的此"（Da des Augenblicks）或每个当时的"历史处境"①中时，才命中注定是生存上的（schicksalhaft-extenziell）。与一种外在的状况不同，有一种历史处境只是对于下定决心者的，"偶然"以及必然的东西都归于他。并不单纯是处境把自己置于下定决心者的面前（vorstellen），相反，下定决心者把自己放进（hineinstellen）处境中。"瞬间就为'它的时代'而存在"或者"在世界历史的境况中决定"②是时间性和历史性分析的最终表述。③

人们无法比《存在与时间》的作者更有决心地赞同有限的时间性、以此赞同历史性并且就此放弃永恒性。④ 同样，为了表明意指的不是"世俗"的今天而打在"它的时代"上的引号，如同它对海德格尔来说是偶然地通过欧洲和德国而确定的那样，也不意味着对时间-历史性生存的整个准备加以限制。

当1933年在德国有了一个决定性的"瞬间"时，海德格尔通过承接对弗莱堡大学的领导，并把《存在与时间》中的此在与"德意志"此在相提并论，而坚决地把自己置入了世界历史的境况中。这个对时代的实际事件（Geschehen）——最近对"核时代"的持续提及也称得上这种事件——所下的政治"赌注"（Einsatz），并不像《存在与时间》所说的一条歧路那样是无害的东西，而是人类此在概念作为一种时间性和历史性的生存的结果，这种生存只知道时间性的真理，在其向来本己的此

---

① 《存在与时间》，第299页及以下诸页。
② 《存在与时间》，第385页；参照第299页以下，第383页以下，第391页。
③ 参照本文作者的《海德格尔——贫困时代的思想家》，1953年，第二章。
④ 另请参看前面引用过的《康德与形而上学疑难》，第39-45节。

在及其能在上是相对的。通过这种真理和生存的彻底时间化（Verzeitlichung），《存在与时间》的作者拥有了意外的功劳，即他把与他同时代的犹太人对**永恒**存在——永恒的上帝，或者还有一个无始无终总是存在着的世界——的追问全部重新带入了倾听（Gehör）。然而当据说重要的是"**存在者**与**存在**"的存在论差异而非"**存在**与**时间**"的时候，对时间的追问在对海德格尔作品的有缺陷的剖析中立即被听腻了（überhört）。

结　论

直到有限的时间把自己证明为存在的"意义"并且永恒性把自己证明为幻觉之处，海德格尔才摧毁了迄黑格尔为止仍起作用的希腊－基督教承传，就它而言真正的存在是永存者（Immerseiende）和永续者（Immerwährende）。与他相反，罗森茨韦克通过**其**实际遗业，其犹太人的特性以及有意识地返回这一特性，能够立于有利的地位，在时间中去坚守永恒真理的大卫之星。上帝作为创造者和拯救者，在他对时间的分析中，始终都既不是"死的"也不是"活的"，而是"真理"和"光明"。

　　上帝是真理。真理是他得以被认出来的封印，即便有一天，上帝借以使得它的永恒性在时间中供认识的一切东西，一切永恒生命，一切永恒道路，在永恒之物遭遇到其终结的地方——在永恒性中——都遭遇了它的终结。因为终结于此的不仅是道路，还有生命。永恒生命所持续的长度，不过就和生命一般持续的长度一样。只是在与永恒道路开辟者始终只是时间性的生命的比较中，才有永恒的生命。对永恒的盼望，正如它从这时间性之隧（Schächten）发出哀叹一样，也许设想了一个渴望永恒生命的形态（Gestalt），但只是因为它本身就是时间性的生命。实际上（in Wahrheit）生命也消逝于真理中（in der Wahrheit）。它并未变成幻觉……而是在光明中盛开。它变形（verwandelt sich）了：但当它完成了变形的时候，就没有变形者（das Verwandelte）了。生命跃入了光明。①

罗森茨韦克在救赎一卷的末尾谈到了对这超世俗之光明的观看②（Schauen），在这里，他用"国的永恒未来"给作为"事物永续之基础"的有关创造的一卷以及作为"灵魂常新的诞生"的有关启示的一卷作结。

在对圣经中"只有真理使我们自由"这句话的返回中③，海德格尔在1931年的一场关于本质与真理的演讲中强调，只有自由使我们为真。对一种二加四或者"价值"永远有效这样的"永恒真理"，是不可驳斥的。据说只是在对"你是谁"这个问题一如既往地只有三种可能的回答——即异教徒、犹太人，还是基督徒——这一点对我们而言与对罗森茨韦克一样清楚地得以规定的时候，海德格尔的挑衅才是可反驳的。④然而这样一种备选

---

① 《星》第三部，第155页。

② 《星》第二卷，第213页。

③ 它在第三帝国期间曾被一句种族格言代替，后重新以金字立于弗莱堡大学的大门上。

④ 《短文集》，第475页，参照埃里克·彼得森（E. Peterson），《来自犹太人和异教徒的教会》（*Die Kirche aus Juden und Heiden*），1933年。

方案预设了人本质上是一种历史性的生存。异教徒，当其被出于犹太教和基督教来理解的时候，就只是"异教徒"，也就是一种历史生存的前基督教的可能性，而犹太人和基督徒只有在人们不考虑人的集体本性的时候，才是他们自己设想的那种人。关于世界和人的永恒真理只可能在有一种一切存在者的恒久不变的本性，比如说有一种始终轮回着的兴起和消亡的时候才存在。罗森茨韦克对"永恒者"或者永存者的追问，对于那些既非虔诚的犹太人亦非笃信的异教徒更非基督徒的人来说，只不过就像"人们"是德国人或者法国人那样，还作为一个问题保持下来。而在现代性的范围中，哪里严肃地进行了把永恒性——不管是物理宇宙的还是圣经中上帝的——收回到人的生命中的尝试，人就要在哪里被判以失败：**克尔凯郭尔**的"永恒瞬间"及其关于"上帝不变性"的宗教讲话①，以及尼采的"相同者的永恒轮回"的反基督教的悖论尽管都起源于这个洞见，即我们需要永恒性，以便能够在时间中持存②，但永恒性并不在其所针对的东西上直接令人信服，相反，令人信服的是永恒性由以出

---

① 《克尔凯郭尔文集》第5卷，第78页以下；第7卷，第48页，以及《宗教讲话》中的《论忍耐及对永恒者的期待》（*Über die Geduld und die Erwartung des Ewigen. Relig. Reden*），特奥多尔·黑克尔译，莱比锡1938年版。

② 在对"个体"概念的前言中，克尔凯郭尔简明扼要地表达了这种必要性。他以这一论断开始："在这时代"（1848年）"一切都是政治"，并结束于："时代所要求的东西"，亦即社会变革以及一个新的政治秩序，"是与对它至关重要的东西即无条件的固定者相反的。"他认为时代的不幸在于，它依附于时间性的东西，并且意味着可能缺乏永恒性。与此相同，尼采以对虚无主义的回返来建立他的永恒意志，这种虚无主义说，一切都是"徒然"。另请参看本文作者的《尼采的相同者永恒轮回的哲学》，斯图加特，1956年（载《洛维特全集》第6卷）。

发的时代批判（Zeitkritik）。某种历久而常新的东西，比如永恒性就是这种东西，是不可能以最现代的手段重新复苏的。

海德格尔和罗森茨韦克两个人都为严肃认真所吸引，他们以此对根本的（radikale）问题做极端的（extreme）回答。但一种吸引人的严肃认真，并不是更哲学的以及更自由的。并且谁对我们说过，我们时间－历史性生存一般的问题——不管是宗教的还是非宗教的——非要能够加以回答呢？海德格尔和罗森茨韦克对时间和永恒问题的回答，只不过是对那些太过弱小的人来说能用以抵抗住种种不容置疑的见解，才是一个人们必须加以抉择以便能够做出决断的或此或彼。实际上两者都在一个时代的重压之下，这个时代走了极端，它本身已经与钻研精神为敌。而精神只有并且只要在可知物的范围以内保持怀疑态度，就是钻研的。"怀疑主义"是哲学的态度，它不是提出极端追问，这些追问必然针对教条主义的解答，清楚地提出并且诚实地保存**问题本身**——放弃种种轻率的解决方案。怀疑论者是那还相信人能够——也不能够——知道一些东西的独特的智识分子（Intellektuelle），也就是严格的洞见者（Einsichtige）和缜密的审视者（Nachsehende），即 skeptomai[①]。人能够知道的，不是有种种涉及人之所属的世界的无时间的真理，而是有——不同于一个特定时代的当时的历史处境——永续者，它全时全刻都证明了自己，因为它是真实者。总是存在的东西，并非无时间；总是自身保持**相同**的东西，才不是时间性的。

[①] 希腊语 *σκέπτομαι*，意思是观察、检查、审视。怀疑主义一词即来源于此。——译注

海德格尔：
存在主义的问题与背景[①]

Heidegger: Problem and Background
of Existentialism
1948

[①] 原书中本篇为英文。标题下引用的海德格尔名言为德文。——译注

> 无家可归成为了世界命运。
> 因此有必要在存在历史上思考这个命运。
>
> 马丁·海德格尔

存在主义的基本著作尚未得到翻译。① 对这个主题的一般认识不是来自原始资料的知识，而是来自多种二手渠道，以及关于一种据称是"虚无主义"的新哲学的文章。此外，政治环境在对当代文学和哲学的选择与关注中起到了如此的作用，以至于一般美国学生对让-保罗·萨特比对卡尔·雅斯贝尔斯知道得更多，对雅斯贝尔斯比对马丁·海德格尔——萨特是他的学生——知道得更多。这种熟悉程度的顺序是在政治上被限定的，因为萨特是法国人而且参与了反抗运动，雅斯贝尔斯是德国人，他在十载孤独的岁月里被纳粹阻挡在学术活动之外，而1933年曾支持民族社会主义的海德格尔，既没有在后来反对纳粹政权，也没有在纳粹统治时期被解职。

从1945年开始，雅斯贝尔斯和海德格尔的命运发生了重大的转变。这时，雅斯贝尔斯获得了被置于德国学术舞台的聚光灯下这个并不值得羡慕的荣誉，而海德格尔则不得不退隐，如今享受着免于那般抛头露面和公众责任的特权。

---

① 海德格尔《存在与时间》的英译已于此句话写成之后出版。

在这里，我既不打算涉入对海德格尔"纳粹主义"的争论，也不打算涉入更为广泛和复杂的问题，即哲学家的社会责任。① 不管人们会怎么看这些问题，来自政治环境的顺序——萨特、雅斯贝尔斯、海德格尔——必须联系着哲学的优先地位和重要意义而加以颠倒。因为海德格尔的《存在与时间》出版于 1927 年（哈勒），雅斯贝尔斯的《哲学》出版于 1932 年（柏林），而萨特的《存在与虚无》（*L'Être et le Néant*）出版于 1943 年（巴黎）。萨特是海德格尔最独特最有创造力的学生；雅斯贝尔斯和海德格尔在一次世界大战后的授课中，独立而同步地提出他们各自的哲学。他们三人所产生的影响怎么说都不为过。尽管在德国以内与以外，希特勒之前与之后，有很多对存在主义的抨击，存在主义仍然坚持着它自身，并且在过去的 20 年间影响了欧洲大陆对哲学以及神学的一切讨论。它是一种似乎在德国、法国和意大利表达了我们历史处境的真正问题和议题的哲学。迄今为止，存在主义所面临的唯一有力的竞争并不来自其他哲学学术派别，而是来自天主教和马克思主义。我敢说出并将立即尝试证实我的论点：存在主义的潮流实际上已经不止是一种潮流了，因为它正在以终极的逻辑去塑造现代人的世俗生存的基本情绪。我们都是存在主义者——有些人是有意识地，有些人是情愿不情愿地，有些人是浑然不知地，因为我们生活在一个旧

---

① 参看我的文章，《海德格尔生存哲学的政治涵义》（*Les Implications politiques de la philosophie de l'existence chez Heidegger*），载《现代杂志》（*Les Temps Modernes*）1946年11月号，以及1947年7月号上对我的文章的批判性回应（参照《洛维特全集》第2卷，《世界历史与救恩事件》，1983年斯图加特版，第473页及以下诸页，第614页及以下诸页）。

的信仰与确定性瓦解的年代，或多或少都被身处"现代"这一困境所俘获。甚至那些从未读过海德格尔、雅斯贝尔斯或者萨特只言片语的人，也如此熟悉生存哲学的那些典型范畴，比如我们生存的"偶然性"和"有限性"、"畏"和"操心"以及雅斯贝尔斯称作"极端状况"的一切，以至于他们很难想象一种与平庸有所分别的常态。

然而这种"现代性"究竟是什么，它何时开始出现，却是很难说的。歌德认为巴尔扎克在他的小说中展示了"丑陋、可憎、堕落"的而不是有益的东西，现代和"极端"得令人生厌。波德莱尔认为福楼拜的《包法利夫人》是"深度现代的"。我们的祖辈认为印象派现代得吓人，而我们的父辈认为梵高是超现代的。如今，对我们来说，巴尔扎克的人间喜剧与陀思妥耶夫斯基小说中的人间地狱相比，已经是陈旧过时的了；可怜的包法利夫人的困难也不再使我们产生深度现代的印象；印象派被表现主义所超越，梵高的画作与那些超现实主义者的画作相比是现实主义的。且不论一代人觉得"挺现代的"东西的相对性，所有这些作家和艺术家仍然拥有某种把他们与17世纪的人严格区分开来的共同的东西。用歌德的话来说，他们都是极端的、超越的或者"绽出"的。他们在其作品中表现的并不是人的宇宙秩序，而是某种不确定的关联结构的碎片。或许人们能说，现代性始于自然和社会秩序的瓦解，在这种自然和社会秩序中，人曾被认为是具有明确的性质与位置的，然而现代人在濒临混乱的极端状况下，却脱位以及出位地"生存着"。因此，考虑到"现代与古代"的具有相对性的是是非非，当今的现代性与17世纪在这个主题下所争论的东西就有着巨大的差别。与古代经典的对照是与同类作品的对照。比如，弥尔顿被对照于维吉尔，高乃依被对照于索福克勒斯。① 我们的成熟于19世纪工业革命的现代性，无法与之前已经逝去的现代性相对照，因为它已经改变了恰是用于对照的标准。因此才有像歌德、波德莱尔、普鲁东、克尔凯郭尔、马克思、尼采等人以及许多小人物对19世纪欧洲生活和思想的组织结构的某种决定性改变的众多预测。这种改变最终在"生存"这个术语及其经过改动的与"本质"的关系中，发现了它的准确的哲学表达。要阐明所涉及的问题以及背后的背景，我们就必须解释那两个概念，首先，我们必须要解释海德格尔的生存（existence）概念；其次，我们要解释亚里士多德、托马斯以及黑格尔思想中本质与实存（existence）的关系；第三，我们要解释谢林、克尔凯郭尔和马克思对黑格尔本质实存哲学的反动。

海德格尔的经验概念

我们将不谈雅斯贝尔斯的哲学，而把对存在主义的讨论限制在海德格尔在《存在与时间》中提出的生存概念上，因为海德格尔更为现代和彻底。他更加彻底，因为他在时间的视野中对存在的分析不同于雅斯贝尔斯的"生存阐明"，它没有**预设**实证科学的客观知识并将其相对化，没有瞄准一种尽管被相对化但仍然传统的客观超越的形而上学。因此，海德格尔在生存论上向着存在本身之阐释的导引，从对人的生存的基本分析出发，

---

① 参看威廉·巴雷特（W. Barett），《存在主义是什么？》，"党派评论丛书"（Partisan Review），第2卷，纽约，1947年，第54页。

提供了思想的无间断的统一性，而雅斯贝尔斯的哲学由三部分组成：一、客观世界中的方向；二、生存的呼唤；三、超越的寻求。后两个概念反映了人类"灵魂"及其与"上帝"之关系的传统观念。海德格尔称作"世界""生存"和"超越"的东西则完全不同。他对现象世界的阐释并不预设对世界的科学理解，因为运用于人和世界之上的对存在的科学理解，在哲学上是成问题的，不可能作为出发点。海德格尔同样拒绝传统意义上的整个"形而上学"事业，在那些地方，它指示着某种永恒、无限、完美的东西。相反，他打算在时间的视野内理解个别的人类存在者和一般的存在。海德格尔称作形而上学的东西被束缚在人有限的在世生存的结构中。这是一种完全非传统意义的形而上学，以及一种"有限性的有限形而上学"。而由于海德格尔既不是从实证科学出发，也没有瞄准实证的形而上学，雅斯贝尔斯哲学的中心概念——"生存"，对他来说也就具有了一种不同的意义。不错，海德格尔所理解的人类生存同样越过或"超越"了它本身，但不是向着一种完美的存在。生存向着它自己的世界超越自身，而不是向着其他东西。海德格尔的存在主义"世俗"得没话说，甚至并非此世的而单纯就是世俗的，毫无对某种超越的积极或消极考虑；但它绝非某种实证主义的世俗主义。在最后的分析中，雅斯贝尔斯和海德格尔的宗教立场甚至不可思议地颠倒了：无疑倾向于宗教并与自由主义的新教有明确关联的雅斯贝尔斯，其知识背景是实证科学[①]，而海德格尔——萨

[①] 参看詹姆斯·柯林斯（James Collins）的《生存哲学与实证宗教》（Philosophy of Existence and Positive Religion），载《现代学人》（Modern Schoolman），1946年1月号，第89页。

特从其哲学推出了无神论结论——得到了神学的扶持,而且比雅斯贝尔斯的"哲学信念"——它不过是世俗化的基督教在德国观念论中的最后回响——保留着更多的宗教激情。最后谈谈他们的思考方式:雅斯贝尔斯保持着包罗各种可能的层次与姿态之总体性的黑格尔式的野心。他建立了一个在原则上已经完成了的体系,尽管它是起伏不定的。海德格尔则在开辟和深挖,其不容置疑的用词风格,在未完成并仍在养成中的概念之未决的张力上,骗不了任何人。

接下来将把他哲学中更加引人注目和广为人知的方面,也就是他的现象学分析的所有具体性、丰富性和暗示性放在一边,而仅仅概述海德格尔的生存概念。我将专注于在与本质的关系中的基本生存概念。海德格尔令人吃惊的论点是,人的本性不是别的,就是"生存"。这意味着什么,又暗示着什么?海德格尔以对柏拉图《智者篇》的引用:"既然目前我们处于困境中,请告诉我们,当你们说'是'或'存在'的时候,你们指的是什么。因为毫无疑问,你们从一开始就明白你们自己的意思,但现在我们处于巨大的困惑中"来开始他的巨著。出于这种困窘,即我们不断地应对存在并在表面上对它进行理解,但对它的含义一无所知,海德格尔努力尝试一种或许是从零开始的开端。若干关于存在概念的偏见阻挠着这种尝试。主要的偏见是,在一切概念中,存在是最为一般、抽象和空洞的。因为没有什么不被我们这样谓述:它"存在"。我们说,上帝存在;世界存在;人存在;种种价值存在;种种命题是真的或者假的。今天是1月21日,这是一间教室,这是一堂课——而我们就存在于那里。在这些对某物"存在"的不同理解的每一种里,我们都模模糊糊地附带理解了存在本身的一般性质。但这一般性质并非存在者的更详细的种归于其下的类属的一般性。因为存在，在它的普遍和抽象意义上，超越了一切不同种类的现实或理想的存在者。它不是某种现实之物的更一般但仍特殊的种类。倒不如说，它看起来什么也不是。因此，存在本身是无法用属加种差来定义的。"存在是什么"或者"'是'的意思是什么"的提问，似乎将是一个不可能提出也无法解决的问题，因为提问已经含有了所问的东西，亦即一个"是"。那么我们怎么能达到存在本身，从哪里达到存在本身呢？

只有纯存在或者存在本身以某种方式联系于一个具体的存在者——哪怕是超越了它，我们才能达到存在。也许存在不仅是最一般和空洞的概念，也许某种相当个别的东西。确实是这么回事。因为在一切存在者中，有一个独特的存在者能够独自追问存在本身并因此使得存在论成为可能。一幢房子或一株植物或一头动物从来都不问"存在是什么？"只有人才能问如此过分的问题。为什么人能这么问并确实这么问了呢？因为他是一种命中注定有特权的特殊存在者，或者用海德格尔自己的存在论术语来说，是一个此在，是一个在那里。在他的现实存在者中，他是一个存在论上的存在者，也就是说，是一个能够超出他自己以及各种其他具体存在者而朝向存在本身的存在者。作为一个自我，他能够把他自己联系于其他存在者，联系于世界上的万事万物，联系于他自己的在世存在，并借此超越所有这些种类的具体存在者。通过人或者此在在所有其他存在者中的这种浮现，产生了一种对存在者总体的"入侵"，它开启了对存在者本身的观看。人能够超出或超越每一种特殊的存在者，并对存在本身提问,因为他是唯一一个在其此在**中涉及**它的存在,并因此对可能的理解保持敞开的存在者。

尽管我们的"在这里"具有彻底的真实性,我们也既不像石头那样单单是现成的(在手),又不像一把锤子那样作为只有人能拿来"用于锤击"的东西,被一个外在的用途所规定(上手),因为锤子本身没有自我,无法利用它自己的用途。与单纯现成的以及功能性的存在者的这另外两种存在方式不同,人在这种意义上拥有存在的特权,即他作为一个自我被强加于自己身上,因而拥有他自己的存在。所以他能够以自杀和牺牲来脱离存在。被其自然存在所支配的动物是无法超越存在的,既不能支配存在也不能脱离存在。这种存在或者不如说去存在,是人类此在所特有的,即**对**一个人自己的存在负责而不需要**为**在此负责——海德格尔把它称为生存。这是人类此在的途径或方式。然而,生存不是一种像高或矮那样的固定的品质。它是一种恒久的可能性。我们**能**以这种或那种方式,本真或非本真地,采取特殊或通常的途径生存。不管我们选择成为什么,这些可能性都无可避免地是**每一个人的**可能性。在其种种可能性中选取并追求其中一种的人之此在,总是**我**个人或**你**个人的生存,他处于全部社会性中却不顾全部社会性。在所有这种操心某物或操心他人中,人最终都关系到他自己的存在和可能性,而后者依赖于他此在着的这个彻底的事实。作为这样一种存在者,他能够思索以及追问存在本身,并对一种存在哲学或者存在论进行详尽的阐述。

所以,现在我们可以理解,为什么最为抽象、最非个人以及最一般的存在论问题,紧密地联系于最具体、最个人以及最特殊的存在者了。对存在的哲学分析只能在对人之存在者的生存论分析的基础上进行；它必须从一种"**基础存在论**"出发。不错，普遍的存在概念超越了每一种具体的存在者，但除非我们在方法论上把存在论问题还原到作为最终**源头**以及存在论关切之**目的**的人之生存上，否则这概念就无法被把握。要回答对存在的普遍追问，我们必须把这种超越的探索集中于最单独的存在者中，也就是集中于发起追问的存在者中。主张不带任何预设地——堪称"无立场地"——开始，这是一种虚妄。

在这些初步的说明之后，海德格尔着手进行对人的存在的更加详细的分析。关乎其自身存在的人的存在，必须**去存在**——也就是说他不得不存在；他不能把他的此在让给其他的存在者并摆脱掉。毋宁说，他被让给和交付给他自身。因此，只要他生存着，他就必须把生存的"重负"作为其此在的本质特征来承受。海德格尔说，如果人确实能谈论人的本质，那么这种所谓的本质就暗含在他必须去存在这个事实上，换句话说，人的本质必须从他的生存来加以理解。这些说法也许正确，也许不正确，比如人是理性的动物（亚里士多德），或者是受造者（托马斯·阿奎那），是神学意义上的造物，或者是精神、灵魂与肉体的复合物——不管人的本质可能是什么，他都首先作为一种与自身相关的生存在此。"此在(人)的本质就是他的生存。"本质指的是在想象中的我是**什么**，生存指的是实际上的我存在以及必须去存在**这回事**。人的生存中的**这回事**比他在生理、心理、社会上是什么更重要。

人的生存更进一步地暗示了他**在世界中**。但"世界"既不是一个一切生存着的存在者的简单总和，也不是种种仅具功能性的存在者的体系。它是一个普遍但又生存的结构。人不像石头一样在世界中,而是在生存上把他自己联系于"他的"世界。他建构着并"筹划着"他所被抛入的,支配着他、渗透着他的世界。从他的人类生存的最开始,他就是一个世界的生存。"在世存在"是人的生存的基本特征。拥有一个世界比在一个既有的环境中行动意味着更多的东西。它毋宁意味着,通过"绽出地生存",也就是说,通过被暴露于存在者总体并不得不承受那种无遮蔽的或者"绽出"的生存,而敞开给存在本身的显现。有机或无机的自然分别是有生命或无生命的,但它并不存在于人的超越自我和世界的生存的维度上。世界本身也不是一团盲目的存在者,而是存在的方式或状态。希腊哲学中的"宇宙"(Cosmos)并不单单意味着自然(*physis*),而是意味着自然世界的一种特殊建构,意味着一种有秩序的总体,它有别于相同存在者的混乱无秩序的总体,作为宇宙,它是谐和一致的(*kata kosmon*),宇宙般的。而存在的这种总体状态进一步联系于人类存在者;只有对醒着的人类存在者而言,宇宙才是一个"普遍的"世界,因为在睡眠状态中,每个个体都有其自己的世界。对世界与人的相关性的强调,在基督教对世界的理解中变得突出。对于圣保罗来说,宇宙首先不是宇宙的状态,而恰恰就是人——处于疏远上帝状态中的人性——的状态。在古典和基督教的两种传统中,宇宙或世界都超越了自然的概念。海德格尔说,自然无法在其自身中阐明世界以及我们存在的存在论性质,因为自然只是我们世界中的一种存在,并且因此,我们是在对人之此在的分析中遇到它的。于是,最初对这种其本质贯注于生存中的基本存在的定义,看起来是站得住脚的。

作为世俗生存的纯粹实际性，人对他从哪里来到哪里去是一无所知的。正是由于这个原因，他愈发强烈地感到了其存在的纯粹实情，即不管他如何尝试投身于繁忙中，以便逃避这种不安的意识——最终除了实际的自我或者生存，他什么也不是——他都存在的这一实际性。海德格尔把这种人自己的生存的实际性称作**被抛状态**，"被抛"入生存中。没有任何人类此在曾经自由地决定了他究竟想不想进入生存。因此，为什么我们不得不存在，这是完全无法理解的。出于这种经验，人做了许多尝试，通过筹划这个筹划那个，把他自己抛到他的被抛入生存之外去。然而，人能够并且应当去筹划的终极筹划（Entwurf），就是预先掌握和占有他的死亡。因为只有通过预先掌握和坚决面对一个仍未完成的生存的终点，人类生存才能变得"完成"并且全然深刻。通过把死亡预先掌握为最后的终点，人承认了他最终的有限性和根本的虚无性。我们此在的这种虚无性最初揭示于模糊的畏中。畏不同于对这个那个东西的明确的怕。它不涉及世界中的特殊对象，而涉及我们的整个世俗此在。在这种可能显现于十分琐碎的原因的畏中，人突然失去了他对世界的习惯把握。整个存在似乎消散于虚无。但这种伸展到虚无中的经验本身就是一种积极的经验，因为它给我们一个必要的背景，我们靠着它才开始察觉到存在本身——察觉到"有某种东西存在"而非没有任何东西存在这一令人欣喜的事实，它给我们"一切奇迹中的奇迹"。

　　向这种畏敞开心扉，并自由地走向不可避免的终点，是对人不受偶然性影响的自由的最高考验。正因为实际的生存不依赖任何事情而只依赖它自己，它就是某种彻底自由——意愿自己的有限性，认可那在我们看来弥漫于一切存在的根本虚无的自由——的实际来源。彻底的自由，即涉及存在本身而非仅仅摆脱生命的特定条件限制的自由，与虚无的显现息息相关。

这就是海德格尔生存概念的十分简略的轮廓。我认为无论是在神学还是在道德的基础上，要反对生存的存在论的所谓"虚无主义"都是十分困难的，除非某人相信作为上帝造物的人和世界，或者相信作为神性和永恒秩序的宇宙——换句话说，除非他不是"现代"人。这不意味着虚无的问题是存在主义的新创造。就像"生存"一样，"虚无"也一直是个问题，但处于十分不同的语境。

在犹太-基督教神学中，虚无是一种绝对的虚空。它被设想为空洞无力的、与上帝的全能相对的东西，上帝是从无中创造存在的。在古典哲学中虚无是存在的负面边界；它不是正面的，而仅仅是存在的缺席，或者更确切地说，是没有被构造或没有被赋形。在现代的存在主义中，虚无不仅仅是存在的缺席或对立面，而是在本质上属于存在本身。此外，它还是自由的存在论条件。因此海德格尔敢于把古典的说法"无物产生于无"（*ex nihilo nihil fit*）颠倒为相反的观点"从无中——从可能的虚无性中[①]——一切存在作为存在得以存在"（*ex nihilo omne ens qua ens fit*）。这个命题是与古代经典相反的，因为它赋予无以一种创造性意义，而且它是反基督教的，因为它把神的从虚无中创造运用于一个有限的生存。对于像人这样的有限生存来说，存在本身的意义只有在虚无面前才能变得明显。对它的经验揭示了存在本身令人惊奇的不可思议。由于这种处于逃离状态的对存

[①] 破折号之间的话为本文作者洛维特所加，不属于此处所引用的拉丁文句子。——译注

在的经验，就能产生这个问题："为什么竟是存在者存在而无倒不存在？"这种对存在本身的终极的"为什么"的探索。也激发了我们所有的关于这个那个事物之特殊原因或理由的次级问题。传统命题"万物无不拥有原因"的逻辑证据，"充足理由律"，基于这样一个超逻辑的事实，即人能够对他自己和每个存在者问"为什么"。而能问"为什么"的可能性则基于这个事实，即人的生存并不束缚和包含在它自身中，而是离开它自身的。人是自我超越的生存，他有某种自由的游戏并因此能够在种种可能性中、在筹划中思考和行动，而不仅仅是接受被给定的现实。因此我们可以问，为什么是这个而**不是**那个；为什么是这样而**不是**别样；为什么存在着某种东西而**不是**什么也不存在？问"为什么不"的可能性涉及作为这些超越问题之最终根据的我们的自由。但这种自由有一个彻底的限度。它是一种偶然和有限生存的自由，因此，它自在地是有限的。逾越或超越一切特殊种类存在，并使得我们能够问"为什么不"的自由，连同人的生存，都是被强加于我们的一种事业或者"筹划"。就像萨特说的，我们"被判以自由"。我们的偶然性问题的最终根据就是，我们的自由在其自身并无根据——或者说是无根据的深渊（Abgrund①），无法自由地为它自己奠基。

　　这一切当然是现代的，而非古典或基督教的。基督教和古希腊的存在论已不能为海德格尔所接受，他的《存在与时间》对这一点没有留下任何疑问。他的整个著作意在作为存在论传统之"毁灭"的序幕，也就是说，意在批判性地对古希腊和经

---

① 括号中的德文单词为作者洛维特所加。——译注

院哲学存在概念源始基础进行重新考察。在存在问题上，古希腊存在论的根本局限是，它在作为宇宙和**自然**的**世界**这一方向上理解人的存在和存在本身，并且在时间问题上，从**当下**以及**总在当下**的东西或者说永恒的东西那里获得它的方向。① 换句话说，古希腊的思想没有发觉人的例外的、"绽出的"生存，因此没有发觉作为所有人类筹划之首要视野的未来。

中世纪存在论的基本局限则在于，它没有接过希腊思想的源始动机就接过了它的种种结果，并且把它们移植到了创世的基本教条中，按照这种教条，一切有限的存在者都是与上帝的非受造存在者（ens increatum）相对的受造存在者（ens creatum）。在这种神学基础上，人的本质生存就在于超越他自身，走向他的创造者。后来，这种向着一个完美无限的存在者去超越的观念被冲淡和世俗化了。它充满了德国观念论的全部超越哲学以及雅斯贝尔斯半基督教的存在主义。

与这种完全衰朽的传统相反，海德格尔敢于重新考察存在问题。他在任何地方都没有装作已经解决了这个问题，在《存在与时间》的最后一节中，他明确地说，它的唯一目的是点燃这个问题并使陷入僵持的东西运动起来。他并不是以某种预备好的答案，而是以一系列开放的问题来结束他的作品，并且他仍然在路上——在远离起初坚决的"存在主义"情怀的路上！这种既是现代思想的力量与忠诚，也是其弱点与伪善的"在路上"，不是朝向一个明

---

① 参看埃莱娜·魏斯（Helene Weiss）的《由海德格尔哲学看古希腊的时间与存在概念》（The Greek Conceptions of Time and Being in the Light of Heidegger's Philosophy），载《哲学与现象学研究》（Philosophy and Phenomenological Research），1941年12月号，第173页及以下。

确目标的基督教的朝圣之路，而是正如在尼采那里一样是冒险的流浪，流浪者既担心又自豪于不知道这个冒险将把他引向何方。

由于海德格尔事业的严肃与激进，在20世纪20年代，当那些不喜存在主义的人认为他们可以把它当作某种"通胀哲学"而不予理会的时候，这就是一种外行的错误。但甚至在《存在与时间》出版20年之后，人们还是能够在《纽约时报》（1947年7月6日）的一篇文章里读到对存在主义的如下定义："它被一名纳粹分子——海德格尔所创立；它是一种类似纳粹主义的，适应于德国人之生活空虚的虚无主义哲学。"遗憾的是，对于这种定义来说，存在主义创立于（为海德格尔提供了柏林大学教席的）魏玛共和国期间，而那时德国智性生活的空虚仍然相当可观地被大量关于"生命""文化"和"价值"的其他哲学所充实。存在主义不仅比魏玛共和国持续得更久，也比第三帝国更久。它甚至在法国——属于笛卡尔理性主义的古典国家获得了优势地位，并拥有其最强大的支持。一次大战之后的德国思潮也许确实起到了刺激的作用，但它并不能导致存在主义的兴起，存在主义的萌芽早已被种下了。

亚里士多德、托马斯·阿奎那和黑格尔思想中本质与实存的关系

要评价存在主义在理解生存（existence）方面所做的创新的重要性，就必须将它与哲学传统中本质与实存（existence）之间的关系进行对比。在某个方面，实存总是人思考存在时的基本问题。真正的课题不是一个完全崭新的问题的诞生，而是在不同的语境中摆出同一个老问题的崭新方式。在现代存在主义中

的新东西是这一点,即传统上,实存关涉于本质,如今取而代之的是,本质被吸收到实存中。

亚里士多德在其《形而上学》的第六卷中讨论了存在的若干含义。他说,所有科学,并不探究单纯作为存在的存在,就划分出若干特殊的存在领域。比如,建筑的科学预设了某些建筑材料的实存,而并不探究那通过建筑师的心灵使建筑实存起来的创造性。然而,形而上学却"就它们存在或者实存而言"寻找着一切存在的原理和原因,虽然种种科学把实存当作理所当然。科学同样忽视了对其特殊存在领域的可能本质的探究。直到这里,亚里士多德听起来都很像海德格尔,或者不如说,海德格尔似乎复述了亚里士多德。但随后亚里士多德继续说,对实存和本质的忽视只是"同一种疏忽"的两个方面,并且说,"一个伴随着另一个",因为,对某物是**什么**(它的本质)的探究同样也决定了它**是否**存在(它的实存)。本质与实存两者都是"同一种思维"的表现。

这几句话指出了古典存在论的局限。它显示出,亚里士多德尽管强调作为存在的存在,但并不关心一般实存的绝对实在性和特殊的人类实存的偶然性,而是关心本质的实存,因为"什么性"(whatness)和"这般性"(thatness)是不可分的,两者中任何一个都不先于另一个。不错,与柏拉图的"理念"相反,亚里士多德主张实质(ousia)或本质是一个真正的实体,但正因为他与柏拉图相反地对它进行定义,他自己的存在概念就是"是某物"(being-something)的概念,而在其完整的意义上,它是拥有其自在存在之理由与根据的"某物的存在"(being of something)。于是亚里士多德从他的思索中严格地排除了任何偶然碰巧的东西。因为他提出,偶然的或非本质的实存不可能成为一门理性科学的主题。偶然的东西是无可计算的；他说，运气上的东西"实际上只是个名字而已"。作为说明，他指出一栋宽敞的房子可能适合于一个富有的大家庭，但对一个贫穷的小家庭来说却并不方便。然而与房子的本质性质相比，这是偶然的。这种说明再次显示出亚里士多德心中"偶然"的东西并非整个实存本身的首要偶然性，而只不过是可能发生于某个已经本质地实存着的东西的特殊的偶然。他总结说，所有严肃的哲学，或者关涉到总是其所是的东西，或者至少关涉到在很大程度上以及一般说来是其所是的东西。

在亚里士多德思想的有效限度之内，是不会产生存在主义的问题："为什么竟是存在者存在而无倒不存在"以及相应的对实存之偶然性和实际性的强调的。之所以不会产生，不是因为亚里士多德是一位现代的实证主义者，而是因为他是一位古希腊思想家，对他来说，实存本身——即有某物存在——是宇宙之本质性的结构、秩序以及美中的毫无疑问的要素，这宇宙无始无终而总是存在着，它包含着被称作人的理性动物的实存。他们并不是靠着纯粹意愿和筹划的非理性自由，而是靠着脱离利害的进行沉思的自由，而与其他存在者区别开来的。人最高的优越在于他能够对每个存在者都在其中拥有一定性能、位置以及完美程度的这样一个不朽宇宙的完美级序进行沉思。对于亚里士多德来说，哲学研究的最终源泉是"惊异"——对隐藏于可见宇宙中井然有序的变化原则的惊异，而不是对存在本身的奇怪的实在性的惊异。

亚里士多德对世界的看法被托马斯·阿奎那所接受，但做了一些重要的修改。① 对于作为基督教神学家和信徒的托马斯而言，一切存在者首先都是受造的存在者（ens creatum），被超越的创造者的绝对自由意志从无中带入实存。与之相应，在基督教思想内部，实存的概念与本质的概念相比明确占优，托马斯在那种程度上是一位"存在主义者"，或者不如说，存在主义来源于基督教思想。在海德格尔的提问"为什么竟是存在者存在而无倒不存在"中所表达的那种对实存本身的终极"为什么"的探求，并没有被希腊哲学所提出，却暗示于创世的故事中并明示于尽管不提创世的存在主义中。

托马斯在 ens 或存在者和 esse 或去存在（to-be）之间做出了区分，后者意味着实存的行动。为了突出实存，他谈到了存在本身（ipsum esse），谈到了存在者特有的实存。这种 esse 或去存在（to-be）是 ens 和 essentia，即存在者与本质的动词词根。实存着的存在者，就可以想象和确定它是什么而言，是一个实质（quidditas②）或者本质。因为一切事物都是通过它的本质而被认识的。但在所有被造的实体中，没有一个是靠它自己而是它自己的（ens per se③）。只有上帝才是没有原因的，因为他仅凭其本质就实存着；他特有的本质就是去存在（to-be）。在这种基督教的创世视角看来，亚里士多德对某个存在者为什么是其所是的各种原因的分析都是不够的。因为亚里士多德所证明的只是某个实存之物的固有原则，而对某物究竟为什么能够存在的问题，他既没有提问也无法回答。比起

---

① 参看艾提尼·吉尔松（E. Gilson）的《托马斯主义》（Le Thomism），第五版，巴黎，1945年，第42页及以下，第511页及以下。

② quidditas 的字面意思在英文中的对应是 whatness。——译注

③ 即存在者本身，或自有的存在者。——译注

托马斯和海德格尔，他还不够彻底。实存本身的开端是先于某种形式原则的。亚里士多德的实现形式不是实存的第一原则；它只规定了潜在实存的完成。在亚里士多德的层次上，一个人只能探究已经实存的某物的实存。但存在的第一原则是存在本身（*ipsum esse*），是独特的去存在（to-be），这对于托马斯来说不仅是一种最**奇怪**的实际性（正如对于存在主义那样），也是最奇妙和**完美**的现实性。去存在已经是完美的一种表现了，这符合圣经里的格言：一切被造物仅仅被赋予了实存，就是善的和完美的。这无疑与现代存在主义的看法十分对立，然而也十分接近。因为，如果我们从作为唯一本质性实存的上帝中抽离出来，现代的存在主义和基督教的存在主义就在这一点上取得一致，即一切**有限**的实存并**不**是凭借其自身而必然实存的本质性实存。对于托马斯也一样，实存是一个例外范畴，不能被一个"什么"或者本质所定义。关于某物是什么的知识并不能带来任何关于它存在着这一点的证明。于是实存看起来完全是偶然降临的、来自外部的，并且因此我们可以得出结论，不仅在现代存在主义者那里，而且在10世纪和12世纪的阿拉伯和犹太的亚里士多德主义者（阿尔法拉比、阿尔加惹尔、阿维森那、迈蒙尼德；Al-Farabi, Algazel, Avicenna, Maimonides）[①]那里，实存都是一种纯粹的偶然。托马斯看起来往往属于他们这种观点，但他严厉地对他们进行批评，因为对他来说，实存的这种表面上的偶然是存在的最核心的东西。仅仅在有人从

[①] 参看埃米尔·路德维希·法肯海姆（Emil L. Fackenheim）的《阿尔法拉比、伊本·西纳和迈蒙尼德眼中的宇宙可能性》（*The Possibility of the Universe in Al-Farabi, Ibn Sina, and Maimonides*），载《美国犹太研究学会会议论文集》（*Proceedings of the American Academy for Jewish Research*），第16卷（1946–1947年）。

本质出发的情况下，它才表现为一种偶然，但如果有人从整个实存着的存在出发，那么实存就不仅显示为一种不同于本质的层级，而且显示为一种高得多的层级，因为没有实存就不会有存在者和本质。对于托马斯来说，实存的事实尽管无法定义，却是最为"亲切""深刻"和"完美"的、包含着其余万事万物的一种断言。

因此生存先于本质的存在主义观点可以追溯到基督教思想，虽然它被创世的教条严格地隔离到基督教思想之外。存在主义是没有创世者的创世论。不过另一方面，在创世的视角看来，有限的实存并不只是偶然和无法为自己辩护的，而是仅仅产生于那种朝向必然、无限和本质的存在者的超越视角之内的实存之偶然和有限方面。①

这种本质性生存的观念，以上帝实存的存在论证明的形式，

---

① 在《存在与虚无》的第653、708、713页及以下，717、721页中，萨特确实从彻底存在主义的前提中得出了最终的结论，那时他假定理想和纯粹的实存就是成为神！他提出，自为（pour-soi）总有其自身的缺陷，因为它缺乏一种自在（en-soi）的坚实的自足性。自为仅仅从对自在的占用和毁灭中产生。但通过这种对自在的外在世界进行同化的毁灭，自为给自己谋划了这样一种理想，即最终成为一种自在自为（en-soi-pour-soi）。换句话说，无根据的谋划的自由想要转换为一种是其本身的根据和理由的存在者，也就是说，它最终谋划了作为自因存在（ens causa sui）的上帝观念。但根据萨特的观点，这种观念和那种谋划都是不可能的谋划与观念。所以，"人的基本激情"是"徒然的"，并且因此，有时候人们逃离了他们偶然生存的绝对的、深不可测的责任，"进入孤独的醉态或成为国家的领导"。萨特说，人可以本质地**追问**其偶然生存的原因，不错，但这种探求暗含了朝向某种作为其自身存在之原因的本质性生存的视角。人实际上经验到的是，在把他偶然和深不可测的生存让给某种在自身上必然和有基础的东西的这种尝试上不断和难免的失败。参照赫伯特·马尔库塞的《论萨特的〈存在与虚无〉》（Remarks on J. P. Sartre's » L'Être et le néant «），载《哲学与现象学研究》，1948年3月号，第315页。

从安瑟尔谟一直持续到笛卡尔、斯宾诺莎、莱布尼茨和沃尔夫。只有康德摧毁了它。他论证道，实存在任何情况下都不可能被从本质中"提取"出来。真正的上帝或者真正的一百元钱与想象中上帝或想象中的一百元钱在本质上——也就是说，关于它们之所是——是一样的。对它们加以区别的不是其可想象的本质，而是实存之非理性的肯定性，它在本质之外。

人们也许会质疑，康德对存在论证明的批评是否真的对上了安瑟尔谟的论证。不过实存和本质的区别对一切有限的存在者是有效的，因为正如托马斯所极力主张的那样，本质与实存的差别是有限性的特有标志。在康德之后并与他相反，黑格尔在亚里士多德的基础上重建了上帝实存的存在论证明，尽管是为一种基督教宗教哲学服务的。与亚里士多德相似，黑格尔从同一性，或者不如说从实际的实存与可想象的本质、存在与思维的合一出发，因此像亚里士多德曾经所做的那样，把偶然的东西以及偶然生存从对形而上科学的关切中排除出去。他把真实的东西定义为"本质与实存"——即"内在"本质与"外在"实存之辩证"统一"的结果。按照黑格尔所说，没有达到这种符合的存在，都是"无足轻重的""平常的""偶然的"实存，哲学没必要在它们上面自扰。于是，从对知识的关切中排除了偶然的东西之后，黑格尔把他对现实性的定义扩展到一切在突出的意义上具有"真实"或"现实"实存的存在者上。按照黑格尔的看法，现实的实存无不是本质的和必然的；不管是在自然中还是在历史中，现实无不是合理的，理性无不是现实的。因此他对哲学理性能够渗透整个宇宙并使它能被我们理解这一点很有信心。现实与理性、思维与存在、实存与本质的统一延伸到每个"真实"的存在者,这表明世上没有任何东西是绝对有限并分裂为实存与本质的。万事万物都在不同的层次上现实地分有无限的、绝对的、神圣的东西。

以犹太－基督教的对受造与非受造存在者、有限与无限者的区分为基础,却采用亚里士多德的概念手段,黑格尔把在古典哲学中好端端的东西做得过火了,并歪曲了正宗基督教的东西。他把本质与实存在结构上的统一这个命题当作了一种神义论,当作了在自然和历史世界中对上帝的一种辩护。根据托马斯和一般基督教神学观点的上帝的存在论特权——即拥有一种本质性的实存,按照黑格尔对亚里士多德形而上学和基督教神学的混杂,就在每个能够被合理地、断然地说成是"存在着的"存在者那里都生效了。无论在何处,现实性都是实存的"逻各斯"的表现,它是这样一个概念,在其中,古希腊的努斯与新约的逻各斯难解难分地混淆在一起。

与黑格尔式的对可想象的本质与实际的实存、理性与现实、思维与存在的这种"调和"相反,在19世纪40年代产生了谢林、克尔凯郭尔、费尔巴哈以及马克思对黑格尔哲学以及哲学本身的多方抨击。他们全都是反黑格尔主义的。他们怀着各不相同的目的并在互相对立的方向上,坚持着纯粹实存的实际的、赤裸裸的、"无法忆及的"实证性,而与黑格尔理性的现实性或本质性的实存哲学相反。

谢林、克尔凯郭尔和马克思

当处于其较晚时期的谢林在肯定和否定哲学之间进行区分,

声称他自己是肯定的那一个并指责黑格尔否定的时候,他的意思是,理性只能达到事物的观念本质,达到它们的可能性或者达到能够存在的东西,但永远无法达到任何肯定的东西,亦即被肯定地摆出来的东西、实存。他说,黑格尔把某物是什么的理性概念具体化为一种伪实存,它在其辩证的思维运动中假装为实在之物。他借此把一切有生命的现实性变成了"存在的荒漠"。理性哲学在实存上是否定的,因为现实无法被思想预言。它是"无法忆及的";它只能通过形而上的经验论而被"经验地"把握。真正现实性的哲学必须从对偶然实存、对径直实存（geradezu Existierende）以及托马斯的存在本身（ipsum esse）的预设出发。现实性无法被思得;它是走进实存并达到有关于它的哲学理解的,它首先有必要"把自己剥离"实存的盲目事实。"整个世界都是这样一种无法忆及的、盲目的实存。"

在谢林的柏林讲座中,他宣布了他对哲学甚至是宗教的崭新时代的计划,听过这场讲座的黑格尔的学生和30年前在弗莱堡听过海德格尔讲座的胡塞尔的学生一样深受影响,后者脱离了胡塞尔对实在的实存"加括号"的悬置理论,以便事物的纯粹本质。在谢林的听众中有俄国和德国的黑格尔主义者以及群体;在他们之中有克尔凯郭尔、弗里德里希·恩格斯、巴枯宁以及雅各·布克哈特。由于大部分听众盼望一种革命性潮流,当谢林以神话和启示的哲学为目标,发展出因次（Potenzen）这种经院教条时,他们都很失望。谢林最后的学术活动是打破黑格尔对理性与现实、本质与实存之调和的最重要一步,也是在黑格尔对作为整个欧洲哲学传统的"概念史"的有意识完成之后的一个崭新开端。

下一代人中，最重要和最有影响力的"存在主义者"是克尔凯郭尔和马克思。他们都没有像谢林那样把哲学传统导入新的渠道，而是连同黑格尔的体系一道反对形而上学事业本身。如果现代哲学家在追求其理论专业时心怀顾忌[①]，这主要就是由于克尔凯郭尔和马克思对哲学本身的激进批判，由于他们的实践倾向。我们失去了黑格尔认为现实无法抵挡思想和概念之力的这种信心。

克尔凯郭尔和马克思关心的不是对宇宙结构的中肯思辨，而是个人和社会的实践，或者更准确地说，是与当代人类生存的宗教和政治状况有关的伦理和政治活动。对克尔凯郭尔来说，哲学还原为对生命的内在阶段的心理学分析，对马克思来说，还原为对外在生产状况的社会经济学分析。他们把19世纪人类世界理解为被商品和货币规定的（马克思），把世纪末（Fin de Siècle）的个人理解为充斥着反讽、厌倦和绝望的（克尔凯郭尔）。黑格尔对精神历史的完成对两人来说都是一种终结，分别是对更加广泛的社会革命和更为强烈的宗教改革的准备。黑格尔的"具体思考"在两人那里都变成了抽象"决断"，或为古老的基督教上帝（克尔凯郭尔）或为新的社会性的世界（马克思）。因此一种社会实践理论和一种对内在活动的反思取代了黑格尔对纯思之最高尊严的亚里士多德式的信念。克尔凯郭尔和马克思两人都把黑格尔对国家与社会和教会的调和变成了对资本主义世界和世俗化基督教的激

---

① 参看汉娜·阿伦特（H. Arendt），《什么是生存哲学？》（*What is Existenz Philosophy?*），载《党派评论》（Partisan Review），1946年冬，第40页。

进批判,从而从对立的两端一同摧毁了19世纪基督教资产阶级的世界。

他们的激进批判的哲学基础,奠定于他们与黑格尔的作为"本质与实存之统一"的现实性这一基本概念的关系上。反对着黑格尔《逻辑学》中关于"现实"的章节,克尔凯郭尔像谢林一样坚决主张真正的现实与偶然的东西是分不开的,因此不能为一种存在论的逻辑所吸纳和领会。现实的最直接的性质是它的偶然性,或者用宗教术语来说,实存本身是一个"奇迹",是这样一个无法解释的奇迹,即有某物存在,尤其是此时此刻我存在。根据克尔凯郭尔,这个事实是形而上学唯一真正的"关切",思辨的形而上学无法避免自毁于这种关切。黑格尔主张存在与无的纯粹抽象概念是同一的,这在逻辑上也许是对的,但在现实中,它们却完全是不同的。克尔凯郭尔说——而海德格尔在这一点上也跟随着他,现实的现实性"是有待去关切或关心的实际生存"。生存的现实性是一种交互存在（inter-esse）或者在存在与思维的假定的统一之间。因此基本的问题不是什么存在（what is）,而是这一点（that）:我存在。

> 我已山穷水尽,我厌恶生活,它淡而无味,既没有盐,也没有意义。——人们总是用指头蘸一蘸土地,闻闻他身在何乡,我也用指头蘸一蘸此在,却闻不出任何气味。我在哪儿?我是谁?我是怎么跑到这世界上来的?说世界是指什么?为什么没有人先问问我,为什么没人把规则和章程告诉我……我是怎么卷进所谓的现实这项大事业中的?我为什么应该被卷进来?这是一桩可自行选择

的事吗？如果我是被迫卷进来的，那么操纵者在哪儿？我对他有话要说。①

有关黑格尔对本质与实存的调和，马克思的批判与克尔凯郭尔的批判十分不同。即便作为一位"唯物主义者"，马克思也仍然是一位黑格尔式的理想主义者，因为自由在其中得以实现的他的共产主义社会的理想，在原则上不是别的，就是黑格尔的本质与实存的统一性原则的"实现"。马克思所构想的共产主义社会，实现于理性与现实、一般本质与个体生存的统一。在一个完美的共产主义联合体中，每个个体都实现了作为共同生存的人类本质。由于马克思对黑格尔原则的接受，他就可以说，黑格尔应受指责，并不是因为他假定了理性的现实性，而毋宁是因为他忽视了理性经由改变和批判的实现过程中的实践任务。对于以自由和理性为目的建立起来的整个奴役与非理性的现实，黑格尔没有在理论上进行批判并在实践上进行改变，而是承认我们的政治、社会、经济以及宗教的历史本身是合理的。从马克思的批判和革命立场出发，这种对现存之物的承认是"最粗鄙的唯物主义"——而马克思主义是最纯粹的理想主义！而由于马克思相信本质与实存在经验上统一的可能性，他就不属于以对本质与实存的还原而闻名的现代存在主义者的行列。

就能够追踪到历史上直接的派生关系而言，现代的存在主义是借助马克思和克尔凯郭尔对黑格尔之综合的反对而发端

---

① 克尔凯郭尔，《重复》，普林斯顿1941年版，第114页。（此处译文参考百花文艺出版社王柏华译本，第83页。——译注）

的。实际上，现代存在主义早在17世纪，借助笛卡尔主义在世界概念上的革命以及它对帕斯卡尔人的境况思想的影响就已经发端了。

考虑到最终产生出那些如今已成为时兴口号的术语所需要的漫长艰苦的历史进程，认为现代存在主义仅仅是德国人特殊处境的产物，就会是极度肤浅的。

如果在历史和理论上有一种现代存在主义的备选方案，那么人们仅仅拥有这样一种选择，要么以希腊人的沉思的眼光，把世界和人在其中的位置理解为不变的自然秩序，要么以犹太教和基督教信仰的眼光，将其理解为神圣的创造。两种选择都会是确实有说服力的，因为人不可能希望永远被钉在偶然、荒诞以及完全错位的十字架上。但对一种或另一种"筹划"的选择或者世界筹划（Weltentwurf）仍然会是一种存在主义的态度或者决断，并且因此与所选择的世界观的本性相矛盾。因为两者都不是对人类选择与决断的单纯筹划。一个只对信仰开启，只供信仰理解，另一个也一样，虽然不是被历史的启示所开启，却在其本性中并通过其本性而自身开启给人的本性。如果自笛卡尔以来现代性就在于对立场和观点的选择这一点没错的话，那么我们无法选择不做现代人。如果我们要去克服存在主义，那么我们就必须在原则上克服现代的态度本身而朝向整个存在。这恰恰是海德格尔如今转型以及把《存在与时间》的问题所转回的方向，恰恰是他拒绝本质与实存的传统区分、萨特的存在主义，并且抛弃属于他自己的自然产物的原因。[①] 只要我

---

① 海德格尔，《柏拉图的真理学说》，伯尔尼1947年版，第72页及以下。

们还没想过把现代人和现代世界交给一种激烈的批判主义,亦即交给一种动摇其一致原则的批判主义,我们就还是存在主义者,能够问最激烈的问题:"为什么竟是存在者存在而无倒不存在"——但根本无法予以回答。

海德格尔
——贫困时代的思想家

Heidegger – Denker in dürftiger Zeit

1960

客人："那么让我们像考察一块铁那样， 124
考察这种貌似模仿真理的人，
看他是一个无瑕的整体，
还是仍然具有裂隙。"

柏拉图《智者篇》

第二版前言

设想这种批判性评价的初版（1953年）在这方面达到了它的意图，即它有助于打破那束缚粉丝信徒的尴尬无言且老生常谈的魔咒（Bann），这时，笔者相信自己没有弄错。然而，至今几乎没有出现一种对海德格尔追问人的**此在**与**存在**以及**存在**与**时间**的关系的深入争执（Auseindersetzung）。此外，今天在时间历史中生存着的人们缺少对一种永续的活的存在的经验，这种存在在其显现的一切变化中都保持不变。这是海德格尔思想隐秘而直白的合时代性（Zeitgemäßheit），它不顾一切看似古怪之处，为海德格尔思想保证了一种广泛传播的影响。然而，它触及欧洲传统之边界并将其理性作为一种衰败史加以质疑的激进挑战，仍然没有得到适当的回应。

与此相似，笔者的文章尽管引起了不满与赞同，但也没有得到批判性的反驳；因此除了删除第一版第 41 页站不住脚的一段话，也没有机会为这篇文章进行根本修正。不过在相关的地方考虑到了 1953 年以来海德格尔发表的文章。在结尾之处加上了一篇为这位思想家 70 大寿所写的演讲词，说他自己的思想符合"存在的要求"（Geheiß des Seins），只以希腊语和德语原初地表达出来。

"如果永远只做个弟子，这是对老师的糟糕的报答。你们为什么不想扯掉我的花冠呢？你们尊敬我，如果有一天你们的崇拜垮掉了，那会怎么样？"

海德堡，1960 年春

一、向着自身下决定的此在以及给出自己本身的存在

以下对海德格尔从《存在与时间》到《关于人道主义的书信》(1947 年) 以及以《林中路》(1950 年) 为题的从 1935 年到 1946 年的演讲选集这一段路的思考，以探讨这一问题为目标，即海德格尔后来对"存在"以及最终对"本有"(Ereignis)的谈论，是其初始立场的一以贯之还是一种转向的结果。如果这种追问只涉及海德格尔的精神发展，那么它就是无关紧要的。一个哲学家在其生命进程中为什么不应该教给自己其他更好的东西并为他的早期作品写新的前言后记呢？如果我们可以设想《存在与时间》未发表的第二部分实际上存在于所有晚期著作的重要未完稿中，那么对这些著作的批判性探讨在同《存在与时间》

的关联中，就从一种传记上的无关紧要的小事变成了一件哲学上首要的大事，它所涉及的东西并不小于对人的此在之奠基的追问：人之本质（Menschenwesen）的此在要么是从其本己的、"本真的""存在"中"发生"（ereignet），要么是从出于其自身的完全别样的"存在"中"发生"。里尔克在一次世界大战伊始时的一句话能够作为海德格尔出发点的一句格言。据回忆，里尔克在1915年11月8日写道，面对着一个拘束于自身并渴求进步的世界的微不足道的循环，现代的"此在之试探（Daseinsversuch）"一开始"通过死并且通过上帝"最终被超出和逾越，以至于在进步的终结之处和我们意识金字塔的基础上，单纯的存在能够变得像"本有"那样（1924年8月11日的信）。对于这种从一开始就逾越着和卓知着（überwissenden）我们的死，海德格尔所做的描述和里尔克恰好相同；当然，在《存在与时间》中不谈上帝。为了还能像里尔克那样讲述亲爱的上帝的故事，海德格尔曾经过于是一名神学家了。"谁由于成长的来源……而经验到神学，如今就更喜欢在思的领域不谈上帝。"①海德格尔没有其神学来源就从来不会踏上思想之路，而来源就会始终保持为未来，并不与他的这番表白相矛盾。海德格尔对"存在"的谈论肯定不惊动基督教的上帝，同样肯定的是，这个谈论也的确指向"神助"与"神圣"的场所，通过它，上帝和诸神将会重新变得能够设想。据说这个世俗年代的杰出者的确持存于"神助维度的闭锁性中"（《关于人道主义的书信》），然而在20年前的《存在与时间》中，只有对本己之死的先行

---

① 《同一与差异》，第51页。——译注

接受（Vorwegnahme）显得是一种本真生存活动的"最高法庭"。

我们在以海德格尔质疑海德格尔的尝试中进行活动，因此并不从外对他加以批判，然而也不在海德格尔本人作为唯一本质的维度内，当然也没想说，我们想在其中随便活动就能在其中随便活动。乐意的和着迷的弟子们，那些从黑森林里的"诺特施莱"①到智者的小屋朝圣的人，久已在那里重复大师说的话并且谈论"存在"（Seyn），似乎他们就是传声筒。存在主义的话语，尤其是通过萨特，在板房一族的领地里找到了一种普遍可理解的回声，并且这样一个秘传的圈子，对存在在其中投给（erwirft）自己一片澄明的此－在心醉神迷说不出话，在这个圈子眼里，施特凡·格奥尔格的新帝国中化身的上帝已经和第三帝国一起消失了。②其他那些仍然相信认知和实证科学的人，对这种新的、让人想起埃克哈特的神秘主义抱以厌恶，按照海德格尔自己的论断，"思的犀利与深刻就属于"这种神秘主义。在近十年哲学努力的范围里，几乎没有人称得上是不仅反对海德格尔，而且能够把他视为夙敌的真正的对手。着迷与反感的两种极端反应，根据海德格尔在《关于人道主义的书信》里所暗示的，证明了在他的精神气质（Ethos）里有"某种不寻常的东西（Nicht-Geheures）"存举在场（anwest）。和他把真理视为一

---

① 北接弗莱堡地区三合溪谷（Dreisamtal），南迄上维瑟河谷（das obere Wiesental）的一条山路，在黑森林中。诺特施莱（Notschrei）的本义是呼救。——译注

② 施特凡·格奥尔格（Stefan George, 1868–1933），德国诗人，在他周围有一个由追随者和友人组成的颇似宗教的圈子。尽管他与纳粹运动保持距离，但其思想被纳粹分子吹捧并利用。《新帝国》是他的一部诗集的名称。——译注

种真理发生的观念相应，海德格尔意识到，对他来说关系到真理的"真理之设置入作品"（Ins-Werk-setzen der Wahrheit）撞上了"可怕的东西（Ungeheure）"并且撞翻了看起来寻常的东西（Geheure）。在第一次世界大战之后，海德格尔最初的影响力首先是面向着颠覆或者"解构"的意志，它以无拘无束的方式吸引着听者。如今第二次世界大战之后，没有什么东西还有待倾覆，也许首要的事情就是推开通向迷惑人的神妙（heilen）存在之隐匿"真理"的大门。我们尝试在着迷和反感这两个极端之间走一条批判性的中间道路。这是海德格尔在黑格尔的感召下一有机会就予以攻击的普遍人类知性之路。但就连黑格尔也绝非仅仅对普遍人类知性加以控诉，而是也承认它是哲学思辨真理的一种外在标志，哲学思辨真理的结论与健全人类知性的预设是协调一致的。在知性的东西的边界以内必须进行这种尝试，从最初提出的观点开始，对海德格尔与西方哲学传统的固执己见的独白加以探讨。为此难免会在海德格尔话语的魔法圈内活动，但这并不是说要屈服于他的戏法。

马上就有一个障碍挡在面前：海德格尔的难于理解。这不是指，他的种种预设、结论、转折中的非同一般的思想之路（Gedankengang）是难以跟上的，而是指这种特殊困难，即跟上一种原则上禁止论证并且禁止在一种前后一贯的进步意义上的"逻辑的"发展，以便转而总以同一个主题的崭新变体绕来绕去的思想的特殊困难。在海德格尔晚期文章中对同一个问题不断变化措辞的令人眼花的纷繁也是符合这一点的。就像已经说过的，存在的"澄明着的中心"（lichtenden Mitte）正像无那样围绕着一切存在者，对于海德格尔来说，他围绕着一个失去了的中心，即对这样一种所谓的西方形而上学基本趋势——它从柏拉图到尼采遗忘了存在而越来越围绕着偏狭的人类主体性——的一种挑衅的对抗，以便在科学技术和"座架"（Gestell）语言的形而上学上完成和终止。和系统结构已经是令人讶异地变化无常的《存在与时间》不同，海德格尔在晚期发表的作品不仅放弃了系统性的进展，而且放弃了展开的显示（Ausweis）。不再有一种通过指明（Aufweis）和确认（Nachweis）的证明（Beweis），只是仍有神秘的"暗示"（Winke）和提示（Hinweise）。但黑格尔告诉我们，精神的力量只和它的表达一样大，它的深度也就像它敢于在其解释中大谈特谈又白费力气那么深。在《存在与时间》中纲领性地凸显出来的作为一种"普遍现象学的存在论"的科学哲学观念，不再具有指导地位。关涉到的事情（Sache），如果人们还能这样称呼的话，不再是现象学地发展了，而是嘴上随便说说（aus- und hingesagt）并且最终遁入沉默（erschwiegen），因为它不再是可说的了。然而：这种经院哲学般为了"言说着的不说"的劳心费力离任何一种真正沉思着的沉默还远得很。据说存在的越来越独特的期待和思"命令"我们思，"需要"并且等待着我们，海德格尔把它的"到达"说成是"独一无二的事情"——不是某种希望或者信仰的事情，而是思的事情，它解释了这种对现象学指明（Aufweis）的放弃。一个存在不仅逾越了一切存在者因此也逾越了人，而且如同一个通过存举在场与不存举在场（an- und abwest）而着落和存举于其本己真理的陌生的神那样，不能够像一个存在者那般在存在者上阐明，而是只能唤醒（evozieren）。相应的，海德格尔的存在之思轻易地过渡到了一种"思念"，并双双过渡到一种"思"。

但思之本质"以及因此的"谢（Danken）之本质据说是"高尚"（Edelmut），思本身在其中感谢（verdankt）存在。"思想者说出存在。诗人为神圣者命名。"两者都在言说的因素中活动。这种寻找担负着和约束者的"本质之物"，也就是本质上是宗教性的东西——尽管并不与基督教思想一致——并不想成为哲学或者神学。海德格尔认为，哲学在柏拉图和亚里士多德那里已经开始陷入对思的一种技术性阐释，以便以一种最高的原因从根本上说明万事万物，并且传统神学不是信仰的神学，而是一种存在－神学（onto-theologischen）思想的衍生物。海德格尔通过愿意听取存在的要求而自己采取的本质性的思想，既非哲学亦非对智慧的爱，也不是绝对认知或者最起码的科学研究以及单纯历史学的博学。按照海德格尔自己的说法，他对存在之到达的"未来思考"尽管尚未找到与之相适应的居所（Aufenthalt）并因此被迫停留在传统哲学和科学的范围内活动，但"在一堆科学中间思考"就叫做"在它们身边走过"。海德格尔认为，"思想在科学与信仰上衰落"是存在的不幸命运。幸运的是，多亏其对整个哲学传统的卓越见解及其神学教养，海德格尔能够放肆地采取这样的拒绝，而不必依据存在的某种单纯"经验"。思想本身就是他的经验。在他看来，思想和语言的游戏比起科学的冷峻要亲切得多（verbindlicher）。这种完全沉溺于语言的思想，如同稀少的当代诗人诗作一样，"下降到其暂时性的本质之贫困中"并因此把语言聚集到单纯的言说中去。尽管处处都能感觉到它与神圣者的诗性命名的亲缘关系，但它仍然如同海德格尔对荷尔德林的既微妙又独特的阐释在哲学上的成果一样无法确定。①大多时候不必判断海德格尔是诗人般作诗（dichtet）还是诗人般思考，尽管他对一种联想的松散思想进行了浓缩（verdichtet）。这种思想的闻所未闻的要求在于，它想衡量整个西方哲学史并通过回忆"最初的"前苏格拉底的真理之本质，帮助把一种正在到来的世界历史的转折变成语言。在一场演讲中曾说过，如果黑格尔知道哲学处于终点，那么他就完全正确了，但在黑格尔那里到达终点的只是一种希腊人的开端，他无法完全汲取其种种可能性，因为他自己在其辩证的圆圈中无法返回这圆圈的源始核心。相比之下，在《存在与时间》里毕竟还承认克尔凯郭尔把生存问题作为生存上的（existenzielles）问题——尽管不是作为生存论-存在论的问题——"明确把握并进行了令人印象深刻的彻底思考"，他在《林中路》中被三言两语推到一边，因为他不是**思想家**，而是"宗教作家"。相反，对青年海德格尔还是完全非本质的尼采，变成了比肩亚里士多德和柏拉图的重要的形而上学思想家。尽管如此，早先从克尔凯郭尔那里挑出来的一句格言，仍然对海德格尔所思所言的一切有主导作用："高贵的时代已经过去了（Die Zeit der Distinktionen ist vorbei）。"②

---

① 参照埃尔泽·布德贝格（E. Buddeberg），《海德格尔与诗》（*Heidegger und die Dichtung*），1953年版；以及贝达·阿勒曼（B. Alleman），《荷尔德林与海德格尔》（*Hölderlin und Heidegger*），1954年版；瓦尔特·穆施克（W. Muschg），《德语文学的毁灭》（*Die Zerstörung der deutschen Literatur*），1956年版，第93页及以下诸页。

② 这一句来自克尔凯郭尔的《畏的概念》（*Begrebet Angest*，德文译名 *Der Begriff Angst*）的卷首语："高贵（Distinktionen）的时代过去了，体系将它击败了。在我们的时代谁还爱着高贵，就是个灵魂紧随着久已消逝之物的怪

海德格尔所抛在身后的高贵，是种种哲学方法传统上的众多区分（Unterscheidungen），比如物理学、伦理学和逻辑学。海德格尔认为，连思考与行动的区分也是非本质的；思考本身就已经是一种行动了，而作为伦理学的东西，人们从索福克勒斯那里或者赫拉克利特的三个字①那里能够比从亚里士多德的讲课那里更好地去体验。只有一个区分是本质性的，那就是存在和一切存在者之间的区分。高贵的时代"过去了"，因为按照一个世俗时代的进程，在如今这个世界历史的瞬间中，重要的是存在者整体，是向来本己的整个生存以及整体存在和存在本身，它的"此"或者场所（Ortschaft）就是绽出（ek-sistent）的人。因此海德格尔尽管以难以捉摸的方式，但从根本上总是说一种一模一样的东西，即简单的东西。通过一种起源于经院学派、被现代历史学的意识所贯彻的分析术（Scheidekunst），这种存在与此在的唯一和简单的东西以多种方式被命名和变形。存在简简单单地就是"它自身"；但它也是开放的东西、澄明着的东西以及神妙的东西；它也是时间性地存举在场并且将要到来的遭送着和发生着的东西（Schickende und Ereignende），它是一种降临（Advent）。在卓越的意义上"是"的东西，在一种"世界之急难"（Weltnot）的世界历史瞬间预示着自身。唯一的和本质的东西是那至关重要的一（das Eine, was

---

人。大概就是这样。但苏格拉底还是单纯的有智慧的人，由他自己所说出来和完全表现出来的特有高贵，两千年后才在哈曼（Johann Georg Hamann）这里令人钦佩地重演了——苏格拉底的伟大是因为，他在他知道与不知道的东西之间做出区分（unterschied）。"Distinktion 一词兼有"高贵"和"差别"之义。——译注

① 此处应是指赫拉克利特所说的"性格即命运"（ἦθος ἀνθρώπωι δαίμων，残篇B119）。——译注

not tut），海德格尔也仅仅是从这种急难（Not）中奠定了他思想的必要性（Notwendigkeit）。这首先是一种划时代的末世论意识在宗教上的弦外之音，海德格尔思想的吸引力就以此为基础。他实际上是作为一个"贫困时代的思想家"从**时间**出发思考**存在**，据荷尔德林说，这个时代的贫乏性就在于它处于一种双重的缺乏中："在已逃遁的诸神之不再和正在到来的神之尚未中"。① 这种把万物仅仅当作播下的种子以及对将要来临的未来的准备的末世-历史思想是多么遥远地来自希腊人的早期智慧，对他们来说时间-历史在哲学上是无关紧要的，因为他们把目光投向永恒存在者以及此番而非别样的存在者，而没有投向也可能是别样的一向偶然者。

海德格尔以高超的技巧和一种与诡辩术有密切关联的诱人深意说了他所必须说的话。只有几次——尤其是在仅仅抗议那些遗忘存在的同时代人的误解的《关于人道主义的书信》中，一种未完成的主体性的错误调子妨碍了热烈讨论的继续绷紧的琴弓。这种讨论寻找至关重要的一，寻找神妙者（das Heile），为变得没救（heillos）和无家的人的此在寻找一个家园。它用来寻找神妙者的突出媒介是思考、言说因此就是语言。并且因为海德格尔不再像《存在与时间》中那样把语言理解为我们在世存在的可理解性的开口叙述②（Artikulation），而是超出这一点并首先理解

---

① 马克斯·韦伯与海德格尔基于不同的前提并且怀有不同的意图，谈到并且提出了由科学对世界的非神化（Entgötterung）不是等待神和他的先知的来临，而是满足时日的要求。他认为，谁无法忍受虔诚的日常生活，就应该带上理智的祭献返回到教会的怀抱中。

② 开口叙述原文为 Artikulation，兼有吐字、表达、关节、环扣的意思，国内较有影响的译法是"分环勾连"。此处采汉语中已有的词汇译为开口叙述，因为"叙，次弟也""述，循也"，足以表达"分环勾连"的意思。——译注

为"存在之家",他自己在语言中的安家比在其他任何一种哲学之中更多地成为了一种他所要求的向着存在之真理与向着真理之存在的切近的区分标志(Unterscheidungsmerkmal)。在他这里绝不会有《克拉底鲁篇》对话中苏格拉底式的思考。为了能够完全满足存在的要求,他明显的语言思想本来必须是一种鼓舞人的启示语言以及一种遵循存在之命令的思想。如同基督教上帝意志的启示指向一种听取和服从的信徒意志,海德格尔自己对被说存在(Angesprochensein)的要求(Anspruch)也是含义不明的。语言灵感的不可控的馈赠联系着一种技术上完成的语言表达技艺。前者或许以自己为基础,后者却无法摆脱批判。

在另一方面[①]已经发出的对海德格尔语言技艺的指责仍然是有道理的。海德格尔以"基本词"和词根及其变形把他的思想之桥构造得相当远。比如来自"war"的派生词"真理"(Wahrheit)的源始意义等于守护或保真(Hut oder in die Wahrnis nehmen)——知觉保藏以及保存(wahrnehmen, bewahren, verwahren),或者"本质"(Wesen)在技术上的定义是座架(Gestell),从置放(stellen)引申为表象(vorstellen)、制造(herstellen)以及预置(bestellen)。存在从它的真理中把自己"惊吓"到座架的"荒芜"本质中去,因此本身就是置放的东西(das Stellende)。假使从一个基础词或词根向其变形的转变不是随意的,那么海德

---

① 参看F. 汉森-勒夫(F. Hansen-Löve),《存在的最后审判?》(*Parusie des Seins?*),载《语词与真相》1950年1月号,维也纳;马里奥·万德鲁什卡(M. Wandruszka),《语源与哲学》(*Etymologie und Philosophie*),载《德语讲堂》1958年第4期;赫尔曼·施韦彭霍伊泽(H. Schweppenhäuser),《海德格尔语言理论研究》(*Studien über die Heideggersche Sprachtheorie*),载《哲学文存》,1957年第3/4期,1958年第1/2期。

格尔的辞藻就或者是依赖诗性暗示的可能性，或者是依赖语源词典，而且它们在科学上的正确性以及可证明性也是成问题的。如果一个思想家偶尔通过语言的联想就把一个词汇的言外之意置于一束崭新而强烈的光线中，即便他所建立的联系在词语的历史上毫无根据，对此要是有人反感，那么这样的人无疑是一个腐儒。比如当黑格尔谈到"意谓"（Meinen）并从中突出了物主代词①，以便通过这种方式表达种种"我的"（mein）纯粹主体性，并且说明一种单纯意谓的被意谓的东西（Gemeinte）只是我当时所意谓的东西而不包含普遍的真理的时候就是如此。但如果一个思想家始终并且在原则上要求以他所特有的语词技巧去完整地保存和掌管"存在这个词"并如此讲述"命运的语言"，这就是另外一种情况了。尽管对这个词各种小心谨慎，海德格尔所建立起来的联系仍往往只是劝服人却不令人信服并且在最好的情况下也只不过是或然的。思（Denken）与谢（Danken）联系着；理性（ratio）与单纯的计算（Rechnen）联系着，正确性（Richtigkeit）与单纯的可计算（Berechenbarkeit）联系着；历史（Geschichte）与命运（Geschick）联系着，命运与适宜（Schicklichkeit）联系着；决心（Entschlossenheit）与展开状态（Erschlossenheit）联系着；"有"（es gibt），即存在（Sein），与自身给出（Sichgeben）的馈赠联系着；作为"喜欢"（mögen）的爱与真正能够（vermögen）作为"可能的东西"（Mög-lichen）联系着，由于它，存在（Sein）能够思（Denken），以至于在这些衍生的终点是，存在作为"能够并喜欢"（Vermögend-Mögend）是"可能的"（Mög-liche）！境

---

① 物主代词 mein 的意思是"我的"。——译注

域（Gegend）作为境域化（Gegnet）成为了真理的隐藏着的本质，并且对存在的真理的之思是朝向境域化的泰然任之（Gelassenheit zur Gegnet），因为思的本质以"泰然任之的敞开让思"（Vergegnis der Gelassenheit）为基础！如果人们要问海德格尔，事情是否以这种方式变得更加清晰了，他会这样把答案交到我们自己手中的："不，没有什么是清晰的；但一切都是有意义的！"当然，按照事情和按照词汇同样无法洞见到，为什么例如正确性（Richtigkeit）不能与正义（Gerechtigkeit）而非计算（Berechnung）一同，为什么真理（Wahrheit）不能与英语的真理一词（*truth*，等于 *trust*，信任）乃至相信（*trow*）——忠诚（Treue）、相信（trauen）、信赖（vertrauen）、信仰（glauben）等等而非与希腊词无蔽（*a-leitheia*，无遮蔽，Unverborgenheit）或古德语的"守护"（war）一同，被引向一种本质的意义关联。不仅让语言说话而且要让它帮我们思考，这种越来越强烈地凸显出来的倾向，在海德格尔那里是与故意榨取德语构词可能性的倾向相一致的，因为他是没法翻译的。如果他对存在之爱的定义，或者把技术的本质定义为可表象、可制造以及可预置的座架（vor-, her- und bestellbaren Gestell），这些能够用英语来说的话，那一定是发生了五旬节①奇迹。②因此，

---

① 五旬节即耶稣复活后第50天，又称圣灵降临节。这一天，耶稣的门徒们被圣灵充满，用他乡的话讲述上帝的大能。这一事件被称为五旬节奇迹。见圣经·使徒行传 2:1-13。——译注

② 说把黑格尔翻译成英语花了一百年，这种异议是不合适的，因为黑格尔概念化的自造词仍然以辩证的方式完全在传统形而上学语言及其合理性的范围内活动，与此相反，海德格尔的语言直接脱离了传统形而上学语言及其合理性，并且作为对存在-神学的"克服"，不仅想要避免那种概念的确定性，而且还逐渐变为了一种"道说着的沉默（ein sagendes Nichtsagen）"。

一种在海德格尔的语言里所触及到的迷人深意，会使别人感到有如一场词汇的游戏，尤其是当真正寻获的词汇和纯然杜撰的词汇同样煞有介事地被表述出来的时候。海德格尔的语言就是他自己评论荷尔德林的那样："最清白无邪的事业"，一种词汇的玻璃球游戏，同时也是"最危险的善业"。其危险在于它是伤脑筋的，并且因此它所带来的束缚多于解放。海德格尔语言同时是杜撰（Erfindung）和发掘（Fund），这种内在矛盾把他的整个姿态刻画为一种叛逆与淡定、挑衅与压抑、抨击与感动、固执与倾心、沉默与决心之分裂（Zwiespalt）的聚合。

这种分裂已经表现于那**一个**决心的概念以及他后来把决心（Entschlossenheit）重新解释成作为向着敞开的领域开放自身的去掉遮蔽（Ent-schlossenheit）之中了。在《存在与时间》中，决心是与"是某人"相反的一种本真的自我存在的基本情绪以及基本规定，它的年轻读者在"某人"为他们的决心赋予一个内容的这种流俗历史之前，还不知道何所向就下定了决心。人向着什么作出决心，在《存在与时间》中故意保持着不确定，因为据说它在作为种种实际可能性之筹划的决定（Entschluß）本身中才规定自身。在决心中，此在与它最本己的能在息息相关。然而能在通过就一切可能之终结而言死的必定悬临而被限制，这就是说，生存论上理解的我们面临死亡的这个未来"关闭了"能在，并且由此直接使得一种决心回到自身的对本己之虚无性的理解成为可能。尽管在《存在与时间》中此在的决心同时也是一种展开状态，但不是作为向着存在的敞开状态，而是和它本己的此在及其当时的境况联系着的。在《存在与时间》之后，自我的自由不再被规定为一种**能**-存在的自由，而是被规定为**一种让**-存在的自由,并且这样一来,下决心的行为被改为了一种"不封闭自身"(Sich-nicht-verschließen)。如今决心不再会是一种坚定果敢的行为了,而是走出存在者之偏见走向存在之敞开状态的此在的开启。决心现在是一种存的敞开、无蔽以及真实之物的参与(Sicheinlassen),每个存在者都流连于其中。在这种对存在之维的敞开心扉中,也许会难于重新认出早先对自己本身的决心。

也许没有人会否认,尽管有那样一些语词技巧,海德格尔仍然在诗化的思路中以完满的方式成功地说出了本质的东西。通过坚决而坚定地返回"事情"并跳回到源始的东西中,他成功地为西方思想史注入了新的生机,重新带来传统概念已经枯竭的名义力量,并且借助希腊思想的德语基本词(*aletheia, ousia, idea, logos, physis*)从其百年来的翻译习惯中释放出其古老的含义。不管海德格尔要如何为他的粗暴性辩护,他对阿纳克西曼德格言——它在海德格尔的德语化之中完全遮蔽了自身——的粗暴阐释,仍然不可能为经典的语文学所赞同。海德格尔所致力的一种对希腊早期思想和言谈的源始的重新占取(Wiederaneignung),是对现代的整个哲学语言以及概念性的贬低和取消。凭借一种对本真与非本真、生存论与流俗、源始与衍生、驻留着的开端与消逝了的今日的独断研究,海德格尔所做到的是,给予一代大学生们以新的尺度,并且说服他们"逻辑"和"理性"必定消散于"源始问题的漩涡中",即伦理、文化与人性这些我们原本就早已加上引号的东西,不是严肃的关切,人不是"理性的动物"而是一种绽出的"存在的牧者",科学思想奠基于其中的一切理论的表现和技术的制造都是一种主体性在与它相应的客体性或在无条件的对象化上的衰亡。并且由于在海德格尔看来,这种物化的原罪(马克思）以及理性化的命运（马克斯·韦伯）已经始于柏拉图在"理念"之轭（Joch）下并有鉴于理念而对最初真理的征服（Unterjochung），他毫不犹豫地和戈特弗里德·贝恩（Gottfried Benn）一同断言，"西方历史的基本运动"是虚无主义，在这个世界历史的瞬间里，它如今把自己置于作为现代科学技术的强力意志的统治之下。但他认为这个过程绝不是人所导致的，而是由存在所发送出来的（zugeschickt），一种"存在的命运"（Seinsgeschick）。在这种无可改变的命运及其最极端的危险的视野上，那不再作为根据而参照着荷尔德林的颂歌《拔摩岛》的希望浮出了水面，即，哪里有危险，哪里就有拯救。在这种"进入下一个世俗时代的进程之上"，在存在能够发生于它最初的真理之前，"作为意志的存在被打破，世界必须被迫坍塌，大地必须被迫搁荒，人必须被迫从事单纯的劳动"。"教师"（在对"泰然任之"的探讨中）真正意欲的，是"不意欲的意欲"（Nicht-wollen）。但如果在"座架"的时代一切长成者都被制造的东西所替换，"拯救者"应当怎样成长，如果同时还宣布，形而上学的死去以及技术的时代因此将要比整个迄今为止的两千年形而上学史更长久地持续，人应该如何充满希望地突破并能够忍受作为最初本有的一种单纯"序奏"的人与存在的技术"格局"[①]？当海德格尔泰然地表达出这个太过简单的妥协，即人必须对技术说是或否，以及一种"新的扎根状态"最终能够从这一套东西里重新产生，这是不是比一厢情愿的想法[②]有过之而无不及了？这里的困难显然不在于语言，而在于这回事情：一

---

① "格局"（Konstellation）这一表达是与人的单纯"境况"（Situation），即人类命运（condition humaine）相区别地使用的。

② 此处原文为英文 wishful thinking。——译注

种本质上指向时间之命运而非指向任何时候都是真实的东西的存在思想，根本不是在一种批判的求知意义上的思想，相反最多不过相当于"震撼世界的深度"，在那里"世界"的意思仍然只是我们的人类世界。

是怎样一种经验作了那种思想的基础？这种对形而上学以及整个西方传统的完成及消亡史的单轨建构的尺度是什么？是哪种经验在为西方哲学史的"解构"做辩解，它对西方哲学史做大起底式的拆毁，同时一种对形而上学的挖墙脚本身作为一种"由无光而得来小树林（lucus a non lucendo）"，似乎由于从柏拉图到尼采遗忘了存在者的存在状态，就把存在本身也给遗忘了？只有一种对海德格尔的历史自我意识的特殊探讨能够对这些问题给出答案。首先要尝试突出他的"转向"及其奇特的逻辑思考方式。①

---

① 以下的思索常被误解为，似乎笔者想要表明海德格尔以不正当的方式歪曲了他源始的起始姿态，当这一点被着重强调的时候：即他的"转向"有其奇特的逻辑思考方式，因为在一种既坚决又"微妙的重负的转移"那里，也就是说从决定自身以及在无面前坚守自身的此在向自身给出的存在——就它的理解而言，向来本己的此在首先是"基础"，然而之后它不过是必须去满足存在的要求并因此不再是基础性的——的转移中，提问转回到自己本身。这种转向正如瓦尔特·舒尔茨（W. Schulz）所详细说明的（《哲学展望》Philosophische Rundschau），1953-1954年，第2/3期，第90页及以下诸页。），是一种双重的角度：它是一种对所选定的道路的**继续思**（Weiterdenken），然而思的道路在自己本身中辩证地**颠覆**了。我们对转向的批判并不自称是对这种颠覆本身的批判，而是对这一点的批判，即在海德格尔的自我表现中，本质概念的意义转变仍然看不出来并以某种方式被遮蔽着，这种方式唤起这种假象，似乎海德格尔本来已经在转向之前完成了转向，只是尚未清楚地说出来而已。转向也并非只涉及一种改变了的"调子"（Stimmung），因为如果心境（Gestimmtheit）像在《存在与时间》里那样本质上属于此在的展开状态，那么它必须也涉及分析的实际

重要的哲学家一贯能够以此来辨别，即他们为他们决定性的思想也找到了决定性的词汇。《谈谈方法》《纯粹理性批判》《精神现象学》《作为意志和表象的世界》《强力意志》，它们都无与伦比地描述了它们想要表明的东西。海德格尔以《存在与时间》为他的思想找到了杰出的标题。他实际上从时间中——从我们的时间以及走向我们的时间中——思考存在。① 另一个其意义无疑只是透露了附加的注脚的标题，是《林中路》。这个标题首先暗示了，海德格尔和《存在与时间》中一样，已经完全上路了；碰巧也上了"田间路"（Feldwegen），在这条路上回响着家乡的基督教堂钟声。他在这条路上所寻找的东西，是对《存在与时间》中遗留下来的"存在的意义"问题的回答。所谈的不再是在《存在与时间》中已经被抽掉具体意义的"一种筹划的何所向"了。"真理"作为筹划领域的敞开状态取代了它的位置。意义和无意义只是对一种人类此在而言的。存在既不是有意义的也不是无意义的。它以"存举"（west）的方式"存在"（ist），它能够在场或者不在场地、敞开或者遮蔽地存在，并且当存在在存在者中显现时，它就遮蔽自身并隐退了。这种总是重新被提到的存在不是像人的"生存"或者一张桌子的"上手状态"或者一块石头的"在手状态"那样的单纯的存在方式；它尤其

内容而不仅是涉及其着色（Tönung）（另请参看胡戈·奥特（Hugo Ott）的《思与在》(Denken und Sein)，1959年，第76页及以下诸页）。海德格尔自己对"转向"的解释见于他为威廉·理查森（W. J. Richardson）的《海德格尔，通过现象学到思想》(Heidegger, through Phenomenology to Thought)所作的前言中，马提努斯·奈霍夫出版社，1963年。

① 另请参看《马丁·海德格尔与弗朗茨·罗森茨韦克》，本卷第72页及以下诸页。

不是人们能够表象和制造的对象；它也不是观念，而是——据存在者所思考的——最最存在着的东西（das Alleseiendste），在它自身上是如此地不在着（unseiend）和不可思议，并且同时像时间——比起存在者，它当然更多地是一种虚无——一样在场。尽管如此，存在以某种方式——在林中路上——可以通达。对于林中路，据说它疯长出来（verwachsene），因为少有人涉足的小路，是突然止于无人涉足的地方。人们可能迷失于（verlaufen）这路上。但林中路本身却总是伸展（verlaufen）到同一片树林——同一个存在中。"林业工和守林人认识路。他们知道在一条林中路上意味着什么。""守林人"使人想起同时也是"无之占位者"的存在的"牧者"和"守护者"（见于《关于人道主义的书信》）。"守林人"，正如牧者一样，就他而言是在与存在的绽出关系中关联于存在的人。这个树林的守护者所知道的东西并未被明确地说出来，但可以去猜。他也许知道，在这个存在的树林里，在"这个思的唯一事情"中，他有可能不可救药地误入歧途。他有可能为之崩解和挫败。林中路的确一般不直接通向敞开和被照亮的东西，即真理。但海德格尔认为在存在之真理以及真理之存在上的挫败并非不幸，而是"一份唯一的礼物，它或许是从存在而来的思想所应得的礼物"[1]，正如"词语的崩解"是"返回"到思想之道路的"真正步伐"。[2] 但适当的挫败也未如愿以偿，并且海德格尔在通向存在附近的路上是惜言和沉默的。在"路上"属于作为一种历史经验生存的海德格尔哲学生

---

[1] 见《路标》，德文版第343页，孙周兴中译本第405页。——译注
[2] 见《在通向语言的途中》，《海德格尔全集》第12卷，第204页，孙周兴中译本第213页。——译注

存的本质特征和情调。思想本身是一条路,当我们在路上的时候我们适合于它,而不是把我们自己仅仅作为观众放在路边并且在历史学上比较其他人所涉足的条条道路。然而如果人的此在以及存在在本身不是从一开始就作为一种实践性和历史性的东西被构想出来的,那么在路上的情调就失去了它的土壤和基础;到底为什么向着某种遥远和未来的东西长久地在路上,就应该是朝向一种对总是一样的存在的持久思索的正确道路呢?在《存在与时间》的末尾就已经这样说了,须得寻找并走上一条阐明对存在之追问的道路。此外,《存在与时间》在通向阐释存在的路上,海德格尔也在路上。的确,海德格尔如今不再谈论一种对存在的"阐释"了,也不谈论一种"对于存在的理解"或者最起码的一种关于存在本身的"知识","其可能性和变化"。实际上没有人能够断言,他有意识地理解了存在这个海德格尔所谈论的秘密究竟是什么。黑格尔已经引发的把存在(=无)把握为"不确定的直接的东西",这种"存在一词的称谓力量的衰减殆尽"①也是海德格尔存在之说的灾难,它只是借助对向来本己的此在的分析才能一般地对同时代人谈起。那些信徒们还是会马上理解它的,他们在海德格尔关于"启示"和"解蔽"的形而上学谈话中意图寻找一种向着同样不存在着的上帝的基督教启示的通道(Zugang),并且作为信徒的确也没有要求以理智来洞见启示的上帝。他们相信上帝,听从上帝,而从来没有把他当作一个存在者来看待;他们思念上帝,感激上帝,并且经验到他的在场存用。"思念"似乎是应付了礼拜和祈祷。

---

① 见《海德格尔全集》德文版第40卷第54页,以及《形而上学导论》,熊伟、王庆节译,第51页。——译注

自《存在与时间》至今，海德格尔研究存在的一贯坚持是毫不含糊的。[①] 可是据他的看法，西方以及整个"地球"的命运都取决于存在问题以及希腊词"存在"的翻译（Übersetzen），取决于向着存在之真理的"转渡"（Über-setzen）。因此看起来他有理由反对那些对《存在与时间》的"人类学"误解并坚持其关切的连续统一性。"人们处处认为，《存在与时间》中的常识已经进入一条死胡同中了。我们且不去管这种意见罢。实际上，在《存

[①] 对《存在与时间》中产生的存在论差异即存在与存在者的区别问题的最初提起，已经见于海德格尔的教师资格论文《邓·司各脱的范畴和意义理论》（*Die Kategorien- und Bedeutungslehre des Duns Scotus*）了，在它的最后一章里说，一种活的精神的哲学不能满足于"对（存在者的）现实的字母拼写"，而必须超出可知者总体，瞄准一种进入真的现实和现实的真的突破。此外必不可少的是，与平面化的当代生活态度及其粗浅的幅面相反，使对中世纪基督教哲学起导向作用的延伸到"超越之物"中的灵魂维度重新发挥作用，而不驻泊于上帝的绝对精神以及超越的"灵魂与上帝的原始联系"。——如果人们把"真的现实"和"现实的真"翻译为"存在的真理"以及"真理的存在"，把延伸到超越之物的"灵魂生活"维度翻译为"绽出的生存"，把"上帝"翻译为"存在"，把当今人类在"感性世界的内容幅面"上的"丧失自我"翻译为在世上沉沦以及存在之遗弃，那么人们从他的教师资格论文中就已经能够认出后期的海德格尔。存在与人的绽出生存的辩证"对应"也已经在一种仍限于生存和价值哲学的语言中清楚地预示了。超越不应该意味着无条件地清除主体，而应该仅仅意味着一种"相互联系着的"生命关联的一极，以至于价值设定并不是独一无二地趋向于超越，而是同时从其绝对性反思性地着落于个体中，而不管相互关联中另一部分的超重。——如果人们在海德格尔那里可以接受，本质的思考永远只思考**一种**思想，并且在每个上档次的思想家那里都已经从一开始就有了本质的思想，那么对在倍加强调的"向死的自由"（《存在与时间》第266页）中达到顶峰的向自身下了决心的此在的分析，就会只意味着一种**中间阶段**，并且海德格尔向着给出自身的存在的"转向"就会成为他的神学开端。

在与时间》这部论著力图迈出几步的那种思想，直到今天也还没有超出《存在与时间》的范围。但在此期间，也许这种思想更为深入一些了，深入到它的实事中了。"① 但海德格尔所走的路并没有保持为同一条，因为当一条道路被踏上，它就由方向来规定自身，这方向在《存在与时间》之后翻转了。由于海德格尔让由帕斯卡尔和克尔凯郭尔所率先思考的"人类的命运"（condition humaine）从现在起被"存在的历史"所承担和规定，《存在与时间》的生存结构尽管并未被抛弃但被重新定调了，并且联系着它源始的方向意义而被翻转了。这要在一些概念上举例说明。为此我们选择生存着的**此在**和**存在**，**此在的筹划**和**存在的抛投**，生存的**实际性**和"**有**"（*es gibt*）存在，**生存的真理**和**存在的真理**，**有限性**和**永恒性**；最终是承担一切生存结构的**基础存在论**的改变了的意义。如果当时有那么多海德格尔讲座的听众和《存在与时间》的读者对海德格尔的理解和他如今对自己的理解不一样，也就是理解为由克尔凯郭尔、帕斯卡尔、路德以及奥古斯丁奠定基调的一种不可信的"此在分析"的作者，而不是理解为据说已经在《存在与时间》中远远胜过一切人类主体性的一种存在的奥秘（Mysten），那么这最终就不是单纯的误解了。并且如果至关重要的—需要存在的切近、一种"转向"、一种"人类本质的转换"因而还有一种改宗与重生，人们怎么能够也放弃主体性呢？

谁允许自己怀疑海德格尔后来对他最初奠基性著作的自我理解的真实性和正确性，一定会注意到，《存在与时间》实际上是始于和终于对**存在**的追问。但起始和终结处的追问就在一个

---

① 《路标》，第343页，孙周兴中译本第405页。——译注

内容丰富的中心的起始和终结处，这个中心属于已阐明的分析，这分析的实质是对人类主体性、也就是作为一种向来本己生存着的此在的本真与非本真的自身存在的一种"基础分析"。尽管这种基础分析也被表明为仅仅是预备的，也就是说是展望着一般存在的普遍问题，然而这就是海德格尔存在论上特有的突出之处：这个对存在的追问只有这样问并且这样答才是有意义的，即它在以追问存在为出发点和目标的向来本己的此在上设想了"最尖锐的个别化"（Vereinzelung）或者"最彻底的个体化"（Individuation）。哲学在《存在与时间》中被称作是"普遍的现象学存在论，它是从此在的诠释学出发的，而此在的诠释学作为**生存**的分析工作则把一切哲学发问的主导线索的端点固定在这种发问所从之**出**且所向之**归**的地方上了"①。对此在的存在论追问完全需要一种确定的、存在着的、存在者层次的基础，这基础就是那个存在者，也就是我们自己，因为只有此在能够追问存在的意义。"此在在存在者层次上的与众不同之处在于：它在存在论层次上存在"②，这就是说，它是以一种自身关联于存在并且理解存在的方式存在着的，就它来说，存在总是一种存在者的存在。人的此在理解其本己的存在，这个存在特有的存在方式是"生存"，同时它把一切其他种类的存在理解为非此在方式的存在者。因此它是"一切存在论得以可能的条件"，是一种普遍以及多区域的存在论。当亚里士多德说，人的灵魂在某种程度上就是一切存在者的灵魂，因为只有它能通过感觉（aisthesis）和思维（noesis），按照它是什么以及是怎样来知觉和获悉一切存

---

① 《存在与时间》，第7节及第83节。
② 《存在与时间》，第4节。——译注

在者，据说他已经注意到了这种存在者层次上及存在论上的"优先地位"。在海德格尔后来对柏拉图的阐释中，这种知觉着和获悉着的观察的优先地位反过来被解释为存在之真理沉沦入一种主体性眼光的单纯正确性的开端。

海德格尔后来的看法，即他已经在《存在与时间》中摒弃了人的一切"主体性"，因为人以及一切"人道主义"——罗马的、基督教的、马克思主义的、存在主义的——完全不是本质的东西，由于人是"从存在中"突出出来的，这看法如何与《存在与时间》中整个涉及存在的生存论上的相对性以及在一个生存着的人的此在之上的真理的这种根本命题协调起来？海德格尔通过一贯联系着已经达到的终点来对《存在与时间》的生存结构作重新解释，而造成了起始姿态与后来达到的姿态的协调。在《存在与时间》中，存在是关系着此在的基础来被理解的，因为它只有从此在出发才是可通达的，而如今颠倒过来，人的本质在其"从存在的真理的来源"中被思考，在死面前个别化于自身的人的生存成为了"绽出地栖居于存在的切近"！《存在与时间》的指导原则，即所谓此在的本质在于其生存，在那里意味着，其本质完全不是普遍的是哪回事（Was-sein），而是一种特殊向来本己的是这回事（Daß-sein），是"它存在着并且不得不存在"；在《关于人道主义的书信》中，这个定义被重新解释成这样了，即人如此存举，以至于他是"此"，换言之是"存在的"澄明。只有这种"此"的在拥有绽出生存的基本特征，也就是真理或存在之敞开状态的绽出的内立（Innenstehen）的基本特征。在此在的这种新的本质规定中，人们如何重新认出之前出自《存在与时间》的本质规定，按照那个规定，"此"在尽管也是一个

"澄明",但并非因为它是一种与一切存在者不同的**存在**的"此",而是因为它是作为生存论上揭示的"对自身"的在世存在而在此,并且从一开始就带着**它的**(sein)"此"。同样,"操心"也不再如《存在与时间》中那样表示生存着的此在的本质,这此在被说成是与它本身,与本己的存在相关,而是对**这个**存在的操心,即仅仅以突出和基本的方式是"其自身"的存在。

在《存在与时间》中,人的此在的生存,其本己的生存论上的"此",并不是通过对其"好意"和"仁慈"的感谢的协调作用与普遍存在的"此"协调一致,而是通过"负担"的经验。此在负担其自身,因为它完全没有一种何所来何所往而存在并且"不得不存在"。可是一个人的此在从来没有自由地决定,他是否愿意成为此在。此在的何所来何所往掩蔽不露,而此在本身却愈发昭然若揭——此在的这种展开了的存在性质:"它存在着并且不得不存在",海德格尔在《存在与时间》中将其称为此在被抛入它的此的**被抛状态**。这种存在性质表明了"托付"的实际情形。作为一种生存不仅是单纯的实际,而且是一种实际的可能性,是一种"能够存在"的此在,其**筹划**性质的动因也出自于这种被抛的负担。尽管人在生存中不断地筹划着种种可能性,通过预先做某种打算以及自身居先而从这种种可能性中理解自身,他却从不可能落后于作为他能在的深不可测的基础的被抛状态。他只能在其被抛状态范围内凭借种种可能性来筹划自身。生存着的此在是一种本身"被抛的筹划",它基于盲目的实际状态,在所见到的种种可能性上筹划自身。从这一点出发,萨特继续思考他的那种海德格尔"丝毫"不想要的存在主义,并显而易见地使得作为一种整体"基本筹划"(projet fondamental）的人的生存化为了传记的种种细节。

在《关于人道主义的书信》中，被抛的筹划性质与生存概念一同被根据和由于存在而重新思考了。这时生存不再意味着在筹划一个世界中超越自身，而是站到存在的真理中去的绽出的生存。这时存在本身通过把绽出生存保持并聚集于自身而担负着绽出的生存。生存着的此在不再像《存在与时间》中那样是因为它没有位置也无家可归，没有何所来以及何所往而存在并且必须存在，相反是因为它存举于作为"遣送着的天命"的**抛投的"存在的抛投"**中。生存不再是出发点和目标，相反，存在本身就是何所来以及何所往。筹划的意义同样也改变了。它不再是一种被抛入此的此在的生存规定，而是一种"与存在的澄明的绽出关联"。筹划中的抛投者完全不是人，而是把人遣送到作为它本质的绽出生存中的存在本身。与这一点相去甚远，即被抛的筹划如以前一样仍显示了阴森可怖的僵硬事实，显示了人类生存的偶然事件，海德格尔从这时开始提及对作为家园与神妙（Heilen）的存在的切近。人只不过是绽出生存着的存在之"对抛"（Gegenwurf），被存在所召唤，以当存在的牧者为天职。生存着的此在的被抛状态因此完全不是此在依栖于其重量上的最终根据与深渊，而是由存在自身所抛。因此这重量缺乏负担的实际状态的性质，这种性质在此在分析中是根本性的。海德格尔对此在被抛的实际状态重新以及继续思考为"存在的抛投"，这表明了此在的一种完全在途中（Unterwegssein）的基本动机：对失去重量和遮蔽性的需求，那不断重复着的把自身开启给敞开领域的谈话就与这种需求有直接的关联。

在《存在与时间》中，**实际状态**（*Faktizität*）是此在之生存的独一无二的规定，它把此在的生存与单纯现成存在之没有生存论意义的实际情况（Faktum）区分开来。通过在《形而上学是什么？》的末尾问道："为什么竟是存在者存在而无倒不存在"，海德格尔把实际状态的问题扩展到一切存在者整体。在《形而上学导论》中，这个已被莱布尼茨和谢林提过的问题被描述为最高等级的问题，因为它最宽广、最深刻并且最源始。然而，只是因为先于它就有了圣经的创世史，按照圣经创世史，存在者整体作为来自于无的一种创造，也有可能不存在，它才得以被提出，海德格尔并没有想到这一点，即便有待思考的是，这种"源始的"问题从来都没有以及为什么没有被希腊人的源始思想提出。① 如果与此相反，作为思想者的海德格尔反对"从无创世"（creatio ex nihilo）并且把它非神学化地保留为"从无中，一切存在作为存在得以存在"（ex nihilo omne ens qua ens fit），那么他就是在基督教的传统中反对基督教，而不是在把无当作只是存在的最极端最虚无的边界的早期思想的领域中反对基督教。能够像海德格尔那样提问，就已经越过了一切存在者而朝向了非存在者，朝向存在者的无。然而只要存在的确不是某种存在者，那么"不朝向存在者"也就积极地触及了**存在**。无的经验首先开放了向着存在之经验的通达，并让存在者的整个"令人诧异"（Befremdlichkeit）本身临到我们。令人诧异的表达方式 在此在被抛的实际状态和对存在者整体的"惊异"（Verwunderung）之间起了中介作用，在《形而上学是什么？》后记里，这种惊异最终在存在的普遍实际情况

---

① 另请参看本文作者的《知识、信仰与怀疑》，第四章"创世与生存"；欧根·芬克（E. Fink）的《全有与全无》（*Alles und Nichts*），1959年，第166页及以下诸页。

中看到了"一切惊奇之惊奇"并充满感激地对它加以承认。"在一切存在者中间,唯有人才为存在之调音所呼唤(人们最初期待的也许是'无之调音'),经验到一切惊奇之惊奇,即:'存在者**存在**'这一**实情**。"① 与此相应,显示出无的畏惧之情变成了一种在存在的秘密面前的宗教"敬畏"。为守护存在之真理而"牺牲"的想法最终走上了一种自身交付的此在之自我主张的位置,其自由是一种"向死的自由"。然而这种有利于存在的牺牲自己和捐弃自己并不是此在的功绩,而是从前存在之利的"回声",并且不再像演讲文本中那样是对一种此在的"狂妄"表达,这种此在在狂妄的捐弃自身中保存了它"最后的伟大"。

但如果从始至终都处于疑问中的存在的"存在"(ist)绝不是存在者,甚至不是最多最高级的存在者,人们应当在哪种意义上领会它?存在是不是那样一个"自在",它不涉及不依赖于一个存在着的此在,就能够与它相关联并且领会它?在《存在与时间》里说过:"只有当此在**存在**,也就是说,只有当此在之**领会**在存在层次上的可能性存在,才'有'存在。当此在不生存的时候,那时,'独立性'也就不'在','自在'也就不'在'。"② 只要与存在的**领会**相关,这个说法本来就是不言而喻的。③ 因为,人们如何能够有意义地谈论一种独立的自在存在,而不领会那种自在的意义并因此"预设"一个领会着的

---

① 《形而上学是什么》,后记,《路标》德文版第307页,孙周兴中译本第358页。——译注

② 《存在与时间》,第43节。——译注

③ 在《存在与时间》的30年之后,在一种重新解释的回顾中所说的"对于存在的理解",据说表明了"人就其本质而言处于筹划的敞开之中,并忍受着有如此意图的领会"。

此在呢？但另一方面说，对一种自在存在的谈论却恰好是一种本质上独立于每个人的此在、关联以及领会的方式。尽管在对存在和自在存在的领会中预设了一个领会着的此在，但这个预设并没有设置已被领会的存在和自在存在。因此我们被抛回了这个问题，即一种领会着和知觉着的此在在此并且被照亮，对于自在存在本身来说究竟是不是本质性的。黑格尔以他自己的方式，通过实体性的主体自在自为存在的辩证法，绝妙地回答了这个问题；但海德格尔没有回答好这个问题，在《存在与时间》中他从此在来对存在及其真理做"基础的"理解，后来又反而从存在来理解此在，没有使这两种通达协调一致，除非通过存在的天命和适当的（schicklichem）此在、存在与人类本质相应合的假设。正如《存在与时间》30年后所说的，两者是**相互**转让（übereignet）和归属的，因为一方面只有人能到达作为在场的存在并得以存举在场，又因为另一方面，恰恰由于存在需要人，人才被分派给存在。在《存在与时间》中，向来本己的此在是被分派并托付给**自身**的，而如今人的本质被这一点所规定，即顺从地"倾听"存在的需要并且归属于它。《存在与时间》的要求：承接最本己的此，变成了相反的要求：把自身释放到我们已被允许进入的地方,释放到对存在的归属中，但从存在那方面来说，它又归属于我们，因为它只能居于我们中间。在《有关存在问题》（Zur Seinsfrage）一文中，存在的本质如何存举并且存举在场，本身就已经关乎人的本质了，并且不是某种自在自为的东西，正如反过来说人不是一种自为设定的存在，而是在其本质中就植根于这一点：它居于存在的转向（Zuwendung）与回避（Abwendung）中。《什么叫思想？》

的讲座也在同样的意义上说:"每种哲学的,也就是思考人之本质的学说**本身就已经**是一种存在者的存在学说了。每种存在学说**本身就已经**是一种人之本质的学说了。但其中一种学说从来不是通过对另一种学说的单纯翻转就能达到的。为什么是这样,人之本质与存在者的存在之间的关系究竟以什么为基础,这个问题依然是个独一无二的问题,迄今为止的一切思考都必须首先带到它的面前。"(参照《在通向语言的途中》第 188 页)但与存在的关联(Bezug)同时也是其退隐(Entzug),而"退隐的事件"(das Ereignis des Entzugs)——神妙者、神圣者以及诸神的不在场——甚至可能是"如今一切当下的东西里最当下的"。另一方面说,天命使然的退隐本身并未由此而被人化(vermenschlicht),就已经是一种与人之本质的关联了。因此存在不是在人之此在的地方被片面照亮,相反,在与回避的关联中,人也持续定居于存在的场所。并且只要人和存在借以触及彼此的领域——在其中,"向来本己的"和"本真的"以及自身分派的此在在生存论上的出发点最终被取消(aufhebt)——被称为"**本有**"(*Ereignis*),这种当下的"应合"以及互相归属的关联最后就仍会再一次被逾越和深化。本有是纯粹出于其自身所思考的关联与本身思考的关联的"之间(Zwischen)",或者说是"一切关系的关系(Verhältniss aller Verhältnisse)"。

早在十年前的《关于人道主义的书信》中,《存在与时间》中的这个命题:"唯当此在存在,才有(gibt es)存在"就被海德格尔就朝着这个方向加以解释,即"给予者"(das »Es«, welches »gibt«)本身就是存在!与此相应,《存在与时间》中的那个命题就转变为完全不一样的看法:唯当存在自身给予,也才有此‑在。"给予"（das »gibt«）指的是给予者（Gebende），指的是为存在提供真理或无蔽的存在之本质。据说存在本身不外乎把自身给予到敞开中，这个敞开无疑又包含这一点，即有一个存在者也能够把自身开放给敞开并得到其馈赠。海德格尔的尽管能在被抛的实际状态维度中被提出来但无法被回答的起初的追问："为什么竟是存在者存在而无倒不存在？"借此找到了一种出乎意料的回答，可以这样表达出来：有存在者（此在），因为有存在；有存在，因为它自身进入了存在者之澄明的"此"。而最终，自身给予的存在的"有"（das »Es gibt«）也还是需要一个给予者：一种为了作为在场抵达其本己、使得本有发生的给予者。

存在的**真理**也是和"有"一样含糊地颠倒实际状态的东西，因为它居于两端：居于**存在自身**，这存在作为"澄明"是无蔽的源始真理本身，另一方面居于人的**存在着的此在**，其生存是每一种可能的为真（Wahrsein）的前提。海德格尔从一开始就深入思考了为真的意义问题。这个问题最初的、不可逾越的拟定是《存在与时间》中对现象（*phainomenon*）与学（*logos*）的相关概念的透彻分析。现象（Phänomen）是"就其自身显示自身者"，公开者。为了能够显现，现象必须已经处于一种光线的光明中。属于现象的是单纯的假象与遮蔽的可能性。现象可以在一种让人看见的和展示的逻各斯中通达。逻各斯既可以揭示也可以掩盖，既可以是真实的也可以是虚假的。逻各斯使得存在着的现象真实或虚假地被视听。而大多数情况下存在是被掩盖着并因此需要一种明确的现象学展示的，并且它恰好在其解蔽中保持为掩盖着的。"那向存在者允诺光明的存在者之无蔽,使得存在之光黯淡下来。"对这个来自《林中路》的关于存在的命题的生存论补充,是《存在与时间》的此在命题,即人首先大多由现成事物和上手事物的世界来理解自身,而不是源始地由它本己以及最本己的此在和在世存在来理解自身。在《论真理的本质》(*Vom Wesen der Wahrheit*)这个演讲中,《存在与时间》的真理问题被继续推动并逐渐改变了。真理的一种临时性的最终构架包含于对阿纳克西曼德格言的论述中,在其中,海德格尔的语言精神继续思及了一切概念及其证明。此处关于真理所说的,与荷马关于占卜者(Seher)卡尔卡斯所说的一席话有所关联。卡尔卡斯和海德格尔本人一样,是一个言真者(Wahrsager,本意为预言者,占卜者——译者),他从在场者的"真"(Wahr)中,对在场的(言语上的)真理——也就是存在进行保真或守护。"真理乃是"作为存在之牧者的人对"存在的保真",在这句话里,"存在的保真"中的属格被模棱两可地使用了,既用作属于存在本身的,同时也用作属于言真者的看(Sehen)。但不再像《存在与时间》中那样,不再首先取决于主体般的、依照此在的真理基础,而是存在本身,真理本身就存在于它的在场与不在场中,它给出并允诺真理,或者抽离并拒绝真理,与此相反,此在被减弱或者提升为存在之真理的"场所"(Ortschaft)。在《形而上学是什么?》导言里提到,要紧的仅仅是存在之真理的到达或悬缺。决定为真或为假的不是我们或者我们的存在筹划,而是"存在本身是否能从其本己的真理中生发一种与人之本质的关联"并如此把人引向"归属于存在"。这种存在之生发的"能够"取决于什么,仍是不明确的。

看起来似乎存在乃至"上帝"和"众神"都需要由人来准备居所，以便能够在场。如果我们没有在半途上遇见它们，它们就不到来。出于某种未知的原因，存在至今显然无法生发与人的关联，至少在西方是这样；海德格尔也坚持认为，从柏拉图到尼采都占主要地位的存在之真理仍然是遮蔽着的。逾两千年以来我们遗忘了存在地生存与思考，因为我们遗弃了存在，然而这种存在之遗弃本身又由存在所发送并规定了我们西方思想和此在的天命。海德格尔说，《存在与时间》已经启程去开启一条道路，使我们能够在存在的真理中思考存在。

但在《存在与时间》中谈的并不是存在的真理与人的本质的关联，反而是人的此在与存在以及真理的关系。在《存在与时间》中，揭示着和开展着的"首先的真实"，就是存在着的此在。作为一种同时被抛入此—在并从中筹划自身的此在，它同样源始地揭示着和掩藏着，同样在真理和非真理中。一切真理与非真理都是根据其依照此在的存在方式而与一个存在着的此在相关的。"唯当此在存在"，"才有"真理。"唯当此在**存在**，存在者**才**是被揭示被展开的。唯当此在**存在**，牛顿定律、矛盾律才在，无论什么真理才在。此在根本不在之前，任何真理都不曾在；此在根本不在之后，任何真理都将不在，因为那时真理就**不能**作为展开状态和揭示活动或被揭示状态来在。"我们需要预设真理，并不是因为有"永恒真理"，而是因为我们本身总已经被预设为一个在其存在中筹划和开展存在者的被抛入此的有限此在，也就是实际上在此并且必须在。"本来就根本不可能洞见到为什么存在者会是**被揭示的**，为什么**真理**和**此在**

必须存在。"谁以自杀消灭其此在,恰恰也消灭了真理。① 真理和此在都是"实际上"生存论上的,并且真理的存在与存在着的此在息息相关。海德格尔在谈论真理的预设时作出结论说,"唯当真理存在,才**有**存在——而不是存在者,唯当此在存在,才**有**真理。"很难理解这种如此彻底表达出来的真理及其存在与一个存在着的、实际生存着的此在的相关性,会在何种程度上为思想开启一条道路,使它能在存在的本己真理中思考存在自身。尽管在海德格尔后来的表述中也从未放弃存在之真理与人之本质的关联,而仅仅是变了调子,从存在本身来规定这个与人的关联。服务于这种重新思考了的提问,海德格尔向我们保证一种对人之本质的先行考虑是必要的。但如果人的本质恰恰不是出于其自身而生存而是从存在中被生发出来,那么为什么有必要制定一种"此在的分析"呢?难道不是必须相反,像海德格尔自己在《存在与时间》末尾所提示的那样,对存在的

---

① 在《形而上学导论》(第135页)中,同样的思想以这样一种方式说出来,即人——一切本质中最"阴森可怖的"(das »unheimlichste«,字面意思是最无家可归者,被不同的中译者译为苍劲者、奇异者,等等——译注)——能够不让存在有显现的可能性。"苍劲者之强力行事本来就有这样的高傲大胆(这其实是最高赞誉);在面对现象的要求而任何公开功夫都不灵的时候还要将此现象要求完成制胜,苍劲者即使在现象之场所仍然对他的全能封闭着时也是有办法办到的。这样面对着在而又公开不灵,就此在说来,不是别的,却意味着:放弃其本质。放弃本质就要求:从在中出来却绝不进入此在中去。""此处展示出此在之苍劲的可能性:在反乎自己本身的最高强力行事中突破在之超强力。此在有此可能性不是作为空洞的出路,而只要此在在起来,此在就**是**此可能性。"(此译文来自《形而上学导论》,熊伟、王庆节译,第177页。——译注)

规定先于对此在的规定？但是"存在"究竟该如何而与存在者无关地得到进一步规定？对本质的生存现象（在世存在、共在与自我存在、操心、死、罪、良知）的分析及其时间性阐释是否恰如其分地准备并承载了存在的领会？人们是否必须跟着《存在与时间》走，以便能够踏上《林中路》，或者是否必须不再忘记《存在与时间》的生存论分析，以便能够追随存在的拓扑学？例如自身承接着的此在的彻底独立性如何能够对存在本身给出说明——除非通过一种把此在对存在的彻底从属性作为起点和目标的转向？在生存论上对一种预设了死是我们最本己的下了决心的能在之"最高法庭"的本真的"整体能在"进行分析，不仅对于去经验存在的秘密来说毫无必要，而且不相容于这种完全不同的思想，即我们一切下了决心的可能总已经被存在的天命所决定。通过先行提出虚无的终点而不可能被任何东西所"逾越"的，在死面前向着自身做决定的生存，以及由于存在者的每一种天命从一开始就已经完成于存在中，而总是被存在的天命所逾越的由存在所生发的绽出生存，它们之间如何相容？仅当存在之领会如同在《存在与时间》中那样首先归属于此在，这种看法才能站得住脚，即要领会存在的意义就少不了一种此在的分析。然而如果正相反，我们向来本己的此在和思考源始地归属于存在并由它发送并预定，那么就无法看到，一种对存在之真理与人之本质的关系的此在分析将能够做出怎样的贡献和解决。使得海德格尔有理由在存在与它必不可少的对人之此在的思考之间建立一种本质的关系，而不在发端上就重新陷入主体性的独一无二且毫无疑问的"决定一切的猜度"① 是：存在与人之本质的关联"完全属于存在本身"，因为存在"需要"人。这一点仍然是一种单纯的猜度。因为人们如何不仅能够愿望、期待、相信，还能够认识到，一切存在者的存在在本质上使得我们人类或者说欧洲人产生兴趣？海德格尔声称，尽管人的本质对于存在之真理是本质性的，"但这样一来它恰恰不取决于人本身"，而取决于它从存在中先行生发出来的绽出的本质。但人们要问海德格尔，如果人的此在有一天不再生存，从本质上关联于绽出之人的这个存在中会产生什么，在有人之前，它曾经是什么？海德格尔无疑不会容忍这个问题，因为它的确已经重新预设了存在类似于某种存在者而"存在"，并且时间在其以前和今后是能够不借助人而时间化的（sich zeitigen）。但存在从来不像某种存在者那样"存在"，而是"存举"于一切作为澄明之本有的存在者面前。与此相应，海德格尔在《关于人道主义的书信》中解释了《存在与时间》中的如下命题："唯当生发了存在的澄明（'此'），存在才转让给人"，并且就此而言才有此在。然而如果《存在与时间》中的命题的意思和它说得够明白了的东西相反，那么这种解释就是一种不承认之前说过的话的、颠倒了命题意义的重新解释。"此在"（Da-sein）这一个词，或者说此在（da-Sein），仅仅从字面上解开了这个谜，即一个本身不是存在者也不是单纯存在方式的存在，如何能够

---

① 参看《形而上学是什么？》第五版，第13页；《形而上学导论》第124及156页，并对照第47，101，106，120，129页；《林中路》第337页及以下诸页；《演讲与论文集》第41页及99页；《什么叫思想？》第114页及以下诸页；《同一与差异》第23页及以下诸页；《根据律》第146及157页；《泰然任之》第64页及以下诸页；《在通向语言的途中》第30、155、197、254、260页以下。

关联于并且是本质地关联于存在者。人们会问，在存在与人之本质的关联中，是什么把存在引向人，另一方面又吸引了人？如果存在论上的存在没有存在 - 神学的基础，比如处于可见宇宙的"生机勃勃的美"的一种自然启示，或者一个不可见的神的超自然的历史性启示之中，存在的"恩宠"与"厚爱"是否不仅是场面话？不管是哪种存在者来提问，无论它是和《存在与时间》中一样的提问的人类，还是创造人类和世界的神，还是一个承载着人与神的宇宙，存在的本质究竟能否被问清？因为海德格尔颠倒了把普遍存在奠基在个体化于自身人的此在本身之中的尝试，剩下的就只有选择，或通过基督教神学或通过古希腊的宇宙论来照亮存在。一种没有宇宙论的存在论就如同一种没有自然和宗族的人之"此在"。但海德格尔对存在的追问之所以忽视了由自然所支持的世界的鲜活存在，并且只把它认作一种"筹划"，其根据就是从作为一种历史生存的人出发，在生存论上把自然世界收紧到世界历史和人类世界。[①] 特奥多尔·李特（Theodor Litt）以另外一种人类学的方式把《人的世界意义》(*Weltbedeutung des Menschen*)[②] 作为主题。

与存在和真理在一种被预先设置（im voraus gesetzte）并且预设（voraus-setzende）自身的此在上的相对性相应，海德格尔在《存在与时间》中同对作为一种在哲学领域仍未消除的基督教神学残余的**永恒真理**的信仰作斗争。"除非成功地证明了此在

[①] 另请参看洛维特，《论文选集》(*Gesammelte Abhandlungen*)，第五、六、八章。

[②] 《哲学研究杂志》(*Zeitschrift für philosophische Forschung*)，第四辑，1949年。

曾永生永世存在并将永生永世存在，否则就不能充分证明有'永恒真理'。只要这一证明尚付阙如，'有永恒真理'这一原理就仍然是一种空幻的主张，得不到足够的合法性来使哲学家们共同'信仰'它。"真理与作为一种有限生存的此在一样，本质上是有限的，时间性的，并且因此是历史性的。在《存在与时间》中，由死所固定下来的**生存着的此在的有限性**也完全规定了**存在的有限的时间性**。在海德格尔对康德的阐释中，存在与人的有限性之间的本质关联被当作了主题，并且提出了这个命题：在有限性变得实实在在的地方才有存在。并且因为存在的领会对于生存着的有限人类此在是具有组建作用的，这种领会本身就是"有限者中最有限的"并且从来都不会被绝对地对待。存在着的此在和存在两者都在有限的时间中找到了它们的"意义"。但《存在与时间》的上半部分尚未完成标题中的许诺，而仅仅是引向一种由有限此在的时间性中的时间而来的对存在的阐释。在《存在与时间》中处于眼下的新的、大胆的并且真正重要的东西首先包含在第二篇"此在与时间性"里，在其中，我们在世存在的时间状态上的结构以极大的力量和说服力得以展示。与这个分析相比，一切后来对存在同时间的关系所说的话都是无法把握的。这些表达是如此不足，但它们对于探讨存在问题又是如此绕不开的：人类此在有限的时间性及其历史性如何关系于存在本身的时间性和历史性？这里是否也有类似于之前所说的一种颠倒，或者后来所提的一种存在的历史和一种存在的天命是否仍然保持在《存在与时间》的奠基范围之内？存在学说是否仍然总被设想为一种"有限性的有限形而上学"，就像在紧随《存在与时间》之后的关于康德的书中说的那样，在那本书末尾无疑浮现出这个问题：没有一种被预设的无限性，人的有限性是否能被理解，或者海德格尔在他克服一切主体性的形而上学的途中是否也处于一种向着承认一种时间状态的永恒性的归途之上，并因此准备好接纳一种存在的永恒真理？

《存在与时间》没有一处暴露出海德格尔可能会依靠某种可信的、持久的、坚不可摧并且持存着的东西，除非它表现为死以及无的确定性所无条件固定下来的形态。因此就无法预见，永恒性搁浅于其有限性上的在死面前被个别化的生存最终仍然能够找到一个"居所"以及一个"家园"，一个"神妙者"甚至一个"神圣者"。当海德格尔在《关于人道主义的书信》中解释说，无家可归状态如今成了一种世界命运因此必须在存在历史上思考这种天命时，无家可归状态的经验本身就已经使人注意到某种异化以及某种可能的返回到基于持存者的家园中。但持存者就是人们通常称为永恒的东西。因此当海德格尔在《存在与时间》中把对时间性的柏拉图主义-基督教观点当作一种对永恒的混乱反映来反对，并且只允许提问从"源始的东西"亦即有限的时间性中如何产生出非本真的，**无限**（*un-endliche*）的时间的时候，这种把存在和时间限制在有限时间的有限存在的做法就算不需要被取消，也需要根据后来的著作来做修订。然而在此要考虑的少数几处提示却绝不是清楚明晰的。在《形而上学是什么？》中仍然同《存在与时间》以及关于康德的那本书的协调一致地建立起一种存在与无的相互归属，因为存在本身在本质上是有限的并且只在对伸入无的此在的超越中开启自身。另一方面，在后来撰写的后记中谈到畏之近乎畏缩（Scheu）之处，说"这种畏缩照亮并保护着那个人之本质的处所，在其中人才有归家之感，才持留于持存者中"①。在同样的意义上还提到牺牲精神的时刻准备畏的畏缩，这种牺牲精神过高地期待了"与坚不可摧者的近邻关系"。这种近邻关系指的只可能是通常所称的存在的近处。存在最终是否因此不是某种单纯有限的东西，而是一个**持存者**和**坚不可摧者**？但存在也保留了一种时间性的性质。时间是存在之真理的"姓氏"，从"存在（ousia, parousia）"和在场、在当下以及持续是一个意思的希腊思想的种种开端起，直到尼采的相同存在的永恒轮回学说为止，都是如此。但存在的时间性并未排除而是包含了这一点，即海德格尔在存在中寻找一个"居所"，这个居所允许对持久之物的经验。在他看来，一切行为的支点（守护）是存在之真理的馈赠，它保护和留宿绽出生存的人。假使如海德格尔所说，存在的真理给人的本质以一个支点，那么人们就必须接受：他们本身尽管有时间－历史的性质也仍然是某种持久的东西，而不仅是变化着的一种真理发生以及一种转变着的存在历史。

在对荷尔德林进行阐释的外衣下，同样也提到了持存者和故乡的东西。持存者不是超时间的和时间之外的，而是一种时间的延伸。"自从人进入某个持存者的当前之后，他就能遭受到可变之物、到来和消逝之物；因为唯有可持存者才是可变的。只有在'撕扯着的时间'被撕裂为当前、过去和未来之后，才有统一于某个持存者的可能性。"② 在解读荷尔德林的命题"但诗人，创建那持存的东西"的时候，还更明确地说，持存者不是一种永不消

---

① 《形而上学是什么？》，后记，《海德格尔全集》德文版第9卷，第307页，孙周兴译《路标》，第359页。——译注

② 《荷尔德林诗的阐释》，《海德格尔全集》德文版第4卷，第39页，孙周兴中译本第42-43页。——译注

逝者、永续者或一种持续在场状态的持守，不管它看起来多么值得期待。重要的反而是"某个"持存者，并且它是一种"走向源泉"的本己的持存或者本己之物的安宁。它被说成是大地之子在故乡的全部栖居所起源的本源。持存者是"一种进入本源之近处的行进"，谁栖居于这个近处，就实现了持存的本质。因此尽管它持存于海德格尔的"在途中"，但却是如此持存，以至于只要它跳出（entspringen）存在的本源之近处，它本身就是一个逗留的场所（Bleibe）。一种从遥远陌生之处——它以与家乡的接近来衡量——走向本源之源泉的持存者的在途与这持存者相适应。使得一切存在者源始地产生出来的存在的"源泉"，异乎寻常地是唯一"坚固的东西"，因为它总是返回到它特有的基础中以便"加固"这个基础。"近乎本源而居"意味着把本源从遥远中显示出来。显示的畏缩的接近持于一种源始持存者所衡量的遥远中。诗人近乎本源而居，因为他显示着"那种在神圣者之到来中接近"的遥远。人们还可以加上思想家，因为他预告了那种在存在的最后审判（Parusie）中接近的遥远。本质的思想家就是一位有先知天赋的预言者。

因此，死的悬临也不再像《存在与时间》中那样，是阐释有限此在的最高法庭，相反，如果有死的"大地之子"得以停留并栖居于本源的近旁，他们就能够在存在的源始语言中找到一个场所。对于海德格尔来说从一开始就只有一个或此或彼："我们在我们的此在中历史性地存在于本源之近旁吗？我们是否知道亦即留意到本源之本质呢？或者……我们依然只还是因袭成规，照搬过去形成的知识而已？"[①] 对于这种二者择一的决断有

---

① 《艺术作品的起源》，见《林中路》德文版第66页，孙周兴中译修订本第57页。——译注

一种可靠的符号,即"邻近本源而居者,终难离弃原位"。由于从一开始就已经决断了正在到来的东西而同时作为一种"向前跳跃(Vorsprung)"的这个绝对的历史本源,它是什么,无疑和存在以及存在之天命一样保持着晦暗和神秘,并且也会在显示中保持为遮蔽着的。

《存在与时间》仅仅在表面上排除了对一种永恒真理的追问。实际上海德格尔通过在从此在有限的时间性到一种持存的本源的返回中思出去,重新提出了这个问题。《存在与时间》的生存论—时间状态的开端因此"被扬弃了"。在《田间路》(Feldwegen)中谈论一种"通向永恒之门"的思想家海德格尔,如今离宗教作家克尔凯郭尔仍然也没有多远。因为除了克尔凯郭尔之外,谁在一百年前就已发觉时代之急难正与它所要求的种种变革相反?时代需要一个通过预先提供持存者或永恒者而树立时代的无条件的确定者。

与这种有限此在的分析向着一种不再剖析而是聚合的道说的坚定颠倒相应,承载一切生存结构的**基础存在论**概念也改变了。它不再是一种为存在问题奠基的此在分析,而是一种揭开存在论被遮蔽的基础的尝试。因为传统的种种原则或者形而上学的种种开端还不是存在者的最终根基。海德格尔认为,尽管形而上学把存在者思考**为**存在者并在这一点上与存在相关,它却不懂得把对存在者的存在的视见归功于存在本身的遮蔽着的光。因此重要的是通过一种"回到形而上学的基础"去经验其分支是种种科学的形而上学之树的根基由以汲取养分的土壤。在这种不再是形而上学的也不再是人道主义的对存在的思考中,传统的形而上学应当被克服。为此,人有必要从一种"形而上学动物"以及"理性动物",亦即从以一种根本的主体性转为一种"存在的牧者"。

但一种如此决定性的转变如何被实现或完成?由个人的决定还是由灵感恩宠,还是同时由这两者?与尼采不同,对于这种决定性的"转变",海德格尔几乎什么也没说,除非现代的意欲意志不得不回过头来并变得"更加愿意"。因此被遗弃的主体性又不可避免地要求成为语词,因为就算是存在的本质思想也不仅是由存在所"生发",而且也要求一种能够与存在相应的本己的占有行为。尽管海德格尔的思想没有以一种黑格尔式的辩证法用绝对精神做中介并考虑到一个历史上的中间人而调和主体与实体的区别,但在他那里最终的解答也是一种为了使得存在与人之本质的关联以及此在与存在的关系便于理解的循环的辩证法,即便按照他本人的说法,一切辩证法在此处都要失败并且不再占有一席之地。但当人们不是辩证地而是双义地思考时,事情并没有改变。在存在"的"(des)思想里,属格是故意双义的:思想是"存在的"(des Seins),只要思想由存在生发,或者属于存在(dem Sein gehört)。只要思想属于(gehörend)存在,或者听命于存在(auf das Sein hört),它就都是"存在的思想"。"作为倾听着归属于存在的东西,思想就是按其本质渊源而存在的东西。"[①]

对于海德格尔,一种可想而知和所有辩证法一样是"哲学的真正窘境"[②]的"应合"的辩证法,在他那里取代了黑格尔

[①] 《关于人道主义》,德文版第8页,孙周兴中译本《路标》第370页。——译注

[②] 《存在与时间》,德文版第25页。——译注

的中介的辩证法,但显然不可能在概念的确定性、历史的奠基以及现象学的开展上达到后者。一些例子大概能够说明这种仅仅在口头暗示出来的应合的辩证法:将要到达的存在等待着我们,正如我们为它准备了一种到达并等候着它;存在把自己给予我们,正如我们保护它;我们作为存在的守护人和牧者的天职应合着守护存在的照料,赫拉克利特的目光(Blick)和闪电(Blitz)应合着对存在之物的洞察(Einblick)和闪入(Einblitz);真理(Wahrheit)本身是对存在的一种双义的保护(Wahrnis);对于人的被展开和被敞开来说,存在是自身澄明着和敞开着的东西;作为一种澄明着的、其面纱是无的东西,存在也是一种无化的东西(Nichtendes);划时代的东西应合着此在的"绽出"性质,即应合着存在的自身保存的性质;存在的澄明的自身遮蔽(Sichverbergen)应合人的自身过失(Sichversehen);我们的能够倾听以及诉诸言语应合着要求以及尚未说出的"存在的语词";作为人之安家的语言应合着作为存在之家的语言;我们的历史性应合着存在历史,我们的合宜性(Schicklichkeit)应合着存在的天命(Seinsgeschick)。哲学本身不外乎"存在者对存在的应合"。因此在任何情况下都有双重的根据、基础以及奠基:以"存在"这一基础为根据就有此－在。而且只要海德格尔想理解或者言说存在,他的超形而上学和下形而上学思想就不免要紧紧把握人及其主体性,并且不免要求一种在人及其思想以及语言的本质上的一种应合着存在的转变。

因此,《存在与时间》与后期著作的本质性区别集中于此在与存在关系的种种要点的细微转移。它首先如同一种很少被察觉到的语调的变化一样显得毫不起眼,而实际上改变了处于疑问中的事情的主调（Herzton）。在《形而上学是什么？》以及论康德的书中，此在与存在的关系被描述成人类生存开放地"突破"到存在者整体中，通过它，存在者在其所是以及如何是中"脱颖而出"，并在其存在中开启自身。与此相反，后来说的则是，由存在者整体中自身给予的存在首先生发和开启了一个"澄明"，它按照人的绽出生存的本质使之成为可能。在《存在与时间》中，人的此在通过对存在的理解而单独地与存在相关；在《存在与时间》**之后**，首先涉及的则是存在与人之本质的一种关联，而两者之间本身具有双重含义的相互关系最终紧固于存在之上。与此在不同，存在并非存在者。不再是此在率先展示存在的意义，相反，存在本身在人之本质的此中照亮自身。存在是先于一切积极的存在者而存在或者说"本质化"的，正如无是先于一切由存在着的此在所做的存在者层次的否定而无化的。诸如存在"存在"、无"无化"、时间"时间化"、世界"世界化"、事物"事物化"、语言"言说"、本有"生发"①的表达不仅表明一种动词化的能动性，也表明了一种本己的由己所出（Aus-sich-selbst-sein）。这一点对于**存在**的规定也是并且尤其是有效的。在我们看来，存在的"此"是一种人的此在，是一种人性（humanum），在存在本身看来，这个人性是存在之真理的"场所"（Ortschaft），是**它**的在此（da-Sein）。于是，人性（Humanität）一方面被降低了，一方面被提高了。《存在与时间》中此在的生存结构变成了一种存在的拓扑学，它的不断定位（Er-örterung）将会规定"一切位置的位置（Ort aller Orte）"，

---

① 原文为：Das Sein »ist«, das Nichts »nichtet«, das Wesen »west«, die Zeit »zeitigt«, die Welt »weltet«, das Ding »dingt«, die Sprache »spricht«, das Ereignis »eignet«.——译注

在其中,一切提问着的在途中甚至都把自身扬弃为一种扎根状态。

然而人们能从两个对立的方面来看同一个事态,仍然只是对含有应合的辩证法的问题的一种表面解决。来自此处和来自彼处的双重考虑的可能性,将会意味着一种在主观视向上的观点的单纯态度改变,并因此并不意味着在人的本质上的根本变化。海德格尔表达中或真或假的不明确和不相符性无法用一种单纯的视角变换来解释,而只是借此搪塞。不如说,存在着的此在的生存分析与不存在着的存在的拓扑学之间的辩证矛盾更加有建设性。因为存在与此在的"应合"并不排除而是包含其区别。与永恒创世者和有限被造者之间的绝对神学差异不同,存在与存在者之间在存在论与存在者层次上的差异——这个海德格尔思想的核心,尽管比每个存在者和他的存在者性或存在方式的区别和联系意味着更多的东西,但也不如一种无条件的存在之超越更多。

但有一种矛盾既不能通过思考中的视角差异也不能通过辩证的应合来化解。在《什么是形而上学?》第四版后记中谈到了存在的真理,即存在"诚然"没有存在者就本质化,"然而"没有存在就决没有存在者存在。在六年之后出版的第五版中,"然而"一词,也就是对一种对立的强调,被删去了,而"诚然"被替换为"绝非",也就是说,这句话的整个意思颠倒为它的反面了,而且这种改变没有被明确地指出来。对一个一会儿断言上帝无需创世就真的本质化了,另一会儿又说上帝没有创世就绝不可能本质化的神学家,人们会说些什么呢?像海德格尔这样一位如此谨慎推敲语词的语言思想家,在一个如此重要的地方做出了如此彻底的改变,这一点怎么解释?显然只可能有某一种或者另一种表述是正确的、"适当的"。因此当海德格尔断言，尽管存在者总是依赖于存在，但存在无需存在者就能本质化，因此存在有别于存在者时，人们一定会推测他弄错了存在者和存在论层次的差异的重点。但他怎么能在建立一个如此基本的主题时走上了如此可疑的歧路（Holzweg）呢？

如下看法似乎对改变的意义做出了一种回答。在《存在与时间》中，存在尽管被描述为"绝对超越者"（transcendens schlechthin）并且完全有别于存在者，但绝不脱离后者。它是并且一直是"一个存在者的存在"，并且当有存在者朝着它逾越自身时，它才是一个超越者。在《存在与时间》中，进行逾越的突出的以及唯一的主体，就是作为生存越过自身走向世界的人的存在着的此在。当海德格尔后来强调存在在其"本身存在"中时，这大概只是意味着，他发现有必要把存在者–存在论层次的差异从存在者同他的存在者性或存在方式的区别中感到两者（存在者和他的存在者性）①与存在本身的区别中去，以便与

---

① 参照马克斯·米勒（M. Müller）的《当下精神生活中的生存哲学》（*Existenzphilosophie im geistigen Leben der Gegenwart*），1949年，第75页及以下。与米勒的方式不同，瓦尔特·舒尔茨（《哲学展望》，1953-1954年，第4期，第212页及以下诸页）试图把《什么是形而上学？》第四版与第五版后记之间的矛盾解释为一种辩证的同一性，以便用精练的语句结束讨论："第四版和第五版意思是一样的。"当舒尔茨强调，对存在和此在那样去进行反思——似乎两者实际上是相互之间保持着某种交往（commercium）的对象化的对立东西——是荒谬的，这时他无疑是正确的。但是当他由于断言人们对于存在和存在着的此在的关联只能从此在方面来反思，因为存在完全不外乎我的存在的意义的时候，他就弄错了。"'虚无的此在'的意义是无，'存在着的此在'的意义是存在。"海德格尔对存在者与存在的关系的说法的明显矛盾要从此处出发去理解和解决。两种说法都是我的"自我理解"的不同方面的表述。与之相对要说的是，本质化的存在以及生存着的此在的非对象化性尽管那么少地排除"存在与人之本质的彼此相对（Gegeneinanderüber）"（《根据律》第158页），以至

于这种相对由海德格尔直接描述为"存在的天命",而另一方面由人们直接说成是"应和的关联"(《同一与差异》第22页)。没有这样的一种"彼此相对"就不可能有应和,人与存在就不可能"相互转有"。这种互相排除了它们的自一性(Selbigkeit)而包含了它们的区别。当海德格尔因此在《有关存在问题》一文中给存在一词打上叉号,以便借此阻挡这一表象,即似乎存在是某种"不受约束的东西"(Ab-solutes),是解放了的自为持存者,不依赖于我们人类并且不"需要"我们(舒尔茨向我们保证这种**支撑一切**的"猜想"是"正确的"!)的时候,他借此说了某种和舒尔茨的注解完全不一样的话,即存在应当只是我的存在的意义或者是我力量与无力的的"纯粹**条件**"。一个生发我们并转有于我们,利用我们赠予我们判给我们并施以仁慈的存在,既不可能是我的单纯存在意义也不可能是一个超验哲学的反思概念。它必须在其关联与去关联(Be- und Entzug)之间,在它自身生发利用并与人的存在着的此在相区别。但解释的洞察力在反思的一个特定阶段上显得无力承认关联中的一种简单明确的区别。——海德格尔本人通过一者对另一者的"应和"和"转有"的说法描述了存在与人之本质之间不可取消的区别。这种只是还通过从远处提醒一方面的此在生存概念是一种"向来本己"以及"本真"概念的双方面的转有,在它那方面山以一切关系的"关系"为基础,海德格尔最早(在《论真理的本质》)把这种关系称为"关联领域"(Bezugsbereich),在《关于人道主义的书信》中又同样称之与"存在"含义相同,因为它就像存在一样自身保有绽出生存,如今他把它称为"本有",尽管并未把存在和本有简单地等同。关于本有,除了它"生发"的东西,没有什么更多的可说了。——在关于"物"的演讲中已经说到了"本有之圆舞"(Reigen des Ereignisse)。天、地、有死者、永存者这个"四重整体"的统一性"作为相互信赖者的有所居有的映射游戏而成其本质"。"四化作为世界之世界化而成其本质。世界的映射游戏是居有之圆舞。因此这种圆舞也并不只是像一个环那样包括着四方。这种圆舞乃是起环绕作用的圆环,在嵌合之际起支配作用,因为它作为映射而游戏。它在居有之际着凉四方,并使四方进入它们的纯一性的光芒之中。这个圆环在闪烁之际使四方处处敞开而归本于它们的本质之谜。世界的如此这般环绕着的映射游戏的被聚集起来的本质乃是环化。在映射着游戏着的圆环的环化中,四方依偎在一起,得以进入它们统一的、但又向来属己的本质之中。如此柔和地,它们顺从地世界化而嵌合世界。"(此处所引译文来自孙周兴译《演讲与论文集》,第189页。——译注)人们可以自问,人是否能够把这种语词的思想游戏彻底当一度拥有方法论优先地位的超越的此在相对立,确保存在的优先地位。与"存在的闪现"以及"神的闪电"相似,存在借此开赴了一种可疑的神性者的近处。它被描述为"完全另一个维度"以及与一切存在者"全然相异者"。因此存在的思想在存在者中也不可能找到"支持",它反倒把自己挥霍于对存在之真理的奉献中,这种奉献就是"告别存在者"。类似的,在对柏拉图的解释的结论中,海德格尔表示,人们必须从一切逻各斯的、理性的以及精神的主体性那里把存在的真理"解救"出来,为此必须首先闯入急难,在这急难中,成问题的不仅总是存在者,而且也有存在。与此一致地,在《关于人道主义的书信》中,一旦存在通过"一切存在者之震撼"在当前的世界瞬间预示了自身,思想就无法摆脱进一步去思考存在。这样预示自身的绝非存在者。正如奥古斯丁在忏悔录中戏剧性的一段里质问整个宇宙,问究竟有没有上帝,从天与地、海洋与空气中得到的回答是,它们不是上帝,海德格尔仍然说:"一切研究,无论在哪里和多么深远地搜索存在者,怎么都是找不到存在的"①——它总是只碰上存在者②。

然而,尽管有此处所尝试的阐明,在两个互相对立的文本

真,而不在自己面前变得喜感。当路德维希·维特根斯坦的"语言游戏"把语言作为一种在科学的精确性上有缺陷的工具来检验的时候,海德格尔的纠结认真还围着作为无用之独白的语言打转,"因为,当语言休息的时候,哲学问题就产生了"(维特根斯坦,《哲学研究》,1953年,第19页)。

① 《形而上学是什么?》,后记,《路标》德文版第305页,孙周兴中译本第356页。——译注

② 参照海德格尔教师资格论文最后引自诺瓦利斯的格言:"我们到处寻找无条件者却总是只找到事物。"

163　的矛盾中表现出来的存在者－存在论层次之差异的两可仍然是没有被澄清的。如果存在既不是某个存在者的存在方式也不是一个最高的存在者但据说仍然能够联系上存在者，那么这种两可甚至是不可避免的。奥古斯丁能够在他对与一切作为造物的存在者全然有异者的追问中得到这样的回答：虽然我们不是上帝，但"上帝创造了我们"。海德格尔作为思想家是拒绝这样一种出自上帝创世信仰的确切回答的。尽管如此，存在这个全然有异于存在者的东西却会把自己照亮并给予一个存在着的此在的"此"中。但如果存在本身在其不存在着的存在中并没有在存在论的意义上分有其天赋，又不像基督教的上帝那样出于对人的爱而化身为人奉献于人，怎么可能去思考或者去"经验"这一点：存在给予并保护一个**存在者**的存在？另一方面，如果存在本身只对一种守护着它的存在——存在本身由它所"馈赠"和"派遣"——的好意和保护表示感谢，那么我们的思想如何能够"帮助"存在，"解救"它并为它"操心"甚至带来一种新的存在之天命呢？"存在的真理"是否需要某种保护它的此在，就像此在反过来以同样的方式同样的尺度需要存在？那个"给予着"的"它"①是否如此无助，以至于需要人作为守护者、牧者以及守林人，以免迷失在自己的树林中？或者存在是否反而在本质上并非不需要并且不依赖于我们贫乏的人之本质？如果海德格尔思想的严厉决断在某个地方看起来对这个一切哲学和神学问题中最本质的问题明显没有决断，就像在《林中路》结尾处的问题——是否有上帝或者世界或者灵魂，存在在其中言

---

　　① 原文为das »Es«, welche »gibt«. "Es gibt"是德语里的固定用法，意思是"有……"。——译注

说——那样没有决断的话。

海德格尔朝向牧者、思想家以及存在之"言说者"并借此朝向"西方"看护者的自成风格与一种谦逊协调一致,这种谦逊冷静地承认,此前从柏拉图延续到尼采的遗忘存在的年代尽管曾以它的方式伟大并重要,但存在的隐藏的真理从来就没有被思考和探询过。

二、历史、历史性和存在的天命

在 1924 年关于时间的一场演讲中,海德格尔声称,哲学家对上帝一无所知,因此对永恒也一无所知。哲学家不去信仰,当他追问时间的时候,他就是"决心从时间中理解时间"。貌似永恒的照希腊方式所想到的永续存在者,实际上也只是时间性存在的单纯衍生物。海德格尔对这种时间问题的最初构想保持着忠诚,尽管现在他或许不再想对时间性与永恒性的对立言之凿凿,因为险峻雄奇的存在之天命显示了某种同一以及自身保持一致的东西。然而"返回"对存在的追问①并不是放弃《存在与时间》以及"此在"和"发生",而只是返回到其可能的可论证性的何所来(Woher)。在两种情况下,都是众多的动词化来对"存在"的东西,一个时间性的发生,进行语言的表达。实际上海德格尔作为"贫困时代中的"一位历史性的思想家,是从庇护着和遮蔽着的时间出发来思考存在的。这个时代的贫匮

---

① 在海德格尔至今出版的著作中,我们并不那么挂念《存在与时间》的第二部,而是更挂念在第一部(第39节)已经计划好的关于"时间与存在"的第三部,它将会带来从"存在与时间"到"时间与存在"的转向。

困顿在于，它处于一种双重的缺乏中："在已逃遁的诸神之不再和正在到来的神之尚未中"。面对这种在神和诸神方面的毫无决断，海德格尔自问，存在是否仍可能成为一种神的存在。这个时代作为一个贫乏的时代显得仍与神和诸神有关，尽管不是以一种无时间的永恒与之相关。不管是单数的神，是诗人荷尔德林的多数的诸神还是仅为四个世间领域之一的"四方"中的"神性者"，在哲学上可能意味着什么，海德格尔所想到的是一个将要到来者，是那被期待的存在的最后审判（Parusie），它将开启神妙者和神圣者，并在其中使得某种类似于神的东西成为可能。

按照如今的言说方式，我们已经习惯把这样一种有关未来的具有划时代意义的末世论思想描述为一种"历史性"的思想，尽管历史的源始和自然意义指的恰是这样一种未来主义（Futurismus）的反面。希腊的历史学家在历史学（Historie）之下理解对种种发生的探查，在这些发生上预设了人的本性在偶然降临的天命的一切变化中都保持本质不变。存在的东西与曾在的东西以及将会重新存在的东西是一样的。当作为现代后基督教思想家的海德格尔与此相反地把人的生存说成是一种历史生存，并基于存在之天命的一种转折期待人之本质的一种变化，那么他就预设了这一点，即完全没有一种永远相同的人之本质。人通过朝着某处上路而绽出地生存。与此相应，海德格尔的思想也不是东方式的沉思以及对永恒相同存在的希腊式的目睹，而是一种受历史限制的新时代所中意的在途中。

海德格尔的思考运动被一种何所来和何所往所规定，并且最重要的是被一种使这运动进行的何所对（Wogegen）所规定。他"最初的"以及"未来的"思想的何所来，是西方传统的希腊源头；何所往则是一种来临中的世界转变的极端或者终末；何所对是希腊源头在我们今日的衰败。开端与末尾，最早的东西和最晚的东西，是一种具有双重意义的"一朝"①，因为开端的最早的东西预先决定末尾的最晚的东西并走在它前面。在论阿纳克西曼德的文章中提到，存在的历史集中于在一种历史性的"存在之末世"里对它此前的本质以及被遮盖至今的天命的告别。然而，海德格尔的预见和回顾思想的直接出发点是对当下的经验。是我们时代的衰败性质把他的本质－历史思想引到未来之上，并同时推动为一种衰减以及从黑格尔西方形而上学的高峰下行的思想。然而黑格尔建设性的进步和攀升与海德格尔破坏性的后退和下行并无不同。两者由于把绝对精神以及存在历史学化（histoisieren），都走在一种精神与存在史的历史学的现代山间迷途中。那位拿破仑的同时代人把他对欧洲概念史的完成认作是一个未发展的开端之实现了的丰富；这位希特勒的同时代人把同一部西方精神史认作是虚无主义之自我完成着的产生过程。

市民－基督教世界的穷途末路的经验在马克思和克尔凯郭尔对黑格尔进行的完善之后就已经立即被宣布出来了。他们的相互对立但又属于同一整体的对当下的批判在海德格尔历史学的意识里暗中活动。克尔凯郭尔的"瞬间"以一种去神学化的形式，对于海德格尔对历史的理解也是重要的，他对迄今为止的西方历史的建构和黑格尔主义的马克思一样，是一种在将要到来的世界转变之前的"前历史"的建构。和所有19世纪的彻

---

① 原文为 Einst，既可以指从前的某一天，也可以指以后的某一天。——译注

底批判者一样，海德格尔在最边缘处所想的正是他从根本上提出质疑的**仍然**持续着的传统。但他的思想同样仅仅活动于其中。

存在之天命局限于或早或晚的西方历史，似乎普遍存在的本身和整体对于西方世界有一种偏好。然而当海德格尔谈论西方世界（Okzident）和西方（Abendland）时，他回避了基督教，而主要去谈西方在希腊的起源和开端。"希腊的"，这不仅是一种民族特性，而是"天命之晨早"，它在存在者中照亮存在本身并且"要求着人的本质"，而这的确只是在海德格尔所忽略的其他本质可能性之中的**一种**被规定的历史的本质。在这种历史概念中就连存在也无法逃脱历史学的相对性。

在独特并独力地阐明并评价西方思想史的努力中，海德格尔最初是从狄尔泰出发的。《存在与时间》应该被视为是狄尔泰的著作。实际上海德格尔是逆着狄尔泰的历史学意义进行思考，并通过将历史主义极端化从而加以排除，貌似解决了狄尔泰所提出的从哲学上克服历史主义的问题。海德格尔通过将其追溯到向来本己的有限此在的无条件地历史性而把狄尔泰的历史相对主义推上了顶峰。不仅"在"时间中存在并且"拥有"一段历史，也在本质上时间性和历史性地**生存**的此在，在时间和历史上不再是相对的了。这种在生存论上绝对化并固定于"走向终结的存在"之上的历史性应当首先使得世界的"肤浅"历史得以可能并可理解。但这种从生存论上解释的历史性还不是什么最终的东西。在海德格尔后期的著作中对它的思考从一种"存在之天命"出发，这种天命作为最终的法庭不再与其他任何东西相对，也不在向一个虚无的终点下定决心的生存之上。通过这种交织着黑格尔的历史学思想方法和克尔凯郭尔的决断性瞬间的概念对历史的含糊，海德格尔把历史主义的现代问题带入了存在本身"至今"和"未来"的本质中。真理也成为了一种不时转入"真理的险要时期"的"真理的发生"。[①] 但存在的真理不再像黑格尔那里一样是向着"精神王国"不断丰富发展的趋势，而是相反的不断逃离自身的趋势。

在《存在与时间》中时间被理解为人类此在的时间性。在时间性中此在的存在找到其"意义"。时间性的生存同时是历史以及历史性之可能性条件问题的场所。这种生存论上解释的历史性比人们在思考种种历史事件时一般称为历史的东西更加源始。不如说，世界历史建基于在时间性的三重延伸中时间化自身的"此在的发生"。首先，作为在世存在的此在是历史性的；其次，时间和世界中的"时间内"和"世界内"的存在者以及在本有中遇到的在一种严格意义上的"世界－历史性的东西"是历史性的。"世界－历史性的东西"是历史性的，只是由于它进入了世界般的此在的发生。由于追问存在的此在是一个历史性此在，存在问题也就只能历史地以及历史学地提出了。但由于遥远的人类此在倾向于把他的历史世界和传统当作某种现成在手的东西而迷恋，对传统的单纯保藏就植根于真正的历史，并且需要一种对持续传承的毁灭来把它据为己有；它对未来"重

---

① 另请参照格哈尔特·克吕格尔（G. Krüger）的《马丁·海德格尔和人道主义》，《哲学研究》（Studia philosophica），1949年，第126页以下。以海德格尔的判断，黑格尔的历史性思想本身就与肤浅的世界时间密切相关。尽管在黑格尔那里"精神"本质上落入了时间以在其中展开，但精神本身并不是时间性的。时间在"概念"上没有力量，相反概念是时间的力量，在黑格尔那里真正的时间是作为循环着的永恒的亚里士多德意义理解的当下。与黑格尔相反，海德格尔说，精神首先并不落入时间，而是作为时间性的源始到时生存。

复着"曾在者的无尽可能性。

此后在《存在与时间》第二篇第五章中，区分于"流俗的"历史领会，这种对历史性的追问在生存论－存在论上被更加精准地发展了。这种为历史的生存论建构规定一切的主导思想是人类此在的一种本真的"能整体存在"。只有当它先行取得作为终结的死的亏欠与悬临并且将其纳入生存，它才能整体存在。在生存论上要加以理解但在实际生存上也要加以证明的"向死存在"不仅会是源始时间性的，也会是历史性的隐秘的原因。作为最终之末世的自由地为死存在会"干干脆脆地把目标"给予此在。因此时间性地延伸到这个最终目标的将要到来的未来，就在时间的其他维度前获得了一种优先地位。在实际此在——它自身承传其遗产并承接自身——"先行"到悬欠着的终结的决心中，和本真的时间性一同也建立起本真的历史性以及历史的命运。海德格尔把"天命"与命运区分开来，《存在与时间》把天命这个词固定于与他人共在之"共同发生"的狭窄意义中，而后来在谈论存在之天命的时候，这个特殊意义又失去了。在《存在与时间》中，**命运**及其与本己**决心**的关联比任何与他人一同的天命都更加本质。坚决把死亡先行取得和接纳到生存中就把生存推到了它的有限性，向生存着的此在展开了它的本质"处境"，并且尤其是使得此在具有命运能力（schicksalsfähig）。决心"以命运的方式"生存即"在其生存的根据处是历史性的"。命运是"当下即是"的"此"，当下即是是本真的今天。因此在海德格尔的分析中，决心、选择了自身的命运以及历史处境结成了一个统一的结构关系，这个关系牢牢系于下了决心的向死的自由。"只有这样一种存在者，它就其存在来说本质上是**将来的**，因而能够自由地面对死而让自己以撞碎在死上的方式反抛回其实际的此之上……能够承担起本己的被抛境况并**当下即是**就为'它的时代'存在。只有那同时既是有终的又是本真的时间性才使命运这样的东西成为可能，亦即使本真的历史性成为可能。"[①]海德格尔以这几句话概括了"时间性和历史性"分析的本质内涵。

问题产生了：能否在出于向来本己的"向终结存在"的这种对历史的独特筹划中再度认出从希波战争到最近的世界大战，西方人千番经验、领受、思考、报告以及在哲学上加以彻思的世界历史？这种由有限此在的历史性对历史的生存论阐释能否使得我们一般称为历史的东西容易理解？有死存在的经验——没有它就不会有向死的自由——不是反倒把我们联系于一切有生者的本性了吗？从在死面前个别化于自身的此在的有限时间性到一般历史的过渡，不仍然是一个不去照亮而是忽略历史之共同天命的跳跃吗？

海德格尔在前述引文中打在"它的时代"上的引号也许暗示了，在那里无关对一个瞬间闯入的当代的今天的某种"赌注"，而关系到一个真正的当下即是的决定性的时间——其决断特征产生自流俗与生存论的时间与历史的区别。但人们如何能够在某种情况下明确地区别，决断的时代是一个"更源始的"当下即是，还是只是一个在世界演历的进程与走向中的令人窘迫的"今天"？不知道为什么目的下决心的决心对此没有回答。这种事情一再上演：许多有决心的人致力于这样一件事，即提出要求去顺应命运和进行决断，但这件事却流于俗套并且不值

---

① 《存在与时间》第74节，陈嘉映、王庆节中译本，1999年版，第435-436页。——译注

得牺牲。在一个完全历史性的思想之中，人们究竟如何能够划出"本真的"演历和"流俗"发生的事情之间的界限，并且能够在选择了自身的命运和并非选择的种种天命——它们降临于人或者将人诱骗至一个瞬间的选择或决断——之间明确做出区分？当流俗的历史在一个流俗的决定性的当下即是中诱骗海德格尔在希特勒手下担任弗莱堡大学的领导并把下了决心的最本己的此在转送到一种"德意志此在"中，以便在现实历史的亦即政治的演历之存在者层次的基础上去实践生存论上的历史性这个存在论理论时，这个流俗的历史难道不是足够明确地报复了海德格尔对如今单纯现成在手的东西的蔑视吗？

1933年海德格尔关于"德国大学的自我主张"的校长演说清楚地表明了现实历史和此在的本己演历之间的含糊混乱。这位思想家指望国族社会主义（纳粹）运动是"德意志此在的一种完全变革"，而在后来的著作中所称的人之本质中的一种转变显然与此没有区别。这一演说的语言（生存与决心，此在与能在，把这种能解释为一种命运和必须，对向来本己的德意志能在的坚持）完全取自《存在与时间》以及当时的政治运动的一系列词汇。①这整个就是一部变得政治化的变革与觉醒的生存哲学。与海德格尔对"服兵役"以及"知识役"的号召几乎同时，卡尔·巴特对"当今神学生存"的思索出版了。巴特没有成为"德意志基督徒"，

---

① 另请参看本书作者的《海德格尔生存哲学的政治涵义》（*Les imlications politiques de la philosophie de l'existence chez Heidegger*），载《现代杂志》（Les Temps Modernes）1946年11月号以及1948年8月号（参照《洛维特全集》第2卷，《世界历史与救恩事件》，斯图加特1983年版，第473页及以下诸页，第614页及以下诸页）以及《论文选集》第三篇，第117页及以下诸页。

而是以一种对现实发生的东西坚定不移的方式继续作为基督教神学家，以便"一如既往地"宣示一种不仅仅在时间历史上的信仰的真理——"也许以一种逐渐升高的声音，却不直接指明地……某种类似于本笃会修士的时诵①的东西……在第三帝国无疑也是有秩序地继续着"。借助于时间之力的这种得天独厚的自由，巴特也能够在政治运动的冲击面前理解"简直令人目瞪口呆的毫无抵抗"的多重原因和背景，并且察觉到，种种重大事件的深刻哲学根据往往在人任凭"现实性"把自己最彻底地撞翻时最有把握被发现。但为什么神学家对时代之演历的这种恰当的自由疏远，对不"信仰"而是"思考"的人就不适宜了？——除非人决心从时间来理解时间，不以某种哲学的尺度来评判演历。

　　之所以有必要提及海德格尔的校长演讲，不是因为政治活动总使哲学思考归于一致，而是因为思想在种种情况下产生了（zeitigt）种种实践的后果，在其中这种思想的种种特定预设暴露了自身。在海德格尔的号召中所显露出的，是一种坚决的心甘情愿去相信历史命运本身。本真的历史即一种存在之天命显著地发生于斯，人们必须当下即是（augenblicklich）于斯的那个"瞬间"（Augenblick）似乎已经来到了。柏拉图关于正义国家的追问在海德格尔这里都不算问题。他以惑己惑人的方式"历史地"并且同时完全不问政治地②思考，因为他的历史思考误入无批判的歧途。

　　当然，13年后，对这种附和着决断激情的在一个特定历史运动上的错误决定，海德格尔也给出了一种哲学上的解释和辩

---

① 时诵（Horaegesang）即天主教的日课。Horae 一词本义为希腊的时序女神。——译注
② unpolitisch，兼有失策、不明智的含义。——译注

白。在《林中路》中我们被告知,那种历史性地出现的东西一定"必然地"被曲解以及为什么被曲解。当存在自行解蔽而入于存在者之中时,它恰恰隐匿了自身,并迷惑了存在者;而这种"迷途"恰好属于真理的本质!这也尤其适用于历史的存在者。历史的"本质空间"就是一个迷途的领地。因为当存在在它所遣送的东西中把它的真理保持于自身时,世界历史就发生了。海德格尔用一个希腊词称这种保持于自身为存在的"时代"(epochal)特性。根据这种特性,历史地发生的东西并不由于个体对之负有责任的个人错误判断被曲解,而是作为一种存在之天命的结果"必然地"被曲解。是存在本身把自己抑制和遮蔽于存在着的历史中。人之"看错自身""相应于"存在的"自身遮蔽"。"贯穿这种曲解,命运等待着从它的种子里生长出来的东西。命运把它所关涉的东西带入命运性和非命运性的东西的可能性中。"① 海德格尔的非命运性由此毫无讽刺地获得了一种深刻的含义。他对弗莱堡大学的"领导"需要人自行被历史"使命"的"不容请求""加以领导","这种使命迫使德意志民众的命运融入其历史烙印"。② 但

---

① 见《林中路》,《海德格尔全集》第5卷,第337页,孙周兴中译本第307页。——译注

② 参看海德格尔的校长演讲《德国大学的自我主张》(布雷斯劳1933年)。另请参照圭多·施尼贝格(Guido Schneeberger)的《海德格尔书目补遗》(*Ergäzungen zu einer Heidegger-Bibliographie*,伯尔尼1960年版)第13页及以下诸页。海德格尔仅仅在1936—1946年笔记中的一处(《演讲与论文集》第90页),虽然只是间接地,对民族社会主义的领导以及他自己对那"使命"的承接进行了质疑。因为意欲意志否认了任何自在的目标,但仍然不显现为它所是的灾难的无序状态,所以它以"使命"和"命运"的说法确认了自己的合法性。后来,从被历史命运委托者中产生了一种在倾听中归入"本有"的被存在和语言所"需要者"。

同样的，对德意志觉醒之"壮丽"的曲解也由存在本身所发送，在这种存在之天命上方再无人们可能并且得以上诉的法庭。甚至在后来出版的写于1939年的对当下时代的批判中①，第三帝国的领导也在"存在历史上"被提供了理由。不仅仅是极权国家误入歧途，相反，海德格尔认为"大地"变成了"迷误的非世界"——"它在存在历史上就是迷误之星②"——在这个非世界中，领导者③们就是存在者转向迷误方式的必然后果。只有那些对"何者存在"尚一无所知的人们，会因此对领导者的任意专断和统治要求感到愤怒，而知道的人把这样一种"道德愤怒"综观为"持久评价"以及恼怒成见的"最糟糕形式"。海德格尔这个知道"何者存在"的人，不以这种低层次的方式愤怒，而是洞见到，极权地计划和领导的国家连同文献引导（Schrifttumsführung）以及一种同样按照计划操纵的人的生育都是存在的被离弃状态（Seinsverlassenheit）在历史上的必然后果。——人们自问，这样一种极权的主张是不是一种历史认知和哲学思想的结果，或者不如说是原罪说转译到存在者的世界的沉沦？当基督徒相信这个世界的一切弊病都是上帝的被离弃状态以及被遗忘状态的必然后果时，这就比某个思想家从存在之天命中推导出世俗年代的迷误并把它的"历史"当作绝对尺度要更好理解。

　　自《存在与时间》以来，对作为命运的历史的信赖没有改变，改变的是它的根据。在《存在与时间》中说，对存在的追问只可能被历史性地提出来，因为提问的人类此在是属于历史

---

① 见《恩斯特·巴尔拉赫》（Ernst Barlach），达姆施塔特1951年版。
② Irrstern，通常指彗星。——译注
③ Führer，即元首。——译注

性这一类的，但在《关于人道主义的书信》中反过来，说存在的思想是历史性的，因为有一种**存在**的历史，思想作为对这个历史的思念（Andenken）进入了这个历史，为它本身所居有，归属于它。在《存在与时间》中实现了从我们最本己的时间性此在的时间性出发对历史的提供根据，在《存在与时间》之后则是从存举于一切存在者之上和背后并向我们发送本质天命的完全不同的存在本身出发，以至于历史和命运的位置和意义都重新导向并且更改了。历史本来已经通过给出并发送自身的存在的"有"（es gibt）产生了。或者说，"存在达乎天命，因为它——即存在——给出自身"。历史并不首先发生为一种富含本有（ereignisreich）的发生（Geschehen），相反它从存在中本质化为单纯的本质的"存在之真理的天命"，这就是说，历史从始至终都是被遮蔽之物之出现于无遮蔽的真理。历史作为存在的无条件的原初历史（Urgeschichte），不仅是无法纪元的（undatierbar），也是无法探查和无法辨认的。历史是罕见的（selten），也就是说只有当突然生发了一种存在之真理的天命时，才有历史。

与历史问题从此在到存在的移置相应，海德格尔不再打算出于本己的决心为了他的时代去当下即是，而是要向着命运，把他的决心协调到一种世界天命的"本质进程"以及一种"世界之急难"的"世界瞬间"中去。世界历史的瞬间如今终于提请注意一种符合"洞见到何者存在"的"存在的目光"。海德格尔的洞见重新表达了在整个欧洲自19世纪之初直到尼采和莱昂·布洛伊（Léon Bloy）随着日益增长的迫切感所见和所说的东西。这里的新意在于，他通过把一切进行中的沉沦现象追溯到其不可把握的、在存在之遗忘中向着存在者源始沉沦的源头，声称虚无主义运动是整个西方历史的基本运动，并把这种所谓的基本发生在哲学-历史的意义上带到一种体系中。表面上，海德格尔与作为存在之天命的世界精神协调一致地听任世界历史成为沉沦历史，然而他像黑格尔——那位"在思想上了解思想史的唯一一位西方思想家"①——一样，在据说是其必然后果的炫目光芒中对曾在者（das Gewesene）加以回顾性的解释，并把存在的思想史、形而上学史以及世界史无缝地统一起来。存在史的思想和世界史的本质必须彻底相符，正如对于黑格尔②来说，如果思想符合存在——这存在就其本身而言是历史-天命的——的一种要求，哲学的历史和历史哲学在本质上是同一的。1935年的《形而上学导论》的讲座中说，存在问题是历史此在的一个源始世界的、"因而也是承担处于西方中心的我们这个民族的历史使命的"③本质性的条件之一。并且由于海德格尔"本来的攻关之处"正是"西方精神的基本态势"也就是"在和思的区分"（《形而上学导论》第89页），而且他自己假设了本质性的思想及其历史植根于存在之天命并符合于它，思想的历史

---

① 《林中路》，《海德格尔全集》第5卷，第323页，孙周兴中译本293页。——译注

② 海德格尔关于邓·司各脱的教师资格论文已经以一种暗示包含了与黑格尔在活的精神上的历史学世界观的争执之必然性。在那里十分黑格尔式地说"精神只有在其种种成就的完全充盈时，亦即只有借助在精神中被扬弃了的其**历史**的不断生长的充盈，在历史之被把握为哲学概念（philosophische Begriffenheit）中给出了一种不断增强的对上帝的绝对精神的活的把握方法时，才能够被把握"。通过这种活的精神概念将开启一种深入历史与哲学、变化与绝对效准、时间和永恒之内在共属性（Zusammengehörigkeit）的洞见。

③ 《形而上学导论》，《海德格尔全集》第40卷，第53页，熊伟、王庆节中译本第50页。——译注

对他来说就是"来自存在之天命的人之本质的发送"(《根据律》第143页及以下诸页)。甚至正在完成的现代技术世界也不是人造物,相反在其本质中是一种存在之真理在存在历史上的天命。它建基于现今即将完成的形而上学史,但对它来说形而上学史并不是排列于"历史学表象活动的柜台",而是产生于一种每每突然变化的存在之天命本身。海德格尔认为,人们同样也不应当太过短视地把共产主义[①]评判为一种政治的世界观,而是必须把它理解为一种存在之天命。数年前,海德格尔无疑对国族社会主义给予了同样的存在历史上的认可。如果充满变化的世界历史总是从"存在历史"的本质中产生,并且在思想活动中只有一种存在历史的思想能够达到在存在的一种完成了的意义上"当前存在"的东西,而一种唯物主义的和一种基督教或人道主义的形而上学都达不到,又有何不可呢。承载了海德格尔对末世之开端的历史建构并且激发他对今天进行批判的,就是这种一眨眼间的现在(Jetzt)。

在《存在与时间》的导论中曾经简略地指出,对存在论历

---

① 马克思主义者捷尔吉·卢卡奇在一处对海德格尔《关于人道主义的书信》的评论中(《心灵与形式》,柏林1949年版),就海德格尔对共产主义的重视表明了态度。他认为海德格尔通过把现实存在着的历史变成了被神秘化的存在的伪历史而颠倒了流俗与本真的历史的关系。存在者的传统形而上学和存在的源始思想的对立只是重复了具有资本主义时代特征的"文明"与"文化"的冲突(施宾格勒,Spengler)或"精神"与"灵魂"的冲突(克拉格斯,Klages)。他认为,尽管海德格尔看到现代生活的个人与公开领域——这两个领域被一种本质的人类存在同等程度地疏远了——的内在共属性,然而他在某个打着"存在"旗号走入莫名之虚无的第三维度上,尝试了一种虚幻的出路。因此对于海德格尔的"本质性"思想而言,社会现实就和雅斯贝尔斯以及萨特的个人存在主义一样,是难于接近的。

史的解构不是否定地对待过去,而是否定地对待"今天"(Heute)。它间接地是一种对当前(Gegenwart)的批判,这批判是被克尔凯郭尔对教化中的反思和生存状态中的决断的批判区分所启发的。在校长演讲中,海德格尔的批判首次明确地包含了这个提问,即我们作为历史的民族,是对自己仍怀有决意,还是对自己不怀有决意。西方精神的力量是否遭到拒绝,老朽的虚假文化(Scheinkultur)是否在自身中崩溃以至于一切都在迷乱中被撕碎,或者我们能否在欧洲重新开始,都仅仅取决于这种自身决意(Sichselberwollen)。1933年的时候,海德格尔还是这种观点,即对其提问的回答已经通过德意志觉醒的"伟大"和"壮丽"被积极地肯定了。三年之后,在一篇关于荷尔德林的演讲中,这种调子在本质上更加死心塌地了。这时重要的不再是一种觉醒,而是在"这黑夜的虚无"中的一种坚持。在《林中路》里的几篇文章中,对当前时代的批判成为了主题,而且通过提及正在降临的"世界黑夜"而重复了尼采的提问,即我们这些后生能否被委以重任,再次去引出西方思想的种种开端并成为一个新的开端的提前到来的长子。一串雄辩的追问提出,我们并不仅仅是后来者,相反正因此就也是提前者。"根本上,我们是处于整个地球最巨大的变化的前夜中,处于地球悬于其中的那个历史范围之时代的前夜之中吗?我们正面临着那个走向另一个拂晓的黑夜之傍晚吗?为了进入地球的这个傍晚的历史疆域之中,我们才刚刚启程吗?这个傍晚的疆域才刚刚兴起吗? 这个傍晚之疆域(Abend-Land)越过西方和东方,并且超越欧洲,才成为即将到来的、却又更开端性地被命运发送出来的历史的处所吗?在一种通过我们向世界黑夜(Weltnacht)的过渡才出现的意义上,我们今人已然是西方的(abendländisch)吗?……我们**是**我们所是的末代子孙吗?但我们同时却也是一个完全不同的世界时代——这个世界时代已经抛弃了我们今天关于历史的种种历史学观念——的早先(die Frühe)的早产儿吗?"①

海德格尔当然不想"算出"西方的没落,但这个十分时兴的存在的末世论之带有施宾格勒并且尤其是尼采——据海德格尔所说,尽管尼采经验到了虚无主义的"某些特性",但没有认识到虚无主义的"本质"——的特征这一点,谁会看走眼呢。形而上学的整个历史从阿纳克西曼德一直到尼采,但对它来说,存在的真理仍然继续被遮蔽着!而由于把存在者放到前面并且就此遗忘存在的形而上学是西方世界历史的历史基础,这个世界历史本身在本质上就是虚无主义的。以这样的方式作为存在之天命并因而在这个时代发生的东西,是如此深不可测,以至于我们一切的政治学和社会学、科学和技术、形而上学和宗教的视角都不足以真正地思考"何者存在"。被驱逐出存在的真理,现代人作为被个别化的个体或者也作为一个庞大的集体,个人地或者公开地,不可救药地围着自己本身转圈。不仅神圣者(das Heilige)作为神性(Gottheit)的痕迹保持被遮蔽,而且神圣者的痕迹即神妙者(das Heile)似乎也完全被磨灭了——除非还有某种有死者"在适当的瞬间"在此存在,并且由于他们抵达了无根据的深渊而有能力看到这种危险,就像里尔克说的,"冒险更甚"。在海德格尔对里尔克的阐释中,拯救只能来自人对存在的关系的转变。

---

① 《林中路》,《海德格尔全集》第5卷,第325–326页。孙周兴中译本第295–296页。——译注

与这种作为其存在之历史的世界历史的末世论建构具有同样意义的,是形而上学主要时代的建构。在对柏拉图洞穴比喻的阐释中,海德格尔联系着作为无遮蔽的真理概念,勾勒了沉沦的各个阶段。在柏拉图那里,真理已经来到了"理念"的负担之下。真理作为存在者之无遮蔽的源始意义,由此就转移到对理念的真切一瞥中。主观的看法、知觉与陈述的正确性获得了凌驾于存在者本身从遮蔽进入无遮蔽这一过程之上的优先地位。亚里士多德比柏拉图更加言之凿凿地说真与假不在事情中,而在理解中。从那时开始,作为言说着的表象活动的正确性的真理之本质的烙印,对于整个西方思想成为了具有决定意义的。按照托马斯·阿奎那的看法,真理会在人的或者神的理智中被找到。真理不再是无-蔽(a-letheia),而是符合(adaequatio),是理智与对事情的表述的准确适合。笛卡尔加强了这个命题,而在主体性完结的年代,尼采通过一种进一步的加强,说真理是一种生命之必需的谬误,即一种主观上必要的由我们的对象化表象活动对现实的歪曲。尼采的命题是这个始于柏拉图①的将真理从存在者之无遮蔽向着看法之正确性的转变的最极端后果。

在关于尼采的文章中,海德格尔把尼采的所谓柏拉图主义发挥得更加淋漓尽致。海德格尔认为,尼采的(在历史学上可被证实是出自19世纪的种种经济学理论的)价值概念是柏拉图理念论的最后一个正统的成形。与他的解构倾向相应地,海德格尔

---

① 另请参看格哈尔特·克吕格尔(G. Krüger)对海德格尔的柏拉图阐释的批判性论述,出处同前,以及汉斯·约阿希姆·克莱默(H. J. Krämer)的《柏拉图与亚里士多德的德性》(*Arete bei Platon und Aristoteles*),海德堡科学院论文,1959年,第555页。

毫无限制地接受了尼采关于理念和理想的超感官世界之崩溃的观点，以便从此出发把基督教精神史归于并注解为一种沉沦的历史。"上帝和教会圣职的权威消失了，代之而起的是良知的权威，突兀而起的是理性的权威。反抗这种权威而兴起社会的本能。向着超感性领域的遁世为历史的进步所取代。一种永恒的幸福的彼岸目标转变为多数人的尘世幸福。对宗教文化的维护被那种对于文化的创造或对于文明的扩张的热情所代替。创造在以前是《圣经》的上帝的事情，而现在则成了人类行为的特性。人类行为的创造最终转变为交易。如此这般取代超感性领域的东西，乃是对基督教教会的和神学的世界解释的变换，而这种世界解释从希腊-犹太的世界那里承继了它的秩序模式，即存在者的等级秩序的模式。在西方形而上学的开端处，柏拉图就确立了这个希腊-犹太的世界的基本结构。"① 在整个西方形而上学史里真正发生的，是一种毫不含糊的虚无主义过程，也就是这种存在之天命，即"超感性世界，即观念、上帝、道德法则、理性权威、进步、最大多数人的幸福、文化、文明等，必然丧失其构造力量并且成为虚无的。对于超感性领域的这种本质性崩塌，我们称之为超感性领域的腐烂（Verwesung）"②。然而在海德格尔的陈述中，这个腐烂进程也获得了一种奇特的魅力。他使人注意未来的和来临着的东西，注意到在技术制造出来的"世界黑夜"之后的一个新的白昼。与这一点相应的是对某种尽管"今天"人们"还不"可能知道并做到——但另一天可能知道并做到的东西的一再重

---

① 《林中路》，《海德格尔全集》第5卷，第220–221页，孙周兴中译本第202页。——译注

② 同上书，第221页，孙周兴中译本第202页。——译注

复而神秘莫测的暗示。我们"今天"才能预感到的东西,"仍然"有待我们思考的东西,由于我们自身"仍然"倾听着一个有朝一日要被某个全然相异者所接续的世俗时代而"至今"仍被遮蔽的东西,在海德格尔的讲话中,如此以及类似的时间词汇造成了一种紧张的氛围,并且使人预感到超乎迄今业已道说出来的东西的一种被遮蔽的认知。

听到了对当前、对整个过去的一种如此激烈的批判,听到了对一个不确定的未来的如此充满预感的宣告,如果"透彻掌握整个西方思想的弗莱堡哲人的反动"有朝一日发生作用,当被大师强加想法并掌握语言的乖弟子们将信将疑地提问历史将要采取哪种"必然"转向时[①],谁还会吃惊呢?在德国,一个类似的境况在百年前就由黑格尔对西方精神历史的终结而出现了,那时他的弟子们尤其是马克思十分认真地问道,在黑格尔之后历史到底还能如何进展。从黑格尔的封闭体系中解放出来,最先是通过谢林。在1841年谢林在柏林关于生存和启示的肯定哲学的就任讲座之际,甚至像罗森克兰茨这样冷静的黑格尔主义者也记载说:"谢林的就任言说来了。我把它给生吞了下来。如果他把他所承诺的实现一半,他就比开始他的事业更加伟大地结束了他的事业。他在最高的程度上拥有引人入胜的艺术。他要'推动'人性'超出其迄今为止的意识'。如果他成功了,他就超乎哲人,他就是教主。"海德格尔也懂这种引人入胜的艺术,他也想推动我们超出我们迄今为止的意识,并且他也因此像一个先知一样行动,胸有成竹地通过转回作为一个可能的神之位

---

① 埃贡·菲塔(Egon Vietta,海德格尔的学生——译注)的《海德格尔的存在问题》(*Die Seinsfrage bei M. Heidegger*),1950年,第22页。

置的存在而转变（wendet）时代之急难（Not）。如果人们问，海德格尔把存在带向语言的热情努力是否超出了个人的认真而立于一种"法则"之下，以海德格尔最本己的想法，回答就只能是：不外乎急难以及他联系于世界之急难加以历史解释的"应急性"（Not-wendigkeit）①的法则。每个人都或多或少经验到了我们这个贫困时代的普遍急难。它是否有待转变以及如何转变，则是不可知不可说的。因此，海德格尔对其思想之必然性的要求只能说服相信他的人：他的存在思想本身是被发送的，是一种存在之天命，并因此道说着"存在之真理的口授"。②对此无法理性地言说。但人们无疑可以并且必须提起这个问题：一种历史的急难，不管它总是多么重大多么压人，能否作为一种关于存在与真理之本质的哲学沉思的本质动因。而尼采本人作为受其时代影响的"不合时宜者"，不同于任何其他哲学家，已经在他早先对历史学的凝思中把哲学家的任务规定到此地步，即哲学家必须超越历史去思考，也就是进入一个永恒轮回的存在之无所不在（Allgegenwart）中，由它看来，我们对历史以及历史学意识的高估是一种"西方的成见"。

一种对现代之本质的沉思的确在实际上把思想和决断设置

---

① 此处用连字符把 Notwendigkeit（必要性，必然性）拆成了Not（急难）和 wendig（应变的）。——译注

② 参照奥托·珀格勒尔，同前引书，第629页。据他的看法，海德格尔思想的束缚力（Verbindlichkeit）并不是停留于实事的明见性，而是产生自它分发"本有"并忍受天命这一点。以一种如此理解的"束缚力"，每一种批判的可验证性都被海德格尔及其追随者先天地拒绝了。于是最终，合乎时代的东西由于它适宜地合乎一种天命，就是真实的——似乎某种总被理解的历史的天命在任何时候都能教导我们何者为真何者为假。

入"这个时代的本质力量的作用范围内",针对着它,海德格尔可以理所当然地坚持选这种二者择一:要么是对历史命运的"分解的准备",要么是"逃遁到无历史性中"。然而假定有比一个时代更加古老、更加长久并且更加持存的东西,也就是一个宇宙世代,那么海德格尔的历史-哲学的筹划表面上看就可能是正确的,然而如果历史性的领域被一个存在者的存在所环抱,而通过把历史性向着无历史性的单纯否定完全无法达到这个存在者,那么它就是不真实的。即便在"主体性之完结"的时代,"自然本性"(Natur)也还是始终和两千年前一样,并且比一切历史性的人之本质的领域中的一切变化更加强大有力。当事关在没有任何东西——至少是一种出于最深刻之急难的"拯救"——被希望的地方谈论无望的时候,早期希腊思想的知识和智慧再次集中于其著作中的一位晚期罗马思想家及诗人,"无望地"以不给我们留下任何东西的一种对人之急难的描绘,来结束他关于"一切事物之自然本性(Natur)"的说教诗。卢克莱修①明白,人之急难也属于一切事物之自然本性并且在所有时代都是一样的,就像另一方面,他的说教诗以生命欲望的创造性欢愉(*voluptas*)开始。连人也归属于有形宇宙的逻各斯,它贯穿所有产生与消亡,总是相同的并且保持为相同的。没有任何古典学家诉诸对存在之真实本质的沉思,这一沉思是作为对存在以及未来历史之到来而准备的。历史学的未来主义(Futurismus)是通过基督教的末世论才变得可能的。

但海德格尔难道没有明确地反对我们至今种种单纯历史学的

---

① 《物性论》(*De rerum natura*)的作者。原文为 Lucrez,德文中也作 Lukrez,在拉丁文以及英文中是 Lucretius。——译注

对历史的表象，以及那种通过广播和报章而组织得越来越稳固的历史主义——这种历史主义毁坏了存在的历史性关系，其本真发生只是一种"相同者的独一无二的切近"？他难道不是顾及希腊对自然（physis）的基本经验而把真理的发生都描述为一种被遮蔽者走到无遮蔽者中，因此完全没有历史性地在语词的历史学意义上去描述它？但这种主张，即历史只是罕见的，亦即只是突然转入种种罕见瞬间的世界天命，如何与真实的历史对这种无所不在的自然的接近协调一致呢？在希腊人那里，自然和历史学极少像永远如此存在者（Immer-so-Seiende）和对变化无常的人类天命的单纯探查（historein）①一样相通。希腊的历史学家们尽管报道了各种故事（Geschichten）并且从一切事物的盘旋本性出发为希腊天命表面上合法的变迁奠定基础，但并没有希腊哲学家视乎未来而想出一种唯一以及普遍之历史的哲学；但他们却把始终在眼前的自然（physis）变成了"物理学"（Physik）和形而上学的对象。在希腊思想中，历史学不论是根据语词还是根据实事都不具有一个属于它自己并且堪比物理学的实事领域。它作为一种探查和认识，与一切可探查可认识的东西有关。如同海德格尔存在-**历史**地去思考存在的那样一种努力，极尽疏远希腊思想的种种自然开端之能事。因此对其历史概念的一种批判性阐明，必须最终也把他的自然概念包括进来，尽管后者与前者相比明显是摇摆不定以及未被展开的。

海德格尔对自然（Natur）的统握（Auffassung）和他对历史的概念把握（Geschichtbegriff）一同发生了多次变化而没有达到一

---

① 探查在原文中是 Erkunden，后附的希腊词 historein 的意思是询问、探寻，是历史学一词的词源。——译注

种完全的确定性。自然和历史在《存在与时间》中是完全不同的，然而后来它们作为自然（physis）和存在的发生却几乎有共同的着落（zusammenfallen）。在《存在与时间》中，自然在其自然性中被忽略，与一件工具的"上手存在"以及人类此在的历史性"生存"相反，它属于单纯"在手之物"的最低概念。人不是自然，而是如帕斯卡尔所说的一种"人类的命运"（condition humaine）。生与死（Tod）也不是自然的东西，而是被包括在时间性生存之操劳之内的。作为一个单纯终殁（Verenden）的生物学上认为的死亡（Sterben），在生存论上理解则是一种自由的"向终结存在"，在其中逝世（Ableben）是一个被扬弃了的环节。与此相同，在（道路、桥梁、建筑的）上手工具中，自然只是通过我们的操劳"被一起发现了"。总的来说，在《存在与时间》中自然是一个"世界之内"的、与人类世界中的人类此在照面的存在者，但在其自身什么也不是，更不用说一切存在者的存在了。① 自然只是"可能的在世界之内的存在者的存在之临界状态"。然而"世界"属于此在作为在世存在与其自身打交道的存在方式。从自然出发是无法把握世界的存在样式、把握其世界性的，而人们必须反过来从我们在

---

① 后来在关于艺术作品之起源的讲座中，作为"大地"的自然被区分于历史性的世界。它是在世界中的历史性的人在其上和其中赖以筑居的东西。大地本身是通过人的作品进入一个世界之敞开领域的本质上"封闭着的东西"。几年后海德格尔再一次谈到彻底支配"大地和天空"并允诺一个持存者的那种恩惠（Gunst）。在一场关于"物"的演讲中，"世界"是"天、地、神性者、有死者"这个"四重整体"。生存论理解的"世界的世界性"是如此地有别于"四重整体"的四个世界地带，就像向来本己的向死存在有别于后来说的作为"有死者"的人一样，后来的说法与希腊的人类存在经验相连却又与它有根本区别，因为它缺乏不朽诸神的在场。

世存在的生存论结构来解释自然。因此在海德格尔对一种"自然世界概念"的筹划中,自然本身并不在场。它是历史性此在之存在的无历史亦非生存论上的他者。对自然的这种否定的规定来自现代的传统,它通过笛卡尔对广延之物(res extensa)与思维之物(res cogitans)的区分首次确定下来,并且从那时起直到维科和狄尔泰都保持于多变的名头之下(自然与精神、自然与文化、自然与历史、可说明的东西与可理解的东西)。

在世界概念被进一步发展到最终放弃其生存论意义而具有与"存在的澄明"相同意谓的《论根据的本质》一文中,海德格尔对《存在与时间》中缺少自然的这种指责进行了反驳。指责的根据在于,自然既无法在上手之物的周围世界的范围中被碰到,也根本不能作为某种我们把自身"与之相关联"的东西被碰到。不顾这种把自然视为彻底支配一切以及人类的东西的洞见,当海德格尔说只要此在现身于存在者"之间",自然就"在此在中"源始地开启自身时,他在这里也紧握着他的生存论出发点。并且由于现身属于存在之本质,对自然之追问的"基础"(Basis)就是作为人的生存论基本建构的"操心"。人不是理性动物(animal rationale),而是一个绽出的生存。①——无法洞见的是,为什么由此出发自然在其自然性中的支配作用就应该能够被经验到,除非它与我们操心的、历史的生存相比,是像无历史、无操心以及非"生存"者一样消极地被经验到的。

---

① 在《关于人道主义的书信》说,我们的"几乎无法想象"的与动物的肉体亲缘关系,指向一种绽出生存的人类本质与生-物的本质之远,它是如此地深不见底没有根据,以至于与它相比,神性者的本质与我们更加切近。

一种新的把握自然的方式联系着对真理的探讨见于《论真理的本质》一文中：作为自由。在这里，自由不再像在《存在与时间》中那样被规定为一种**能够**存在（Sein-können）并且最终是向死存在，而是被规定为一种**让**存在（Sein-lassen）。人的自由让存在者在什么存在和如何存在中，通过参与（sich einlassen）无遮蔽的（真实的）东西而开启自身。让存在的自由是真理之可能性的条件，因为它把自己开启并且暴露[①]给敞开域。它是出置[②]（绽出）到存在者的去蔽状态中。通过它开始了人的"历史性"的绽出生存。"唯当存在者本身被合乎本己地推入其无蔽状态并且被保存于其中，唯当人们从存在者之为存在者的追问出发把握了这种保存，这时候，历史才得以开始。对存在者整体的原初解蔽，对存在者之为存在者的追问，和西方历史的发端，这三者乃是一回事；它们同时在一个'时代'里出现，这个'时代'本身才无可度量地为一切尺度开启了敞开域。"[③]这种对历史一词的最不寻常的使用表明，真正的发生并没有发生于世界历史之中，也没有发生于所谓的此在的发生中，相反，"历史"始终是存在者整体的最初解蔽。但整体先行于作为特殊存在领域的自然与历史的区别并且超出它们。尽管如此，这个被把握为绝对的存在之天命据说为整个被规定的、在历史学上可把握的历史，即西方的、形而上学的历史奠定了基础。这如何能被想

---

① 原文为 aussetzt，兼有暴露、放弃以及在献祭中摆出来的意思。——译注
② 原文为 Aus-setzung，连字符前后的意思分别为"出"和"置"。Aussetzung 一词兼有暴露和放弃之义。——译注
③ 《路标》，《海德格尔全集》第9卷，第190页，孙周兴中译本第219页。——译注

象？历史的罕见决断如何能以"真理的源始本质的存举"这种方式产生，如果这种存在者的解蔽是整体的而这整体还完全没有认识自然与历史的区别？但即便假设了自然和历史的这样一种区别，即对历史而言自然是无历史的，这也不是本质的区别，因为本质的发生与存在者整体相关并通过它与存在本身相关，那么在希腊早期的思想中存在者整体怎么可能仍然源始地作为自然（physis）①来揭示自身而偏偏不在一种可由历史学规定的意义上作为历史来揭示自身呢？一切存在者的存在明显是完全无法在其本身直接和纯粹地去进一步规定的，而只能视乎它的具体中介。如果规定了这一点，即存在者整体最自然的具体化亦即一切存在者的存在一如既往地就是自然，那么就要进一步问，为什么说在一切有生者的生长以及在其产生和消亡中显现出来的被遮蔽之物的涌现到无遮蔽以及溃退到遮蔽能够为**历史**的"种种罕见决断"奠定基础，既然这些决断明显属于一种可由历史学而不是自然的方式规定的历史？又比如对现代具有决定意义的技术（Technik）的命运怎么能产生于某种自然的存在发生，如果技术（techne）和自然（physis）就像人工制造的东西和自然生长出来的东西那样不同？

在阐释荷尔德林的外衣下，海德格尔试图指出，作为physis的自然的源始概念，正如它仍在荷尔德林那里回荡那样，并不

---

① 另请参看海德格尔对亚里士多德《物理学》第1卷的注释性翻译，载《思想文库》（Il Pensiero）第3卷，第2、3部分，1958年。参照《根据律》第187页用"存在之天命"对希腊词 aion（赫拉克利特残篇52）中"未说出的东西"的翻译。（残篇52的内容是"时间是一个玩骰子的儿童，儿童正掌握着王权！"aion 即此处的"时间"。——译注）

意味着一种与其他存在者相区别的存在者,也不意味着某种特定存在者的存在方式,而全然意味着存在的澄明。海德格尔把这种与一切存在者相区别的存在思入了荷尔德林对自然的作诗中,以便从中读出 physis 这个最初的基本词语,这个词语中"被遮蔽的真理"已被其拉丁语复述 natura 以及(德语的)Natur "不可救药地败坏"。自然在一切现实的东西中存举在场,在石头、植物和动物中,在河流、天气和星辰中,但也在众人之天命和诸神中。在荷尔德林的语词中,它是令人惊叹的"无所不在",在海德格尔的转译中,它是并非存在者的存在本身。与此相应,他声称尽管自然在一切中存在的东西中无所不在,但它"甚至不"能由某个现实的存在者"进行丝毫的提示"。自然首先是存举在场的和当下的东西,同时是一将要来临的东西。它是"存在"以及存在的到达。自然先于一切而"一如既往",在海德格尔的解释中的意思是:它在最老者和最新者的双重意义中,也就是说,它的最未来者来自最老的曾在者。因此它也永远不可能老去。作为在一切之前的最先者和在一切之后的最后者,自然是源始的原初之物,作为原初之物,它是持存者或者永恒者。它也是神圣者,强大者以及创造一切者。由于作为存在的自然不关心自然和历史的存在者,在荷尔德林的诗歌中,年岁之为自然四季或民族之历史岁月,并无不同之处。与这种把自然(physis)吸收到存在相应,海德格尔联系着作为解蔽的真理概念,把希腊语的自然一词所含有的生长的基本意义(*physis, phyein; natura, nascor*)说成是产生和走上敞开域。在海德格尔的注解中,*physis* 完全成了在其中某物能够首先作为这一个和那一个显现和存举在场的"澄明"与这种自行开启的产生①（*genesis*）同时发生了一种自行闭锁的溃退②（*phthora*）。因此"Physis"就是"涌现着向自身的返回，它指说的是在如此这般成其本质的作为敞开域的涌现中逗留的东西的在场"。③这个被解释为"存在"的自然"比"配给历史性的民族并且"超越东西方的诸神"的"季节更古老"，但不比时间本身更古老。它不是时间之外和时间之上的，而是最原初并且因此也是最未来的时间。第七节④最初的"现在"指的是作为神圣者之到来的自然之到来，按照海德格尔的解释，只有这种到来给出了时代（Zeit），这个"时代"是历史"向自己提出本质性决断的"时代。海德格尔以自然，这个道说神圣者并因此命名着"原初决断的唯一时间，而这种原初决断是对于诸神和人类的未来历史的本质构造的决断"⑤的荷尔德林诗的基本词语，为他的解释作结。完好无损的自然的神圣者在其到来中建立"另一种历史的另一个开端"。⑥

　　人们可以冷眼看待海德格尔对荷尔德林诗歌这个令人难忘的整体的充满精神的种种阐释，或者在文学史上对它们逐一加以检验。人们必须考虑到历史问题，对这种由一位思想家对一位诗人

---

① Hervorgang. ——译注

② Rückgang. ——译注

③ 《荷尔德林诗的阐释》，《海德格尔全集》第4卷，第56页，孙周兴中译本第65页。——译注

④ 指的是海德格尔此处所阐释的荷尔德林《如当节日的时候……》一诗第七节。该处是"因此大地之子现在毫无危险地／畅饮天国之火"。——译注

⑤ 《荷尔德林诗的阐释》，《海德格尔全集》第4卷，第77页，孙周兴中译本第92页。——译注

⑥ 《荷尔德林诗的阐释》，《海德格尔全集》第4卷，第76页，孙周兴中译本第90页。——译注

的阐释提出质疑。因为对于诗性的词汇来说所允许的东西，对于一种做批判性辨析的思想而言还不是无懈可击的。而且海德格尔在他对阿纳克西曼德箴言的解释以及关系到他对"科学"的原则性质疑之处，反对人们为了科学行事而必须进行专科区分的"习见的主张"，比如把自然的东西从伦理的以及法律的东西中区分出来。但放弃各种领域的专业划界并不意味着一种混合到不确定之物中，而首先是把纯粹思得之事的"自由接合"引向了语言。但是，如果从存在本身来看，历史与作为 physis 的自然相一致，那么海德格尔技艺精湛的语言接合实际上讲明的是历史的本质还是非本质[①]呢？在荷尔德林的诗中正如在每种真正的诗歌中一样，"自然"（Natur）一词跃出了它的直接感性内容并且指的并不是自然科学的自然，这是显而易见的。对于每一种的无偏见的诗歌解读而言，这一点也是同样明显的，即荷尔德林在对自然的命名中，在其诗性意味的全幅多样中，目中仍始终有现实的自然，诗之首节即始于此。但如果诗人把这种超越东西方诸神的唯一的，无处不在的以及神圣的自然无差别地联系于植物的生长和民族的天命，那么就没有任何一种批判性辨析的思想能够模仿他。不管谁在思想，都难免把自然季节的一年一岁与民族历史的年年岁岁或者诗开头和结尾的狂暴雷霆想成是不一样的，并且一定会拒绝和海德格尔一同把历史性决断的早先时代和晚近时代之含糊的"一朝"（Einst）用于自然。历史到时采取本质性决断的时间，即决定性的"瞬间"，如同在《存在与时间》中是以一种绝非导向自然的语言去说它的，尽管不可算计不可测量，但即使本质性的历史

---

① Unwesen，也有混乱、胡闹的意思。——译注

是无法纪元的,它仍然仅由它的决断特征就如此深不可测地与自然不同,正如自然的完好无损与对它们的期望产生于一种历史经验的不可救药的神妙者和神圣者不同一样。一位诗人也许用"时代"或"世代"这样的词同时来指人类的世界和时间以及自然的世界和时间;一位坚持沉思之严谨与言说之细致的思想家,将必须决断,在我们历史性的在世存在里自然是否是无历史的以及一同发现的,或者我们历史性的世界和人类是否反过来奠基于作为一切存在者之存在的产生一切的自然(physis)。

　　海德格尔从一开始就涉及的历史,如果像自然(physis)一样是一种无处不在的产生到敞开之中以及溃退到闭锁之中,它就失去了每一种确定的可证明的意义。假如一切本质的基础是这种广义的自然(Natur),那么人的基础实际上就不仅会与植物和动物的基础是"相似的"的样子(因为只有不同的东西才能是相似的和可比较的),而且就是一样的了。那么作为一切存在者之存在的自然(Natur)就会是历史、艺术以及植物的基础了。但自然(physis)如何能够是一个现实存在着的自然(Natur)和历史的本质基础,如果它本身并不是一个产生到敞开之中并退回到闭锁之中的存在者?人们如何能够与荷尔德林一同把自然称为在一切存在之物中无处不在者,并且同时说它不能由某个现实之物"进行丝毫的提示",而并不因此抽走那种诗性的称呼和思想的言说的地基?一种在现实的自然和历史面前中立冷淡的由不存在者规定并因而无法被规定的存在,既无法为自然也无法为历史奠基和进行规定。最后,存在被命名为的"澄明",没有对现实光源的经验,也是无法想象和证明的,这光源就是升升落落的太阳,一切存在着的事物都处于它的光线中并在此生长。

如果人们纵览了从《存在与时间》到后期著作的道路，就能够联系着历史问题分辨出对历史主义的三个步骤的"扬弃"。海德格尔通过从人的历史性存在来为历史学存在之可能性奠基，并把人的历史性固定并绝对安置于生存着的此在的"向终结存在"，首先扬弃了历史学的相对主义。但这种把历史学的相对主义极端化到一种生存论意义的历史性的做法，只是因为此在的终结是非历史性的方式：自然死亡这个永远相同的事实，才是可能的。此在以先行到死赢得了一种"前历史的稳定性"。[①] 然后，海德格尔通过把人和每一种人道主义的出发点撤回到对存在之真理的追问中，并把真理规定为某种存在历史的真理的发生，也扬弃了固定于向死存在中的此在的历史性。生存着的此在的历史性因此降到了这一点上，即绽出生存的此在对被发送来的存在之天命的"恰如其分"（schicklich）或"不恰如其分"（unschicklich）的符合。"现在历史"是说"天命遣送之命运"的词了。然而在这种对历史的把握中，历史主义仍然以绝对的方式被保持着。于是海德格尔可以尽管反对但同时又在言说着黑格尔使思想规律成为历史规律的历史性思想体系。黑格尔把历史规定为精神之发展的做法并不是没有真实性的。它也不是半真半假的，而是和在黑格尔那里把它的绝对思想本质引向语言的整个主体性形而上学一样真实。如果在存在历史的险要时期，存在作为**逻各斯**、**宇宙**和**自然**（logos, kosmos, physis）把自己发送给赫拉克利特又从他那里撤回，在柏拉图那里作为**理念**，在亚里士多德那里作为**现实**（energeia）。在基督教思想那里作为

---

① 参看格哈尔特·克吕格尔前引书第125页。

受造物（ens creatum），在康德那里作为经验对象的**对象性**，在黑格尔那里作为**绝对概念**和**意志的精神**，在尼采那里作为永恒意欲着自身的**强力意志**——如果存在如其存在那样总之存在于每种历史性的烙印和承传中，并且只在西方思想史之贯穿中才能被经验，那么对所思之物的真理的追问就消散到对某个由于总是解蔽而总是真实的历史时期的无差别的承认中，即便人们不再"流俗地"谈论它，而是存在历史地作为一种神秘莫测的存在之天命去谈论它。因为"存在"不是在一切存在者中的普遍之物，而是一种总是在历史和天命上被规定的存在。海德格尔多么少地了解一种普遍的，亦即所有人共有的人之自然，他就多么少地把存在理解为对一切出自自然的存在者而言的共同存在，然而他却不得不在最高的普遍性上谈论向来本己的历史性生存以及向来天命使然的存在。一直拒斥存在之真理的从柏拉图到尼采的形而上学，属于一种真理之**发生**的历史，在这历史中真理给予着又拒绝着自身。因此历史学的相对主义绝没有被克服，而是像首先通过从真理有一种与时俱"进"的"趋向"这个前提出发使之成为可能的黑格尔本人那里一样，在存在的历史性上被扬弃了。最终，海德格尔也把存在的历史规定为了一种自然（physis）的历史。作为一种产生和涌现到敞开之中，自然不折不扣就是"澄明"。

这样一来，种种给予事件（Begenbenheiten）的"流俗"历史完全沉没于除了它是"它本身"以外无法进一步加以道说的"存在"中。尽管如此，在现实世界历史的种种决断性瞬间中，会由这种澄明产生出历史学上可确定的世界 - 历史。所以当海德格尔本质性历史性的思想可被作出相对立的解释的时候，这并非某种偶然：就它以历史学上可确定的方式太过历史性地去思想而言，可解释为历史学的一种极端结果，而就它首先停止了单纯历史学的"表象活动"并把本质的历史思考为存在之天命而言，可解释为一种非历史学的思想。① 如果历史性的并不仅仅是有限的此在这类时间性的存在，相反由于时间和历史已经源始的存举于存在的澄明中，存在本身在一种尚不清楚的意义上是存在与时间，那么就没有什么东西亦即没有特定的存在者通过历史性被突出出来，相反一切都被抹平到伪历史性的和历史学的不确定存在中。② 于是历史不仅不再能够被纪元，而且也完全不再能被认识或者据其内容进行详细说明，因为仅仅在自然与历史还完全没有区别之处，"最初"才有历史。自然与历史在现代的对立尽管在实际上可能是成问题的没作用的，但并不是因为它在一切存在者的存在这方面完全没有与自然及其历史相区别的历史，而是因为现代的历史性思想是基督教末世论的一

---

① 参看马克斯·米勒（M. Müller）的《当下精神生活中的生存哲学》（*Existenzphilosophie im geistigen Leben der Gegenwart*），1949年，第38页及以下，第53页及以下。海德格尔思想所特有的东西以本质与历史的这种融合为基础，这一点尽管是正确的，但它并不是对历史学意识所提出的问题的解答，相反是对它的尖锐化。我们要归功于海德格尔的，不是一种在存在的时间性和本质的历史性上的新的永恒真理，即米勒借此为人一方面不再可能削弱现代的历史学意识，另一方面必须在本质的问题上紧紧把握住长青哲学（*philosophia perennis*）这一点辩护的一种"绝对性与相对性的综合"，而是海德格尔凭借其提问的强度提出了种种新的要求这一点。

② 格奥尔格·米什（G. Misch）已经在他对胡塞尔和海德格尔的分说（《生命哲学与现象学》，*Lebensphilosophie und Phänomenologie*）中暗示了海德格尔发生概念的这个引人注意的非历史性，以便与《存在与时间》的"亚当派"的发生概念针锋相对地显示出狄尔泰的历史性概念的效力。

种遥远的事件（Ereignis），并且直接就是由维科作出的对笛卡尔数学自然科学的反转的结果。①

在海德格尔看来，真实的但遮蔽着的历史最终降到了遗忘存在的**唯一**天命，降到了遗忘存在者与存在之差别之上。海德格尔说，但这种遗忘（Vergessenheit）不是一种太过人性的健忘（Vergeßlichkeit），而也是一种存在之天命，是它的遮蔽状态。存在从一开始就把它的本质保持于自身——直到一种新的对存在的最后审判或者启示。但这种源始的、唯一的并且单单本质性的存在历史也应当同时被规定为西方世界的历史。"存在之命运始于区分之被遗忘状态，并得以在区分中完成自身，但区分之被遗忘状态并非一种缺乏，而是一个最丰富和最广大的本有事件——在其中，西方的世界历史得到了裁决。"② 由存在发送的西方形而上学的命运是一种世界天命。海德格尔确信它首先在荷尔德林的诗中预示着自身，其"世界历史性思想"在本质上是更具开端性，因而也比歌德的"单纯的世界公民"更具未来性。尽管海德格尔有此言，也必须允许问这个问题：自然和历史对本身作为神妙的自然和"大地之子"的歌德来说是否并不比对荷尔德林的无世界的生存来说更加无遮蔽。

但有关系的既非歌德也非荷尔德林的权威，而是这个问题，即自从对历史的经验不仅从宇宙之逻各斯对它的自然限制

---

① 另请参看本书作者的《世界历史与救恩事件》，斯图加特1953年版，以及《新展望》（Neuen Rundschau）1951年第一期关于"自然与历史"的刊文（见《全集》第2卷，第7页及以下，第280页及以下）。

② 《林中路》，《海德格尔全集》第5卷，第365页，孙周兴中译本第334页。——译注

中，而且从上帝的意志对它的超自然限制中被解放出来并因而被绝对化以来，作为产生于大约 150 年前因而可能再度消亡的历史学思想之继承者的我们，是否没有在历史的全部非政治性的——作为"精神的""生存论的"以及"存在历史的"——解读之可能性中过分地高估它。在亚里士多德和奥古斯丁那里并没有那种在海德格尔对时间性的分析中别具一格的从对**时间**的分析到**历史**的时间的过渡。在希腊哲学中时间是在物理学中被详细论述的，因为它指向着宇宙的无始无终的永恒圆周运动。在基督教神学中它关系着对无时间的永恒上帝的追问而被联系于作为创世的世界以及人的灵魂。根据亚里士多德，对历史的认知不如作诗那么哲学化，因为它只述及各种偶然发生，而不述及总是可能的以及必然的东西。根据奥古斯丁，非宗教（saeculum）的世俗历史是一种被傲慢和愚蠢欲望所统治的兴起复又衰亡的王国与世代之毫无希望的代序。如果非要追问历史的某种"本质根据"，那么对于理解世俗历史而言，圣经创世史就比存在历史的对流俗历史之"可能性条件"的冥想更加有启发性。根据旧约，人的历史始于原罪并且尤其是该隐的弑弟。该隐是第一个建城者，他因其流离飘荡而想要安顿在大地上，相反亚伯是一位笃信上帝的朝圣者。只有后基督教的现代才能够突然产生这种想法，即历史的运动，与其说是一种先行（procursus，奥古斯丁语）到审判和拯救，不如说是一种向善的持续进步，或者同样是颠倒进步信仰的一种堕落史，是一种进步到虚无主义，当危险最大时，这种虚无主义就会和人之本质的某种转变一同倒转。比起在众所周知的历史中人在其本质基础上保持不变这种不合时宜的观点，人们是基督教地把人之本质中的这种转变经验为一种在信仰中重生并通过懊悔的转身对之加以准备,还是非基督教地把它作为一种无名(namenlos)命运之莫名(anonym)天命来加以期待并且"合宜"(schicklich)地迎合它,在知道什么是现实的历史的雅各·布克哈特看来没有本质区别①,他认为,历史上的"趣味"就是表面上的无趣,也就是说在一切转变中恒常的并且重复着自身的东西,因为人如同他们总已是并且将要是的。在历史学的种种时代中,不管是人的精神还是人的知性都没有可被证明的增进,这些能力无论如何早已"完满",并且如果在古代就有人为他人献出生命,那么从那时起人们就无法超越这一点了。

三、解释尼采的话"上帝死了"中未被道说的东西

海德格尔是一位令其同时代人兴奋的思想家,正如费希特和谢林对于他们的时代那样,并且是出于相似的原因:其哲学思想的力量与一种宗教的动机(Motiv)相连结。因此他的"追忆"(Andenken)独有一种悲情(Pathos),它把心甘情愿的读者听众引至他的道路上并诱骗到一种虚伪的虔诚(Andacht)。这种思想在诠释中的动作越多,它的强度就变得越不可把握,在诠释中,当他的思想不假提示地混入他人的思想中时,他就靠

---

① 另请参看作者的《雅各·布克哈特,历史中间的人》(J. Burckhardt, der Mensch inmitten der Geschichte),卢塞恩1956年版(见《全集》第7卷,《雅各·布克哈特》,斯图加特1984年版,第39页及以下)以及论文选集1960年版,第五章。

着他人的思想对自己的想法仅仅做出了间接的解释。要联系着海德格尔对尼采的解释来描述并质疑这种诠释手法，就不可避免地要使用理性以及理性的论证。如果本质性的思想实际上只有在把理性当作"最冥顽的敌人"①来告别的地方，在它"越过"（vorbeigehen）了据海德格尔名言②所说的并不思想的逻辑和种种科学的地方才能启程，那么用海德格尔的思想方法去进行批判研究以便澄清处于疑问中的事情的意图，从一开始就没有命中目标。人们可以不与海德格尔的想法并置和辩论，仅仅把他的追忆看作是一种半诗化的语言结构。但最终，甚至"本质性"的思想也完全不像它可能显得的那么非理性、非概念以及无懈可击，而是仍然总联系着并且暴露于理性的思想。

尼采称，在我们对哲学的态度上，新的东西是对"我们并不拥有真理这一点"③的信念。由于"没有什么东西是真的"因此"一切都是被允许的"，对尼采来说重要的是做出一种最终的"对真理的试探"。与我们并不拥有真理这个事实相应地，求真知的意志转移到求某种创造性"解释"的意志，而对一个本身无法辨别的实情来说有多少可能的视角，就会有多少解释。历

---

① 《林中路》，《海德格尔全集》第5卷，第267页，孙周兴中译本第241页。《尼采的话"上帝死了"》以这一句话结尾："唯当我们已经体会到，千百年来被人们颂扬不绝的理性乃是思想的最冥顽的敌人，这时候，思想才能启程。"该处的"敌人"（Widersacherin）一词是敌人（Widersacher）的阴性形式，而"被颂扬"（verherrlicht）一词的词根有着明显的男性意义（Herr，主人、老爷、先生），这是有意为之的。——译注

② 见《海德格尔全集》第7卷，《演讲与论文集》第133页《什么叫思想？》，孙周兴中译本第140页。——译注

③ 《尼采：1937年与1944年研讨课》，《海德格尔全集》第87卷，第214页。——译注

194 史学的相对主义安于自在自为并且永远为真的东西的这种不可查明性,并因此满足于"理解"这一点,即每种哲学真理都是对某个特定时期之生命的表达,并且在时间上是相对的。海德格尔思想的新意是,他通过首先把存在的真理固定于生存着的此在的有限性及其对存在的理解上,并且最终把真理本身和存在本身把握为一种历史性的真理与存在的发生,而从历史学的相对主义中引出了最终结论。但由于存在——它在存在者身上显示自身——的真理同时隐蔽着和抽离着自身,在海德格尔这里,其认知和陈述也转移到一种历史性的理解和解释之中。甚至存在,这种绝对的超越(transcendens),也把自身展示给一种"诠释"。尽管思想家这时在"说"存在,但他不是由一种科学上可检验的陈述来说存在的秘密的。对科学知识的放弃对应于这种是-真(Wahr-sein)的退隐(Entzug)。与尼采不同,对于海德格尔来说,我们并不拥有真理这一点不是什么"新的"东西,而是某种最古老的东西:从柏拉图到包括尼采的整个西方思想史从来都没有经验和思考到存在的真理本身是什么。按照这种存在的退隐及其真理,海德格尔在1923年已经在一次关于"实际性的解释学"(此在分析首次崭露头角)的讲座中给出了仅仅"形式的显示",而在其最终的文章中,指示性的"暗示"(hinweisende »Winke«)取代了证明性的指明(den beweisenden Aufweis)。克尔凯郭尔给出了相当于雅斯贝尔斯哲学中生存之"呼唤"的从间接知识向形式显示倒退的推动力,他与黑格尔对绝对认知的要求相对立地幻想出"间接生存传达"的方法并将其对作者影响力的意图概括为这一点,即它只意愿着一个东西:"无权威地使人注意"基督教的种种生存规定。当然这种谦逊在这里和在其他情况下一样，都有其独特的狂妄方式。克尔凯郭尔相信，在欧洲历史的一个转折点上，只有他知道什么是真正的、唯一的基督教；海德格尔声称知道，究竟什么在存在的一种完成了的意义上"现在存在"（jetzt ist）并且发生，以及存在的本质对迄今为止的一切哲学都保持遮蔽。他本人对存在的专横（diktatorisch）道说——把存在仅仅说成是"它自身"且全然异于一切存在者，其权威乃由对存在的"口授"（Diktat）和"赞许"奠定，是存在引领着存在历史思想家的笔锋。

然而，这种思想中鼓舞人心的动力并不是一种先知式的知的确定性，而是试验性的提问、寻求、尝试和上路。海德格尔坚定但很不苏格拉底式的提问优先于各种仅仅作为提问的"最后步骤"的回答。《存在与时间》首先要重新唤醒一种对存在之问（Seins-Frage）的意义的理解，并且在作为每种存在理解的境遇的时间中，发现了这种先于计划好的从"存在与**时间**"向"时间与**存在**"之"转向"的意义。从时间——它在它那方面建立起历史——出发对存在的阐释，把自己视为依赖于迄今为止的存在理解的历史并理解为对哲学史传统的一种批判性占有。对古代存在论的占有已经始于把特定的希腊文本翻译成母语即德语。为此，认知外语和理解以外语表达的思想是不够的。翻译（Übersetzen）需要一种"向西方传统的**转渡**"（Über-setzen），而且，从哲学－历史学的工作中突然产生出一种在世界历史上起作用的存在历史的命运。海德格尔认为，西方的天命离不开对存在（εόν）一词的恰当翻译。正确的——即便不必然正确，即一字不差地正确——翻译以一种在早先和我们晚近的思想之间的存在历史的关系，亦即一种思想者之间的对话为前提，但对话中的真正说话者应是存在本身。《存在与时间》导论中的话也必须在这种被存在所召唤的思想家之间的对话的意义上来理解。他引用了柏拉图《智者篇》中的话，正如黑格尔的《哲学科学全书》含有对亚里士多德的引用。当两人各自思考"存在"和"精神"的时候，在根本上都是以历史学和历史性的方式思考的。甚至表面看来并不历史学的现象学分析系统也被指向了一种对西方思想史的解构性的解释并且本身就是"解释学"。从"实际性的解释学"的最初形式显示直到最终神秘莫测的暗示，海德格尔都是一位历史性的阐释者，他对曾经的所思进行了追思（nachdenkt），在形而上学史的终结处对它进行了新的翻译并朝着一种未被道说的东西去解释。

威廉·西拉施伊（W. Szilasi）[①]指出，在谢林和黑格尔之外，没有哪位重要的哲学家像海德格尔一样把他毕生事业如此大的一部分用于哲学文本的诠释上。他爱好刻意遣词，而且正因此就反对那种依靠文本却对未被道说的东西充耳不闻的语文学（Philologie）。海德格尔在《存在与时间》**之前**就阐释了邓·司各脱，并在讲座和讨论课上阐释了亚里士多德、奥古斯丁和托马斯；他在《存在与时间》**之后**阐释了康德，并在讲座和讨论课上阐释了前苏格拉底思想家和柏拉图、笛卡尔、费希特、谢林、黑格尔以及尼采，在演讲中阐释了荷尔德林、里尔克、施特凡·格奥尔格以及特拉克尔（Trakl）。他的学生——包括本文作者——完全用哲学史阐释取代了哲学，并把遗失了苏格拉底的求知意志以及附带的对无知的坦白的一种贫困时代之急难，当成了理解活动的

[①] 见《海德格尔对诸科学的影响》(*M. Heideggers Einfluß auf die Wissenschaften*)，伯尔尼 1949 年版，第 73 页及以下。

长处（Tugend）。甚至早先时代的思想——其本身是无历史学地思得的，对于现代的历史学意识来说也是一种在历史学上受限制而在历史性上被确定的理解，这种理解必须从它那方面来进行诠释。它既没有被当作有洞见的和真实的而承认，也没有被当作无洞见的和虚假的而拒绝，而是继承着黑格尔，在真实与虚假的彼岸，被把握为真理发展的历史必然阶段。

不管海德格尔在 40 年的进程中阐释了什么，在哲学上具有决定性的不是主题的范围，而是解释的一贯处理方法。海德格尔在"理解活动"中理解了什么，他进行阐释的尺度是什么？与把理解的概念作为一种特定的认识方式归为精神科学，并通过认识论和心理学把它从精神生活中发展出来的狄尔泰不同，海德格尔在一种普遍的意图中从人类此在的存在建构出发，在基础存在论上对理解进行规定。理解的可能性最初建立于这个基础上，即此在作为一个"此"本身已经是展开了和展开着的，并且揭示着不具有此在那般存在样式的存在者。甚至存在本身和真理的存在也只能由于这一点而被理解，即存在从根本上是"展开状态，也就是理解"。此在在自己本身就被照亮了，它并不通过别的存在者，并且在**《存在与时间》**之后也不由存在来照亮，而是这般，即它本身就是它的澄明。此在作为此在着的展开状态正是一种在严格意义上先于"说明"和"理解"的任何区别的理解着的存在（Verstehendsein）。由于进一步说，此在作为一种"生存着的东西"是一种**能够**存在，属于它的理解也和它一同分享了这种生存论的规定。它能够在某个东西上理解自身，也就是说，它从其种种可能性出发并向着这种种可能性理解自身。与可能的东西对于现实的东西在生存论上的优先地位

——一种来自克尔凯郭尔生存概念的论点①,但没有采纳其基督教-伦理学的种种预设和意图——相应,理解是一种"挺进到可能性中"。生存论所规定的理解不知道就其自然本性而言是持久的东西,相反,它具有朝向某种东西的存在者的"筹划"性质。进行理解的筹划和此在一样是一种实际上被抛的东西,它"把种种可能性抛给自身"②。不管此在如何为自己本身之故(umwillen seiner selbst)行事并朝向某种东西(auf etwas hin)理解自己,它作为一种能够存在都是"彻头彻尾贯穿着可能性的",或者用萨特的话说,通过"否定"超越了每一种"自在存在"。由于这种在可能的为何之故(Umwillen)和何所向(Woraufhin)之上的理解概念的导向,甚至理解活动的"观看"(Sicht)首先也不是无目的的、理论的"观点"(Ansicht),而是寻视(Umsicht)、顾视(Rücksicht)并且首先是先行视见(Vor-sicht)③。先行视见的时间性意义是未来,这未来已经包含于对每一种"朝向某种东西"的理解中,并且最初是与此在这种筹划着自身的能够存在一同确立下来的。但生存之最本己、最极端以及最不可逾越的可能性,就是坚决地先行接受作为一种本真的整体能够存在的筹划之最终何所向的死。

包含于理解活动中的种种可能性的形成(Ausbildung)就是**解释**(*Auslegung*)。例如在对世界的理解中,我们与之打交道的

---

① 参照《最后的非科学性的附言》(*Abschließende unwissenschaftliche Nachschrift*)第二部分,第三章。

② 原文为:wirft sich Möglichkeiten vor,亦有"以种种可能性自责"的意思。——译注

③ Vorsicht 一词通常的意义是谨慎、小心。——译注

上手的存在者在其"为了作……之用"（Um-zu）中被寻视地分解了。在它那里被明确理解的东西，具有"某某东西作为某某东西"的理解的形式性质。比如当一张桌子被理解"为"桌子时，它就是由它的"为了作……之用"而被理解的，也就是由诸如它是某种用来书写的东西这一点而被理解的。对上手工具的这样一种寻视的解释奠基于一种"先行具有"（Vorhabe）之中，而后者被一种特定的视角所引导，它是朝着可解释状态而直面在先行具有中摄取的东西的一种"先行视见"。此外，由于解释总已决定好支持某种特定的概念把握方式（比如支持通过现成于存在者之上的"种种属性"将存在者把握为一种现成的"物"），就有一种属于先行具有和先行视见的"先行掌握"。"解释从来不是对先行给定的东西所作的无前提的把捉（Erfassen）。"[①]因此，在每种理解活动中由"作为"某某东西的某某东西所决定的"意义"，就是"筹划的由先行具有、先行视见及先行掌握构成的何所向，从筹划的何所向方面出发，某某东西作为某某东西得到理解"。

　　适用于在与世界内的存在者打交道中对世界的日常理解的东西，也适合于对哲学文本的理解和解释活动。这种文本也不像一种先行给定的东西那样能够无前提地把捉。"准确的经典注疏可以拿来当作解释的一种特殊的具体化，它固然喜欢援引'有典可稽'的东西，然而最先的'有典可稽'的东西，原不过是解释者的不言而喻、无可争议的先入之见。任何解释工作之初都必然有这种先入之见，它作为随着解释就已经'设定了的'

[①]《存在与时间》，德文版第150页，陈嘉映中译本第176页。——译注

东西是先行给定的,这就是说,是在先行具有、先行视见和先行掌握中先行给定的。"(《存在与时间》第150页)

因此,海德格尔着手对理解进行分析的方式方法,首先被总已预先设定自身的理解其"前结构"所规定。但这种预设的必然性并不先于对某种东西的理解,仿佛在进展中会被消除掉一样,而是不断地一同在此并起着引领的作用。一切解释无论如何必定已经先行理解了待解释的东西,并将自身保持于那样一种前理解中。但因为科学证明不应对它要建立起来的东西作出预设,前结构就意味着所有理解都不同于任何一种科学研究,而是在一个"循环"中运动的,按照科学逻辑的规则,这个循环是一种需要避免的恶性循环(circulus vitiosus)。"然而",海德格尔说,"在这一循环中看到恶性,找寻避免它的门径,或即使只把它当作无可避免的不完善性'接受下来',这些都是对理解的彻头彻尾的误解。"① 重要的不是从理解的循环中出来,而是按照正确的方式进入它,这就是说,不把先行掌握让与"人们"通常不去认识就预设了的某种东西,而是特意使得理解的前提成为自己的和透彻的,通过这一点明确地对理解的科学课题进行"确保"。

这样所保证的理解的循环(Zirkel),不是仅有一种特定认识方式在其中活动的圈子(Kreis),相反,它是此在的生存论前结构的表达本身。为本己的此在而操心地在世存在的存在者,具有存在论的循环结构。只要此在作为对其最本己的能够存在以及整体能够存在的操心,是"先行于自身的存在"以及"先

---

① 《存在与时间》,德文版第153页,陈嘉映中译本第179页。——译注

行着的决心",理解的前结构就奠基于此在的存在中。谁不承认这种奠基于筹划与操心性质上的循环结构,只会由此证明他耽于那种因循"事实上"的现成存在者并拒绝超出它的知性"常人"。

由于这种按照完全确定的"生存"观念(《存在与时间》德文版第43、310、312页)的尺度对理解的解释,从一开始就可以预料到,甚至海德格尔对哲学文本的解释也是先天地通过先行具有、先行视见以及先行掌握而得到保证的,并且超越了"有典可稽"(dasteht)的东西,以便向着无典可稽和未被道说的东西去筹划待解释的东西。但对于海德格尔来说,对迄今为止形而上学的一切本质性解释的最初与最终的何所向,是"存在论差异":存在与存在者的区别,是依靠存在者而遗忘存在。海德格尔对哲学史进行阐释的最终尺度就是《存在与时间》中预设了的提问。当这种预设在其解释的成果中重新凸显出来,就只不过是自然而然的,并且是在海德格尔自己对此在理解活动的循环性进行阐释的意义上的。从最为不同的种种文本中夺来的表述始终是一样的,并且同时是海德格尔自己的表述。① 但是这样一来,只要人们想理解别人也许以别的方式想了什么,展开着的理解本身的封闭环围(Umkreis)难道不是自相驳斥了吗?或者这种被确保的理解是否想要在别人的文本中仅仅去迎合自身?

---

① 参看赫尔穆特·库恩(H. Kuhn)在《哲学文库》(*Archiv für Philosophie*)第四部第3卷第252页对《林中路》的评论。在另一处文本——海德格尔的对康德**形而上学奠基**的阐释那里明显地进行了自我解释(Selbstauslegung)。虽然它应当帮助奠基达到其本己的"源始可能性",但海德格尔实际上额外地帮助把《存在与时间》的提问历史性地强化于康德可能想说的东西上,并把至今所有对康德的理解作为非源始的而挤到一边。另请参看列维(H. Levy),《海德格尔的康德阐释》,载《逻各斯》(Logos)杂志,1932年。

尽管理解的先行掌握是无可避免的出发点，但并不是需要去确保的着手点（Ansatz），因为任务只可能是考虑到要解释的文本，让自己的出发立场从它那里经受质疑，以便能够无成见地以另一个人他自己的东西去理解他。这需要一种对他人的主张、其可能异议以及针对我们掌握其先机进行自我理解的反驳的敞开状态。为了不使循环的必然性成为更佳理解的德性（Tugend），人们必须自由地在循环中活动，并且在必要的时候必须能够放弃他自己的着手点。在理解中循环的"问题"（Problem）不在于循环式围绕于自身的此在的无追问性（Fraglosigkeit），而在于自我与他人之间各种关系（Verhältnisse）的相对性（Verhältnismäßigkeit），在于遵守这种线条分明的界限，在这界限上，自己的思想偏好对另一个人而言成为了他的异化。全然用心于文本，文本的全部就用于你（本格尔①）；这就是说，人必须整个投身于文本，以便把整个文本运用于自己；或者，照布尔特曼所说："有必要在对文本的探问中让自身被文本所探问。"② 所带有的种种预设很少能被确保，正如另一方面，没必要为了能无前见地理解待阐释的文本，就去认出和承认它的种种预设。

海德格尔在"循环"这个名称下以值得称道的说服力所阐述的东西，是这种普遍获得了统治地位的前见（Vorurteil），即一种无前

---

① 原文为拉丁文：*Te totum applica ad textum, rem totam applica ad te.* 语出约翰·阿尔布莱希特·本格尔（Johann Albrecht Bengel, 1687—1752），圣经学者。

② 《解释学问题》（*Das Problem der Hermeneutik*），见《信仰与理解》（*Glauben und Verstehen*）第2卷，1952年；以及伽达默尔，《论理解的循环》（*Vom Zirkel des Verstehens*），见《海德格尔70寿辰纪念文集》，1959年，第24页及以下。与此相反请参看海德格尔对循环言说之浅显性的注释，见《在通向语言的途中》第134页及150页下。

见的理解不仅是不可能有的,而且也是违背理解的本意的。现代阐释的现代读者已经愿意承认,待解释的东西在各个解释者那里的相对性是某种不言自明的东西。比如当雅斯贝尔斯把尼采的哲学解释为一种"哲思"(Philosophieren)并把哲思解释为这种"超越",即把各种特定立场及与之相关的否定带到"悬而未决"中去,以至于没有剩下任何一种人们能够攀附的"学说"和"基本词"的时候,以及当另一方面海德格尔对尼采的解释不让任何东西悬而未决。并且最终断定尼采和他之前的某种形而上学一样绝少理解了存在与无的本质的时候,当今的读者多半会得出这种结论,即尽管雅斯贝尔斯的尼采不是海德格尔的尼采,但两个尼采都以他们的方式得到了解释,就像人们通常能够理解他人一样,也是从每个人必须自行决定去支持的种种预设出发。尽管有现代理解活动的一切在历史学上的反思性,尼采本人如何进行决定和理解的问题却仍然没有得到提出,因为人们预设了这一点,即只有那种充满预设的对文本的超出才能对它加以解释。如果我们不在阐发的意义上使到处被施以保护的纯文本开口说话,那么它就仍然保持"暗哑无言"——因为一般而言,文本并不谈论自身或赞成自身。

  像作者本人理解它那样去解释一种文本,去澄清它本身或多或少已言明或未言明的东西①,其必要性是奠基于作者(Autor)

---

  ① 我们不考虑把已说的东西朝着一种未说出的东西进行解释的特殊可能性和必要性,也就是为了在公开场合提起那些隐秘的"你懂的东西"而故意隐瞒、遮蔽和掩饰本真的想法的那样。当由于教会迫害或者政治迫害,所发表的看法的本真内容只能在公开场合私下地、字里行间地被说出,以至于从一开始,阐释就必须区分表述的非密传意义和密传意义时,就总是这种情况。对此请参看列奥·施特劳斯,《迫害与写作艺术》(*Persecution and the Art of Writing*),伊利诺伊州格伦科:自由出版社,1952年。

所关涉的待解释的事情的权威性（Autorität）。谁不试着像别人理解自己一样去理解别人的想法，就不能批判地、与之相区别地对他采取一种立场，相反，在阐释中，批判就会被弄成了一种新解（Umdeutung）。人们也许会把这种新解称为"创造性的转化"，但这也并没有改变这个事实，即它并非合乎实事的、批判的解释。如果不先天地假定历史进程使我们超出了迄今为止的一切思想，那么像别人理解自己一样去理解别人，这种要求——不考虑其困难性——仍然是公允的。要在活着的人之间——在这里，一者在谈论和反驳中对他者的提问给出种种出人意料的回答，而我们的提问无论如何不会止步于这些回答——满足这一要求，确实是够难的了。在对话中，当我们仅仅按照我们自己的感觉和尺度理解并因此固执地误解他人时，他人能够纠正我们。于是我们至少——这种少已经够多了——能够在我们相互不解和误解的关键点上互相理解。如果由于他人只存在于文本中，因而缺少对话伙伴，并且思想者之间的"二人对话"实际上是独白，那么这种可能性就增大了，即在对有待解释的文本的占有中仅仅取回了自己的东西而遗漏了他人所特有的东西。但甚至对于前理解也是先行给定的文本，也并不是为了巩固我们不言而喻乃至显而易见的先入之见才存在的。我们反倒必须预设，它有一些要对我们说、要让我们知道，而我们从自身出发还不知道的东西。

假如能够指出，海德格尔不是由于个别误解，而是根据其进行解释的整个方式方法，对哲学文本的阐释做出了不同于作者对该文本之理解的理解，那么以某种特定阐释所遗漏的东西为证据，就间接地证明了其方法论预设的可疑性。但最终的预设在于"此在分析"及其基本命题，即人的"本质"不是某种天然不变的东西，而是一种在筹划和理解中循环地相关于自身的向来本己的能够存在。而因为对文本的理解活动是由一个人自己对另一个人的理解，所以重要的是，对此在的生存论分析如何理解本真的——也就是把他人"释放"给他向来本己的种种可能性的——与他人"共在"。① 但这种"释放"不是真正的团结与义务的表现，而是对我自己以及任何他人的向来本己的能够存在的巩固。它为了自己的毫无依赖和无可动摇而释放了他人。在《存在与时间》中，最本真的能够存在是一种本己的整体能够存在，它"无关"他人且"不可逾越"，因为死是一种自由生存的最高的以及不可逾越的法庭。

海德格尔以自己的方式意识到了其种种阐释的无关联性和任意性。面对着对其粗暴性的指责，他通过暗示这一点，即思想的对话还处在比单纯的历史学－哲学阐释更脆弱的种种规则之下，而为自己进行了辩驳。② 但哲学－历史学研究与存在历史之对话的区别，就像一种无法纪元的存在历史与一种历史学上可纪元的世界历史——其现实灾难会出自非存在着的存在发生

---

① 《存在与时间》，第26节。另请参照本文作者洛维特的《共同为人角色中的个体》，现收录于《全集》第1卷，第9页及以下，尤其是第21节。

② 另请参看《康德与形而上学疑难》第二版前言。在第35节最后，粗暴性之必要性被建立在这个基础之上，即在解释中，重要的不是作者明确地说了什么，而是从他那里"夺取"他没有说但"想说"的东西。他认为，为此人们必须吐露作品隐藏着的激情，并且强迫自己去说那没有说出的东西。因此，对文本施以强迫的阐释，其本身的正当性正来自于那种要人从待阐释的文本出发的强迫。 批判地辨明文本之本意的阐释，其地位被双方面的强迫所取代。

——一样，是可疑的。甚至思想者对思想史的经验也不得不从经过历史学意义上承传编纂的文本出发并深入它，而且与仅在历史学上感兴趣的语文学家相比，不是较少，而是更甚。海德格尔的确是想以明确所说以及作者所想的东西为线索，**理解现存文本**"未被道说的东西"，以便能够由此出发去理解没有明说或者没说的东西。未被道说的东西越重要，追思文本的人就越需倾听已说出的东西。

没有人会否认，当代少有其他阐释者像海德格尔一样聪敏，而且当他细心地对思想家和诗人的语言结构进行分化重组的时候，他是长于阅读和解释的艺术的。但没有人会看不出其阐释活动的粗暴性。他的解释活动实际上逾越了一切对有典可稽的东西的说明。这是有某种东西埋伏于其间的说明着的间释（Inter-pretieren），是把文本转渡（Über-setzen）到另一种旨在思考"相同者"的语言。因此，文本的细致展开和海德格尔用以灌输其先行具有（Vorhabe）的坚定决心一样重要。人们可以非难这个的粗暴性并赞赏那个的细腻，但它们是互补的。先行具有之贯彻中的粗暴性隐藏于解释的细腻中，后者服务于前者。它们总是不同程度地规定了阐释的贴切与偏失之处。关于黑格尔经验概念的文章与其说是一种明确的阐释，不如说是一种相伴偕行的评注。关于里尔克一首诗的文章（《诗人何为？》），除了个别强暴行为（《全集》第5卷第288页，边码266页）以外，就是一部细致诠释的大师之作，仅就这注解对里尔克所说的东西的超绝诗化和进一步思考而言，它就逾越了后者。关于阿纳克西曼德的文章是这样一种解释，它不仅远远地逾越了待解释的箴言，而且以一种使之面目全非的方式解释了某种没说出的东西,由此路过并略过了它。关于尼采的话"上帝死了"的文章,既非常深入所选的尼采文本,又同样非常粗暴地逾越了尼采自己的想法。个别的阐释以及翻译简直是太粗暴了。海德格尔校长演讲以柏拉图的话(《国家篇》497d, 9):所有伟大的事物矗立在暴风雨中($τὰ ... μεγάλα \ πάντα \ ἐπισφαλῆ$)结束,这句话并非像他在一个暴风雨的时代中所翻译的那样,无疑是说一切伟大的事物矗立"在暴风雨"中,而是所有伟大(高贵)的事物都处于险境(摇摇欲坠),或者像施莱尔马赫翻译的:"令人担忧"。①

在《存在与时间》中,在《林中路》里的一篇文章中,在"谁是尼采的查拉图斯特拉"的演讲中,在《什么叫思想?》的讲座中,海德格尔多次对尼采发表看法。在"历史学在此在历史性中的生存论源头"(《存在与时间》第76节)的结尾,他在**历史学对生命的"有利"和"有害"**这方面,对尼采的"不合时宜的沉思"的本意做了简短阐释。除了一种愈加尖锐无比的概念处理,他的思路还大范围地为尼采的思路所触动。在两者那里,对历史学和历史主义的批判都退回到这样一种批判,即对属于"生命"或"此在"的历史性及其与我们本己的能够存在的未来可能性之关联的批判。其论点是,历史学远离了与历史的真正关系,非历史学而有生命的时代也并不是非历史的。由于历史的行为和理解"重复着"生命之曾在的可能性,它就使得过去了的东西重新走近我们,并把曾在的东西带进我们本己的可能性中。与尼采的基本原则——我们只有作为"未来的工匠"以及"当下的知者"才能识破过去的箴言——相一致,海德格尔说,

---

① 希腊的一种特殊思想,在希罗多德《历史》第7卷第十节被阐发,在尼采的诗《伞松和闪电》(Pinie und Blitz)中也有所表达。

真正历史学上对过去的展开,在出自未来的当下瞬间中应时而生(zeitigen)。它与过去和当下的结构性关联以及历史学作为"纪念的""好古的"以及"批判的"三重性,尽管没有由尼采表明其必然性,但尼采进行沉思的开端就让人能够猜想,他的"理解比他的宣告更多"。

海德格尔要理解这种更多,并由此比尼采本人更好地理解他。这种诠释的成果是:历史学三种方式的统一基础是本真的"历史性",而它的起源是作为操心之生存论意义的"时间性"。但海德格尔的预设,即从本质上说人是一种历史性地"生存着的"、筹划着自身的并操着心的此在,并非为尼采所共有。如果尼采沉思的开端以及结尾突出了某种东西,那么它就是投向纯粹此在之非历史性方式的目光,这种纯粹的此在能够"遗忘"那"曾是"的东西,并漫不经心地消融于当下的瞬间中,一点也不剩:它是动物,"在更为熟悉的近处",是孩子。两者都不像成人那样是"永远不能完成的过去时"因而为其整体的能够存在操劳,而是在玩耍中整个完全是它们所是,因此是幸福的。历史性地活着的未完成的人,也要求这种完善性。对尼采来说,与动物相近的孩子,几乎不是某种单纯前人类的此在方式,相反,在《查拉图斯特拉如是说》中孩子成为了那样一种人类的象征,他克服自身,并且在最后一段变化之后成为了世界之子,他是"纯洁"和"遗忘",是"新的开始"和"自转的车轮"。除了孩子般的此在与赫拉克利特的世界之子[①]的这种积极关联,它还含有一种与上帝之国——它只向如孩子一般相信的人开放——的信息的

---

① 参看尼采,《语文学》(*Philologica*)第3卷,1913年,第184页以下。

挑衅性关联。同样,在《查拉图斯特拉如是说》中展开了"瞬间"的全部意义,没有它就没有幸福。它是先绝望后极乐的、时间"止息"于其中的"最高的时间",作为"正午"的瞬间,它就意味着"永恒"。对于海德格尔从时间出发对存在的规定来说,只有在本真和非本真的时间性及历史性之间的选择;对于尼采来说,则是关于在一个具有永恒同一意义的存在中扬弃历史学的进程,由此重新赢得失落的世界。

因此在不合时宜的沉思中,尼采对历史学的批判就已经是两面的了。海德格尔仅考虑那个将自身保持在历史学意识以内的、被尼采本人描述为非历史学的能够生活(Lebenkönnen)的方面。对历史性地生活着的人来说,重要的是以适当的程度既能(历史学地)记忆,又能(非历史学地)遗忘,以便只从"曾是"中获取与自己的可能相协调的东西。但此外,尼采的沉思还含有对**超**历史学生活方式的反复暗示①,对它来说,从历史进程中本质上学不到什么新的东西,因为在纯粹此在如愿以偿的瞬间,世界在每个瞬间中也是"完成的"或者完满的。这种超历史的人面对着三种历史学的沉思方式,把过去与未来、"曾几何时"与"有朝一日",作为和"今天"一模一样的东西,一同视为具有"永恒同一意义"的不朽类型的"无所不在"②。他认为这才是"智慧",也就是完善的知识。尼采从一开始就向着这种智慧上路,对它而言,我们对历史学的看重不过是一种"西方的前见"。对于历史学地以及在相对意义上非历史学地生活的人

---

① 《尼采全集》(大小八开本)第1卷,第292页以下,第298页,第379页以下。

② 同上书,第6卷,第423页。

来说，这种智慧首先是一种"恶心"，因为它显得与积极进步的生活相矛盾。知道只有那永恒同一意义的东西才真正存在的智慧，把不合时宜的沉思让给了作为仅有的"永恒化的强力"的"艺术和宗教"。只有作为相同者的永恒轮回的导师，尼采或者查拉图斯特拉才从批判其时代的人变成了宣布永恒的人，不再不合时宜地受时代和历史的束缚。

因此，尼采沉思的开端及与之相应地结尾无法使人设想，尼采已经暗中像海德格尔阐释他的那样理解自己了，相反使人想到不同的东西。尼采用以作为历史的有利和有害之评判标准的"生命"不是历史性的"生存"，而是近似于宇宙（kosmos）的自然（physis），甚至"文化"也是一种新的"自然"①，并且尼采所谋求的"智慧"也不是历史性的理解。尼采已经在关于"历史"以及"意志自由"和"运命"（Fatum）的两篇学生作文中指出，在第二篇《不合时宜的沉思》中进一步发展并在《查拉图斯特拉如是说》中通过对一切"曾是"的"拯救"而解决的最终和首要的问题，不是**存在**与**时间**，而是**生成**与**永恒**。作为相同者的永恒轮回的永恒，这个主题始终规定着尼采的哲学。它首先出现于19岁时的自传性草稿中，其中追问了人们在摆脱了历史迄今为止的所有权威之后还能去拥抱的"圆环"（Ring）；它规定了对历史的非历史学和超历史学态度的区别；它在《曙光》的结尾明确地流露出来，并完全统领了《查拉图斯特拉如是说》。而即便在《强力意志》中把时间作为一种虚无主义历史的批判，也是从"存在的永恒肯定"之先行"肯定"（Ja）中找到基础的。②

---

① 同上书，第1卷，第384页；参照第9卷，第377页以下。
② 尼采打算作为《瞧，这个人》结尾的诗歌《荣誉和永恒》。

只要在尼采这里能够在严格意义上讨论存在论的提问，那么他偶然叫做"存在"而多半叫做"生命之整体性质"的东西和虚无并没有本质上的亲缘关系，相反，一切存在者的永恒同一的存在，虽然作为一种生存既生成着又毁灭着，但是作为永恒生成的存在就是肯定的。对于海德格尔来说，这种"被认为是永恒的东西"只不过是"一个被悬置起来的消逝者，它被悬置在一种停滞的现在的虚空之中"①。

在《林中路》一文中（第203、300页），就其思想可以把握为一种历史性思想而言，海德格尔成为了迟来的尼采门徒。在两人那里，追随者意识变成了对未来的意志。尼采对超感官价值之崩溃（"'真实的世界'如何最终成了寓言"）的历史－哲学建构被无条件地承接下来而仅仅是被重写了一遍。尽管海德格尔不像尼采那样清楚地谈论一种随着"查拉图斯特拉的开始"而告终的长久"谬误"的历史，但据事实来看，甚至他对整个迄今为止的传统的态度也走上了新的起点以及对长久谬误的价值重估，这种谬误就是，似乎当人思考作为存在者的存在者时，就已经思考了存在本身。

为了考察是否由于海德格尔与尼采的贴近，对于待解释的文本而言他就成了公允的，我们提三个问题：第一，对他而言尼采究竟意味着什么？第二，他把什么理解为对尼采的某种解释？第三，他怎么阐释尼采关于上帝之死的话？

第一，对海德格尔来说，尼采并不仅仅是"最后一位怀着

---

① 《林中路》，第295页（全集版第320页，孙周兴中译本第290页——译注）。下面只在正文中给出《林中路》的页码（即全集版中的边码——译注）。

激情寻找上帝的德国哲学家"①，而是一位本身与亚里士多德保持贴近，其思考之"踏实严谨毫不亚于"亚里士多德的"形而上学思想家"。外行惊讶于，《不合时宜的沉思》《快乐的科学》《查拉图斯特拉如是说》《善恶的彼岸》《强力意志》《敌基督者》以及《瞧，这个人》的作者，这个试图使自己的思想赋形于警句、寓言和未付实施的规划从而不断言及自身的人，怎么会与亚里士多德严谨的科学著作，其物理学和形而上学、伦理学和政治学、地理学和天文学有密切的关系。尼采的思想真的只是"历史学地，台面上地"展示了一种别样的、现代的表情吗？或者尼采所写的"疯人"之语对他来说是否根本，就像对亚里士多德来说根本性的东西是，他的神非生非死而乃是至高天穹之自然运动的永恒原则，因此完全没什么东西可从深处②去呼告一样？最终，对尼采与克尔凯郭尔的"习以为常的"相提并论，总是比海德格尔所要求的把颠倒过来的山上宝训的作者与亚里士多德、莱布尼茨、谢林和黑格尔一同思考（第233页），更加符合事实。

第二，海德格尔以这句话开始他对尼采的解释："下面的阐释试图指明，从何而来我们兴许有朝一日能够提出虚无主义的本质的问题。"③他理解为某种"阐释"的东西，简直和在《荷尔德林诗的阐释》前言中说的一样漂亮：它尽力让诗意创造物"稍微明晰地"透露出来，并且必须为诗意创造物的缘故，力求使

---

① 《校长演讲》，第12页。
② de profundis，见圣经·诗篇130。——译注
③ 《林中路》，《海德格尔全集》第5卷，第209页，孙周兴中译本第192页。——译注

自身成为多余的。"任何解释最后、但也是最艰难的一个步骤乃在于：随着它的阐释而在诗歌的纯粹显露面前销声匿迹。"如果做到了这一点，那么在反复诵读中，我们以为"我们大约总是已经如此这般领悟了诗歌"。这种奉献的意图通常并未表明海德格尔对所思之物进行解释的特点。在人们反复阅读他对尼采的解释之后，对他们出现的无不是披着尼采外衣的海德格尔——其原因可能就在于，尼采的想法本身确实没有得到纯粹的思考。

为了不只是留下"某种空洞反复的报告"，海德格尔的解释明显想超出尼采所说的东西，从而使自己根据意图和效果，保持在《存在与时间》由以被思得的**某种**经验的周围。尼采的想法被列入存在之遗忘的历史，并被朝向它解释。为了在以两千年存在历史为前提的这个广阔背景下阐释尼采所说的上帝之死，海德格尔必须也"从他的事情出发"额外加上自己的东西。"外行"无疑会按照自己对文本实际内容的看法，觉得这种附加是一种夹带，并把它斥为粗暴的任意。与通俗理解的这种不理解相反，海德格尔坚持，一种本质性的对文本的阐释尽管不比其作者理解得"更好"，但有"不同的"理解，这种不同的东西必定会命中与被阐释的文本所追思的"同一个东西"。① 比尼采本人所能说的更明晰地去把握他的想法，这种尝试假定了他首先对我们具有了"更多的意义"。但更多意义的却是未被道说的东西，而

---

① 在1927年关于"现象学基本问题"的讲座中说得更加明晰："我们对希腊人的理解不仅想要，而且必须比他们的自我理解更好。只有这样我们才现实地拥有了他们给出的遗产。只有这样，我们特有的现象学研究才不是缝缝补补，不是偶然修正，不是改善或者搞糟。"（《现象学之基本问题》，《海德格尔全集》第24卷，此处译文引自丁耘译本，上海译文出版社2008年版，第147页。——译注）

未被道说的东西是思想家的真正"学说"（第 215 页；参照《柏拉图的真理学说》第一句话）。① 对阿纳克西曼德箴言的阐释（第 341 页）中也附带地进一步说，一切在存在历史上与另一位思想家的对话都基于存在之劝说。在这种联系中思考的人，虽说可能先行误解别人的想法，但"甚至也许只有这样"思考了同一个东西。谁想要断定，海德格尔是否从存在之劝说出发来解释上帝之死的说法？确定的只是这一点，即他超出了已被尼采道说的话，从他自己的东西出发并且深入到他自己的东西里去：存在论差异。

第三，最初提到尼采的话"上帝死了"，是在海德格尔 1933 年的校长演讲中。海德格尔说，人们必须严肃对待"当今人类在存在者中间的被离弃状态"。如果此处涉及的是存在者中间的

---

① 海德格尔像一位精神分析学者一样行动，尽管对他来说这种"分析"是最为遥远的：他从已被道说的东西中听取某种未被道说的东西，这种东西是真正推动者，甚至是已被道说的东西的动机：是被遗忘的最初的种种犯错，它作为最初的东西，由于无意识地规定了整个生命历史，而预先决定并超越了人接下来的一切天命——直到来了一位冒险"重复"这种天命之漫长历史的拯救者。存在和发生的无名的"它"（Es）和无意识者的非人格的"它"是一致的。弗洛伊德和海德格尔两人都通过在显示着自身和已被道说的东西中倾听到在与种种闪念之联合的游戏中不情愿地被提到的某种逃离着自身和未被道说的东西，而把有自我意识的我转让（übereignen）给一种处于更深处的关系。这种方式方法，比如海德格尔经由一种私人论证（argumentatio ex privativo），一开始就通过把可能的反驳意见列入自己的前提中而驳倒它们，也与精神分析有着方法论上的亲缘关系。例如谁否认"有典可稽"的东西只是解释者的先入之见，他就必须允许自己这样说：虽然他必定不可避免地这样思考，但只是因为他属于拒绝超越有典可稽的东西的"常人"。生存论-存在论上的解释在各种情况下总是对的，因为对它的反抗只证明其本身来自一种有待证实的东西的"残缺样式"。

一种存在的被离弃状态,那么这种对上帝的被离弃状态的严肃对待又是从哪儿来的?当尼采在其青年时代摆脱了他的基督教出身①并最终以某个"反基督者"来攻击旧约和新约中的上帝时,尼采无疑已经充满激情地寻找过"那位"上帝,也就是那位"未知的"上帝。那时,尼采曾以为发现了这个未知的上帝就是同样被害又复活的狄奥尼索斯神,并根据一种相反的"对苦难的阐释"(《强力意志》第1052节②),区分了基督教的上帝与异教的神。然而尼采的激情寻找和貌似极乐的寻获,对于虽然带着明白无误的同情复述了这个宣布上帝之死的疯人所讲的故事,但是自己又把上帝问题引回到存在论差异问题的海德格尔来说,又意味着什么呢?因为对上帝的最沉重打击并非来自不信上帝者,而是来自不思考"存在本身"就把上帝当作一切存在者中"最具存在特性的东西"来夸夸其谈的那些信徒和神学家(第240、246页)。③但由于海德格尔想到了作为神妙者、神圣者以及神圣者之可能位置的存在,并且问存在是否能够"再一次"成为一

---

① 参看其青年时代的诗歌(原文为Jugendgeschichte,青年往事,应是Jugendgedichte之排印错误——译注):《你已召叫——主,我来了》(*Du hast gerufen - Herr ich komme*)、《在苦像前》(*Vor dem Kruzifix*)、《客西马尼与各各他》(*Gethsemane und Golgatha*)、《献给未知的上帝》(*Dem unbekannte Gott*)以及《查拉图斯特拉如是说》中"魔术师"一篇的诗歌。

② 即KSA版《尼采著作全集》第8卷《1875-1879年遗稿》,编号14[89],《权力意志》孙周兴译本第992页。——译注

③ 参照福尔克曼-施鲁克(Volkmann-Schluck)《尼采的上帝问题》(*Zur Gottes Frage bei Nietzsche*),载《共襄盛举:贺海德格尔60岁生辰》(*Anteile. Zu Heideggers 60. Geburtstag*)第212页及以下。该处尝试指出,尼采对上帝之死的宣告是对这一点的虔诚表达,即和海德格尔一样,拒绝一种对作为存在者的上帝的遗忘存在的信仰。

个上帝,《存在与时间》中的中立论断(第306页①注),即生存论分析既不表明它**赞同**也不表明它**反对**这种罪孽的可能性,因为通过信仰的证明摒弃了任何"哲学经验",以及在《论根据的本质》(第28页②注)③中同样意义的论断,即,对此在的形而上学阐释关于一种向着上帝的可能存在既没有做肯定的决定也没有做否定的决定,现在就不能令人满意了。海德格尔的文章的确以一种与无信仰的公开围观者的清晰划界而走向结尾,"因为他们本身"不再能够寻找上帝,从而放弃了"信仰的可能性"。但接着又说,"他们不再能够寻找(即寻找上帝),是因为他们不再思想"。然而真正存疑待思的(Bedenkliche)只是存在,为了能够思想它,人们必须告别"理性"(第247页)。对存在的思想尽管是一种觉悟(Vernehmen),甚至是思想之"耳",但这种聆听着的觉悟不像在黑格尔那里一样是理性和信仰的共同基础。另一方面,海德格尔对理性的告别是有利于思想的,不同于路德为了唯独因信称义而反对"理性这个婊子"的斗争。人们会问,海德格尔一方面主张正在寻找的信仰的可能性,另一方面又把它归结为一种反理性的思想,是什么意思?如果信仰在思想中毫无位置(第343页)并且"思想之沉沦为科学和信仰"

---

① 即《存在与时间》陈嘉映中译本第350页注①。——译注

② 即《路标》,《海德格尔全集》第9卷,第159页,注56,孙周兴中译本第186页。——译注

③ 参照《论人道主义的书信》,伯尔尼版第101页及以下(即1947年弗兰克出版社出版的《柏拉图的真理学说,附关于人道主义的书信》,见《路标》,《海德格尔全集》第9卷,第352页,孙周兴中译本第414页——译注),该处既不决定支持也不决定反对有神论,但也不支持对信仰与否的不关心,因为重要的是这个问题,既如何"在存在论上"处理"此在"与上帝的关系。

是如今应当转变的存在的恶的天命（第325页），那么究竟如何能够在本质上把"弃神"（Entgötterung）思想为去除**神化**（Entgötterung），除非一种本身凝神笃信但既非哲学亦非神学的"思想"取代了进行研究的、"怀疑"的认知以及顺服的信仰？于是，真正信仰的人就会是那些在对作为存在者的神的信与不信的此岸，将自己退而系于存在，并就他坚持把"提问"作为"思想的虔诚"而言，是"有宗教感的"（religiös）。① 此后，甚至提问都无疑被撤回到对存在和语言之允诺的"听从"中，并且不再被声称为思想的本来表现。

在重要思想家的思想和真正信仰者的信仰都要求对存在或者上帝在历史中显现和遮蔽自身这一点加以认识的情况下，海德格尔对思想与信仰的模棱两可的区分与联系就越发令人伤脑筋。比如对启示的信仰是否已被海德格尔——这位曾经的基督教神学家——超形而上学地思想并留给神学家们一种无思想的信仰，仿佛基督教神学和神秘主义一直没有注意到，上帝不可能和他的造物以同样的方式"存在"？ 在被尼采的名言说成是"狡诈的神学"的德国哲学史上，这不是首次有哲学家自认为是更好的神学家，并把神学的任务承接到哲学中来，而另一方面总是还有一些神学家，他们认为能够从对无的经验和对存在的思想中为启示的信仰取得有用的东西。

尼采所说的上帝之死尽管在海德格尔的解释中处于中心，但不是作为分散于各处的教学场景②，而是作为一种主旨，由它出发，尼采的其他基本词汇："虚无主义""生命""价值""强

---

① 另请参看本文作者洛维特的《知识、信仰与怀疑》，1956年。
② Lehrstück，一种围绕重要专题的教学法。——译注

力意志""永恒轮回"也得到澄清。海德格尔文章的50个页码是对5个学期的尼采讲座的总结,也就是说可以相应地认为是重要的。按照海德格尔的看法,"上帝死了"意味着自然之上的(meta-physische)观念、理念和价值世界不再是鲜活的,因此意味着形而上学完全终结了。尽管海德格尔不反对,尼采的话指的是圣经所启示的基督教上帝,但"上帝"一词首先就包括了超感官世界的束缚力之瓦解的确证。尼采所理解的基督教完全不是曾在不长的时期具有效力的源始基督教生活,而是教会的世界政治表现。然而尼采如何与克尔凯郭尔不同,很少反对教会甚至不仅是道德价值中"隐藏着"的基督教,还有新约和保罗的基督教本身,不需要详细的证明。《查拉图斯特拉如是说》从始至终就是一部反基督教的福音。想饮尽充盈着永恒欲望之酒杯并有雄鹰陪伴的超人查拉图斯特拉,从第一句话开始就是亦神亦人的基督的对立形象,基督像献祭的羔羊一样温顺受苦并饮尽苦难之杯;而查拉图斯特拉以朝拜一头不断"咿啊"①乱叫、而杀死上帝的最丑之人还给它喝酒的驴结束了自己的讲话,因为与基督教的上帝之国相反,查拉图斯特拉想要一个"尘世之国"。看看《敌基督者》以及尼采与帕斯卡尔的关系,就表明了尼采所涉及的是基督教的灵魂、基督教理解的受苦和基督教的上帝,在"上帝"的反面则涉及"世界"并且仅仅因此就还有对基督教柏拉图主义超感官的"背后世界"的最终废除。尼采对亚里士多德自然神学的无限远离及其对帕斯卡尔和克尔凯郭尔的接近在这一事实中表现得最有说服力,即他在《瞧,这个人》的结尾把自己描述为"反对被钉十字

---

① I-A,谐音Ja(是的、好的)。——译注

架者的狄奥尼索斯",在发疯的时候又自命为"被钉十字架者"。尼采从始至终真正寻找的,完全不是希腊哲学意义上的"理论"知识也不是现代的知性,而是"拯救"以及对更高级的人——甚至不愿让上帝见证其可鄙因而出于报复杀死上帝的"最丑"之人也属于这种最高级的人——之"呼救"的回应。查拉图斯特拉是彻底"无神论者"。尼采不宣讲平常的、自由思想的无神论(第202页),这一点是如此显而易见;他把自己看作是现代无神论历史中的一个"转折点",并把他的任务看作是"在无神论问题中导致一种危机以及最高的决断"①,这一点又是如此不可否认。

通过在千年的存在史和世界史基础上来阐释尼采的话,海德格尔的解释就远远超出了它;因为上帝之死这种说法在整个被形而上学所规定的西方历史中"总是已经未曾明言地"说出来了(第196页)。为什么会这样呢?难道是因为古代晚期的人已经说出伟大的潘神之死,或者是因为基督教的西方把信仰建立在一位被钉十字架的上帝之上?但伟大的潘神、圣经的上帝以及按照上帝的意志佑助人类的被钉十字架的基督,他们和上帝被最丑的人杀死有什么关系?海德格尔对此仅给出了一种少得可怜的暗示,他宣称,黑格尔在引用帕斯卡尔(《思想录》第441节)并且谈论对上帝死了的"无限痛苦"时所想的上帝之死,尽管想的是和尼采"不一样的东西",但是"仍然"在两种表达之间,甚至在它们与对伟大的潘神之死的谈论之间,存在着"某种隐藏于一切形而上学的本质中的"某种"本质性的关联"。因此,在对上帝之死的异教的(普鲁塔克)、基督教的(帕斯卡尔)、

---

① Kröner版《尼采全集》第15卷第70页(即KSA版第6卷第318页,《瞧,这个人》中的《不合时宜之作》——译注)。

宗教哲学的（黑格尔）以及反基督的（尼采）理解之间的关联或许是基于这一点，即对于海德格尔来说，整个西方历史，从其前基督教的种种开端最终到尼采都是一部存在之被遗忘的历史，在其中"根本就没有存在"，因此甚至基督教也可能是这种源始"虚无主义"的余波（第 204 页），与此相反，对于尼采来说，虚无主义反过来是我们杀死了基督教上帝，对他的信仰变得不可靠的后果。海德格尔既不想和帕斯卡尔一道把他自己的思想导向上帝在基督中的启示，也不想和黑格尔一道在"思辨的耶稣受难日"中把上帝之死赋予哲学的实存，也不想和尼采一道主张基督教的历史就是"两千年的谎言"。但即便是出于其他的原因，海德格尔确实跟着尼采说，在现代的"弃神"中，基督教占了最大的份额（第 70 页）——这种论点很难与另一种认为基督教本身只是存举于存在中的虚无主义的形成产物的论点协调一致。在这里，谁思考得更清楚更明确呢：是其思想即从基督教中汲取养分又对它釜底抽薪的海德格尔，还是尼采？

尼采的成熟思想是这样一种思想上的前后一贯，在其开端是**上帝之死**，在其中段是由此产生的**虚无主义**，在其终点是由超人走向**相同者的永恒轮回**的虚无主义的自我克服。查拉图斯特拉的初次讲话"三段变化"就与之相应：基督教信仰的"**你应当**"变成了已经变得自由的"**我要**"的精神；在朝向虚无的自由的荒漠里发生了最终也是最沉重的一段变化，即一种孩子般世界游戏的永恒轮回的此在的从"我要"到"我是"的变化（《强力意志》第 940 节）。随着朝向虚无的自由——它宁可意愿虚无，而非不去意愿——的这种最终变化进入被自由意愿的万物之永恒循环的必然性，对于尼采来说，他的暂时性命运成为了"永恒"的命运（Schicksal）：他的"自我"（Ego）对他成为了"运命"（Fatum）。在一切愿望不能企及、一切否定无法污损的"必然性的标记"和"存在的最高星辰"之下，本己此－在的偶然重新在世界般的存在的整体中在家了。这种拯救是尼采在走出基督教创世学说的道路上，从此在在意愿自身之前总已"存在"这个偶然归于此在的事实（Faktum）中寻获的。这条道路被他称为"虚无主义的自我克服"。查拉图斯特拉是"上帝"和暂时取代上帝的"虚无的征服者"。由于"虚无主义"之预言与全然不同的永恒轮回之"预言"的这种明确关联——虽然两者在"徒然"与"一切都一样"的对立意义上都是一种无意义、无目的、无价值，尼采的整个学说就具有了某种两面性：它是虚无主义的自我克服，在其中"克服者与被克服者是同一的"。它们就和查拉图斯特拉的"双重"意志（《尼采全集》第6卷①，第210页）、狄奥尼索斯洞察世界"双重眼光"和狄奥尼索斯的"双重世界"本身一样，是**同一种意志**、**同一种眼光**、**同一个世界**。虚无主义与永恒轮回的这种同一性产生于这一点，即尼采朝向永恒的意志正是对其朝向无的意志的颠倒。②

对于海德格尔来说，尼采的颠倒意味着某种纯然消极的东西，因为一切颠倒行为都是在被颠倒者的领域中进行的（第200、214、242页）。由尼采所完成的颠倒只不过把形而上学倒转到它的非本质中去了，因为对超感性领域的废黜同样也消除

---

① 出版于1899年的 Kröner 版《尼采全集》第6卷，即《查拉图斯特拉如是说》的"处世之道"一篇，KSA 版第4卷第183页。——译注

② 笔者有必要说明，本人在这个意义上将其作为**相同者的永恒轮回哲学**的对尼采哲学所展开并进行的阐释，已于1935年发表并于1956年以增订本出版。

了纯粹的感性领域，从而也消除了感性与超感性之区分。但在尼采那里，"真实世界"连同其超感性反面的废除绝没有终结于无本质的东西，而是终结于一个处于"正午"时分的崭新开端，那时"影子"最短，存在和认知的太阳最高。① 尼采的这种自我解释并没有阻止海德格尔宣称，尼采对形而上学也就是基督教柏拉图主义的克服是如此微不足道，倒不如说经过他对虚无主义的单纯"反动"，他仍然毫无出路地陷在形而上学及其虚无主义的种种前提和后果中。虽然他在这条颠倒之路上经验到虚无主义的"某些特点"，但仍然是以虚无主义的方式说明虚无主义本身，并且和他之前每一种形而上学一样，极少认识到虚无主义的"本质"，也就是存在之真理的遮蔽状态（第244页）。他对以往价值的重估（Umwertung）最终仅仅实现了先前已发生的以往最高价值的贬值（Entwertung）。海德格尔认为，尼采在意愿自身的强力意志的视野内，也就是说在价值以及价值确立的视角上带有偏见地，不再把他自己对价值的重新确立认为是一种谋杀和虚无主义。——人们会好奇，一位自身实现了某种"转向"、坚持一切展开和理解的循环结构，并把对诸如怀疑主义这类形式思辨的反驳当作单纯的"试图偷袭"而推到一边的思想家，何以无法看出，即便一种克服虚无主义的尝试也不可能无前提、无历史地在虚无主义的此岸展开，而是像尼采所认识到和说出的那样，把有待克服的东西扬弃于自身。"说起克服，有各种各样的道路和方式：请你瞧瞧！可是只有一个丑角会想，'人也是

---

① "'真实的世界'如何最终成为了寓言"（Kröner 版《尼采全集》第8卷，第82页以下）。

能被**跳跃**过去的'。"① 在所有现代思想家中间，围绕着反对何物，只要他还历史性地思想，如海德格尔要对他的"今天""去当下化"（entgegenwärtigen），或者如尼采要使决定性的"瞬间"成为永恒，谁不是顺应时间或不顺应时间在活动？如果有某位历史性地进行思想的哲学家，就他超出各个时代、年代以及世界急难的所有历史性思想而思想到永恒的相同者——其必然性不是来自"未来之急难"而是来自一切生成着的存在的永恒法则——而言，来到了将要完成的现代，那么他就是尼采，因为他试图把变得古怪的人"渡回"（zurückübersetzen）自然的永恒"底稿"（Grundtext）中。针对尼采对虚无主义的克服，海德格尔说，它不过是虚无主义的完成，因为它没有让存在作为其本身存在。然而他本人极少让尼采的想法作为其本身存在，因为他"已经先于"尼采本人对此所说的东西的探讨而确立了自己的观察态度（第201页），以便能够以**他**的方式追问虚无主义。以这种先行把握的观察态度，与《什么是形而上学？》中的内容协调一致，他强调，虚无主义从本质上看是这样一种历史，它与存在本身同行，甚至因此才发生于西方及其现代的历史中。在这里人们早就问了：一种如此确凿无疑地有先入之见的观察态度，怎么可能使人们看到，当尼采说上帝之死、说虚无主义以及说存在是任何"否定"（Nein）都无法触及的"存在之肯定"（Ja）时，尼采自己想的是什么？

海德格尔着重阐释了《强力意志》中与"价值思考"尤为

---

① 出版于1899年的 Kröner 版《尼采全集》第6卷，即《查拉图斯特拉如是说》的"旧的与新的约版"一篇，KSA 版第4卷第249页，钱春绮中译本第232页。——译注

相关的若干原理,以便从价值和价值设定的观点发展出上帝之死这个主导原理。"这种价值设定控制了一切自在存在者,并因此把它们当作自为存在者而杀死了。"(第242页;参照《关于人道主义的书信》第34页下)没有必要跟着海德格尔去强调学院式的价值哲学不是哲学,"价值"不是最有价值之物以及没人"为纯然的价值"而死,当然也没人为"存在"一词而死。海德格尔在同一处还补充说,人们必须尝试不依赖其价值立场来理解尼采的思想,以便获得理解其作品的恰当立足位置。但奇怪的是,他自己的批判性阐释却完全流连于尼采的受时代限制的、来源于19世纪国民经济学的价值思想。与他自己将未被道说的东西交给语言的这种倾向相反,这回他从字面上取用尼采对价值的谈论,以便批判性地超出这种预先假定的价值思想进而杀死上帝,这就意味着通过把价值思想降低为某种纯然的价值并予以压制杀死存在。但尼采真的在价值思想上有所偏颇吗?他可曾将存在把握为价值?或者当他彻底思考由基督教对此在的解释之崩溃而产生的对此在之"价值"("意义""目的")的追问,达到了这个结果,即在生命或生成——按存在论的说法,是"一切存在者之存在"——的"全部特征"**不**可能被估价和评价时,他难道没有摆脱一切价值、目标和目的的设定,没有摆脱一切"何所向"和"为何之故"?① 甚至尼采对圣经中上帝概念的批判,也以这一点为基础,即创世的上帝在本质上就是意志,他为了人的缘故才把世界创造成某种东西,并由此从世界那里夺走了

---

① 另请参看 Kröner 版《尼采全集》第6卷,第243页;《快乐的科学》第1节和第357节;《尼采全集》第8卷,第100页以下。

那在于"冯·无定数"①的"最古老的高贵"。整个存在都处于我们评价的彼岸，因此也在"善恶的彼岸"以及"人与时间的彼岸"，是人也被一同混入其中的一种生成与毁灭、存在与假象、必然性与游戏的永恒重复的世界游戏。②对尼采来说，"价值设定"并不意味着把柏拉图主义的观念移置到价值中，而意味着种种目标和目的设定自身，因此本来就存在于意愿中。但意愿要经过对一切总已存在的东西的"返回意愿"，从自身中解脱出来才得自由，而它所重新获得的"世界"，在《查拉图斯特拉如是说》以及《强力意志》中通过这一点得到描述，即"如果"一个圆环"没有"朝向自己的善良意志，"如果"在循环的幸福中"没有"一个目标，那么世界就**没有**意志和目标。《强力意志》的最后警句所描述的狄奥尼索斯的世界，不是海德格尔谈到历史性的年代和世界急难的时候所想的世界和时间，而是一种自然的或者生命的世界，它的时间"并无目标"。③如果有生命的世界的永恒存在是一种不断的生成，如果时间是一种重复自身的循环，那么在生命或者生成着的存在之全部特征中也就不可能有指向未来的意志目标、目的以及价值设定。总是具有同样力量的生命

---

① von Ohngefähr，是尼采虚拟的名字。von 的通常意思是"来自"，置于姓氏之前表示贵族称号；Ohngefähr 即 Ungefähr，其词源是中古高地德语的 āne gevære 即无欺，是用来表示无意发生的数量差错的法律用语，据此译为"无定数"。该词在《查拉图斯特拉如是说》的若干中译本里曾译为"或然""意外""偶然"，等等。——译注

② 尼采的诗《致歌德》(*An Goethe*)。

③ 尼采的诗《锡尔斯-玛丽亚》(*Sils Maria*)。《强力意志》的最后警句存在于两个十分不同的文稿中，其中较早的文稿（Kröner 版《尼采全集》第16卷，第515页）并不是以"强力意志"的表达方式结束，相反，是从永恒轮回出发，把自我意愿或者说称颂理解为一种"一再意愿"。

之"永恒轮回"更没什么可能从现代技术及其机器的本质来理解了。①

与这一切相反，海德格尔把尼采的哲学阐释为一种"价值形而上学"并把价值阐释为一种"观点"（Gesichtpunkt），并巧妙地曲解了它的简单含义。尼采所理解的"价值"包含于《强力意志》的箴言第715节。被海德格尔所解释的第一段，原话是："'价值'的观点就是鉴于生成范围内生命之相对延续的复合构成物的**保存－提高之条件**的观点。"②这句话是什么意思，它说出来是反对着什么的，这从接下来的几句话以及《强力意志》的相关片段中看得很清楚。不像海德格尔所阐释的那样，它不是说，价值的"本质"本身是一种"观点"，价值要被理解"为"观点，因为它是由一种朝向一面观看（Hinsehen）、盯紧某物观看（Absehen）③和计算在表象上设定的，相反，价值"的"观点在这里就像在其他地方（比如第567节和1009节）一样，指的是人们必须从保存－提高之条件的观点出发，在本质上提出价值问题，就是说根本上从"生成"和成长、增加与减少的观点，而不是从某种单一、单调且固定不变的"存在"——比如"原子"和"单子"，或者还有（第708节）"自在之物"和"真实世界"——之非本质观点提出价值问题。在尼采看来重要的是，对从错误的观点或"存在者"的"假定"出发给有生命的生成的所

---

① 参看《什么叫思想？》第47页以及《演讲与论文集》第126页。
② KSA版《尼采著作全集》第13卷第36页，孙周兴译本第708页。——译注
③ 动词 hinsehen 的本义是看过去，其相关的名词是 Hinsicht。即方面，因此译为朝向一面观看。动词 absehen 的意思是瞄准（该词还有撇开不看、偷看的意思，此处不取），其相关的名词是 Absicht，即意图。——译注

做的评价"加以贬值",也就是对顽固的东西以及仅仅保持自身的东西"加以贬值",以便为生成辩护,因为从单纯存在者的观点出发所做的判断是"一切谤世说的源泉"(第708节;参照第617节)。

但价值的观点在原则上不适用于这种本身"纯洁无辜"的,也就是没有根据、没有目标或者没有"为什么"以及"何所向"的生成以及表明生命全部特征的东西(第711节),因为生成根本没有"目标状态"①(第708节;参照第1062节)并且不是汇入某种非生成的"存在"就停止,在那种存在看来,生成只是一种"假象状态"。"生成在每个瞬间都是等值的:生成的价值总额保持相同,**换言之:生成根本就没有价值**,因为找不到某个东西,可以用来衡量生成的价值,并且使'价值'一词具有相关的意义。世界的总价值是不可贬值的。"(第708节)②在尼采眼里的,以及在《强力意志》中他试图以《查拉图斯特拉如是说》为基础加以发挥的"世界方案"(Weltkonzeption),通过这一点得到描述,即作为强力意志的生命是不可贬值的,因为它"在每个瞬间"都完整地是其所是,并且在一切变迁中具有同样的力量(第1050节)并且表示同样的意义——没有来自过去的残余,也没有未来的悬欠。"绝对不可因为某个未来之物的缘故而为当前之物辩护,或者因为当前之物的缘故而为过去之物辩护。"③(第

---

① Zielzustand,目标也可理解为终点。——译注

② 最后一句话:"因此哲学上的悲观主义不逮于宇宙万物"指的是杜林(Dühring)的《生命的价值》(*Der Wert des Lebens*)一书,尼采反复在争论的意义上对之加以引用。

③ KSA版《尼采著作全集》第13卷第34页,孙周兴译本第706页。——译注

708节；参照第6卷第295页下）

按照尼采的看法，为了达到这种世界方案，不仅需要排除我们从人的角度出发的价值估量，而且首要要消除生成——如其随着上帝被一同思考——的设定目的和手段的"全部意识"。对其自身具有意识的世界不能被算作价值的出发点，并且"假如"我们已经想要安放全部生命的目的和价值，那么它或许就"不"可能"与任何有意识生命的范畴"相合（第707节；参照《论非道德意义的真理与谎言》(Über Wahrheit und Lüge im außermoralischen Sinn)——因此也不可能与朝向一面观看、盯紧某物观看、表象以及计算相合。因此，"唯一的"以及对尼采的价值概念而言的"本质性的东西"不可能是这一点，即价值总是由某种观看并且为了这种观看设定，以至于对观看以及由它引导的行动而言，价值是被设定和被预设的"着眼点"，相反，尼采价值学说的特点是，他甚至超出了某种原则上对价值的重新设定，而对价值概念对生命之全部特性的适用性提出了疑问，因此在海德格尔选为起点的句子中，尼采为"价值"一词加了引号。不是由于尼采把存在评价为"价值"（第238页），他就使其失去其尊严，相反，是海德格尔使尼采的实质想法失去其特点，因为他把这想法反着解释回"主体性完成的时代"①之中，也就是不动声色地使尼采的想法逐渐变为笛卡尔的，或者更恰

---

① 当费希特把绝对的"我"转译到作为唯一绝对者的"上帝"，并且因此拉开了荷尔德林、谢林和黑格尔之转变的序幕时，现代的主体性已经在他那里哲学地"完成"了自身。谢林和黑格尔对笛卡尔"消灭自然"或者说消灭精神的批判（《黑格尔著作集》第16卷，第47页）。在解说费希特的时候首次出现了"虚无主义"这一概念（弗里德里希·亨利希·雅可比，《雅可比著作集》第3卷，第44页）。

当地说，变为笛卡尔主义的想法（第220、236、266页）。海德格尔把他对笛卡尔的解释（《世界图像的时代》）混进尼采的想法中，以便能够同一地、单线地构思"现代"的开端和完成。但当尼采与他最终的意图和洞见相反地、也把作为强力意志的生命本身称为某种进行估价并被我们赋予价值的东西的时候，也就是"当"从未完全摆脱同一时代价值思想的我们着手设定价值的时候（第8卷第89页），只不过是证明了，尼采无法免于与叔本华对"强力意志"的贬低和杜林的"生命的价值"的争论态度而纯粹地发挥他自己的想法。假如他像亚里士多德一样实在、清晰、严谨地思想，那么其思想的众多不明确性以及相应的误解就不可能存在了。但尽管如此，有一点也是明显的，即对于尼采来说，一切存在者的存在或者作为强力意志和生成的"生存"从来都不是某种"价值"，而是我们进行评价的活生生的自然基础，并且正因此在其本身是不可贬值的。在仍偏向于他那个时代在认知理论和价值理论上的提问方式的《强力意志》的一些笔记中，尼采并没有精确地进行思考，相反，其精确的思考是在《查拉图斯特拉如是说》的各种打比方中，它们才是被妥善安排的"种种思想体验"的体系。

　　从尼采的这一命题，即对于生命"价值"而言的决定性观点是"保存－提高之条件"的观点出发，海德格尔进一步表明：保存，"即对它自身持存的保证"，因此属于作为强力意志且作为必然价值的生命之本质。他认为强力意志为一切存在者中的"保证"之必然性辩护，并因此停留在笛卡尔主义对作为"确定性"的真理的规定中（第220页）。他认为这就弄清了，现代的形而上学在何种程度上完成于尼采的学说。

但在第 715 节的上下文中，保存-提高之条件的命题把重点放在了提高的条件，或者说是支配性中心的增加与减少之中，而没有放在作为持存之保证的保存上。单纯保存的需求毋宁是"相对"于"延续最短的世界"而言的。生命的本质特征是它的超越自身、是它的创造性的东西，它与各种持存保证或者保护相反，而为了承受永恒轮回的思想，笛卡尔主义的真理概念也必须得到重估：照尼采的看法，不是对确定性的，而是对不确定性、无保证性的欲望，表明了具有持久创造性的东西（第1059 节；第 8 卷第 79 节及第 133 节；第 14 卷反对着笛卡尔的第 5 节和第 6 节）。是对不确定的"偶然"的欲望，把查拉图斯特拉的灵魂及其世界描述为"最必然的"东西（第 6 卷第 304 页），并把尼采哲学描述为向着不确定的东西的发现之旅。尼采的思想没有完成现代的自我确定的主体性，相反，它是基督教对此在的解释终结后的一个"新的开始"。如果有 19 世纪的某位思想家在围绕着"旧的起源"的认识活动中，通过寻找"新的起源"以及"未来的来源"，既在开端意义上同时也在未来意义上进行了思考，那么他就是尼采，因为他从朝向虚无的自由中开辟了一条朝向存在的出路，因为他作为一位勇敢的水手"向西航行，希望到达印度"，虽然搁浅在"无限性"上①——"一份唯一的礼物，它或许是从存在而来的思想所应得的礼物"（《关于人道主义的书信》第 30 页②）。

海德格尔预先把握着的含有价值概念的阐释开端，对所有进

---

① 《曙光》（*Morgenröte*），最后的箴言。
② 即《路标》，《海德格尔全集》第9卷，第343页，孙周兴中译本第405页。——译注

一步的东西都是决定性的。他认为，甚至当尼采说上帝死了的时候，他所想的东西，也必须从价值出发来加以理解（第 209 页）。这个命题意味着由通过把所有东西对象化并最终遗忘存在而起来反抗其本质的主体性和存在者的主体性的人，为了符合强力意志，对一切超感性价值的清除（第 241 页下）。因此尼采的形而上学本身还是虚无主义。但当尼采以一种同时也是灵感（第 15 卷第 91 页）的决心献身于一切存在者的存在，并教导一切存在者的永恒轮回时，他实际上做出了一种最后的"对真理的尝试"（第 12 卷第 410 页）。想要自己命令自己并拥有向死之自由的超人，他的起立（Aufstand）只是以往规定着"你应当"和一切价值的上帝之死**最紧接着**的后果。"朝向智慧之路"的，也就是朝向对存在者整体的完善认识的最后和最沉重的一步，是跨越到从意愿本身中解放出来，跨越到简单的"肯定与阿门"以及"永恒的存在之肯定"，尼采就是以此为《查拉图斯特拉如是说》加上了封印，并完成了《荣誉和永恒》这首诗。向着通过失去世界而赢回世界的创造"游戏"的这最后一段变化，发生于《查拉图斯特拉如是说》的"幻影和谜"一章，在绝望的"最寂静的时刻"和"违背意愿的幸福"之间，以便引出一种"痊愈"。这种最后的批判性跨越完成于正午和永恒（第 6 卷第 400 页及以下）。对于尼采来说，在这与"一切存在者的最高一类"相称的最高瞬间，时间早已在一种反基督教的意义上完成了，以至于"一切存在的言语和话匣子"都向他打开了，就像存在本身想变成语言一样（第 15 卷第 91 页）。难以把握的是，为什么海德格尔恰恰能够以那种确定性来断言，尼采从未经验到存在的秘密，并且从未设想作为强力意志之持存保证的永恒。

在他本人的强力意志的迫使之下，海德格尔没有像尼采所经验和理解的那样来阐释永恒的正午，也就是阐释为"光"的"无底深渊"——"正午"也是"子夜"（第6卷第404、469页）——在那里一切时间和一切时间性的意愿都沉入一切事物都在其中受到洗礼的"永恒之泉"；相反，他将其仅仅阐释为意识的最明亮的时间，这个意识自己意识到其自身就是那种认识，它的要义在于"有意地去意愿作为存在者之存在的强力意志，并且作为这种意愿向着自身发起暴动，去经受世界之对象化的每一个必然阶段，从而为一种尽可能相同和均衡的意愿保证存在者的持续持存"（第237页下①）。但在海德格尔看来，意愿的条件——它本身必定被一同意愿着——是价值设定以及一切根据价值的估价。这样一来，价值就把一切存在者规定于它的存在中了。——不论是谁，只要用心读了尼采关于"正午"所道说的东西，就只可能对海德格尔依靠未被道说、未被意指的东西所读出的内容惊讶不已。在他对尼采学说"本质性的东西"的解释中没有顾及到，尼采是以一种对永恒的思念，而不是以当代历史意义上的论断："荒漠在生长"，来结束《查拉图斯特拉如是说》的第三和第四部分的。这种"永恒"既不是无时间性也不是持存的保证。永恒轮回的永恒性不是无时间的，因为它无疑涉及某种**总是**重复的东西，而它也不在某种当时的决断以及突然的变化之历史意义上是时间性的，因为它涉及某种总是**相同的东西**。永恒性得以完满的时间是这样一种时间，那在不完满的日常时间的时间性中涣散到未来、过去和短暂当下的维

---

① 即《林中路》，《海德格尔全集》第5卷，第257页，孙周兴中译本第232页。——译注

度中的东西，完整无缺地欢聚在它之中。在海德格尔的解释中，作为"相同者"的永恒轮回在这一点上显得十分不恰当，即海德格尔用来片面解释永恒轮回学说的强力意志，说成是为一种"尽可能相同和均衡的"意愿保证了它本身的持续持存。他说，意志不断地作为同一个意志返回作为相同者的自身那里（第219页），存在整体的本质（essentia）乃是强力意志，存在者整体的存在方式，即他的实存（existentia），就是"相同者的永恒轮回"。[①]永恒轮回在尼采的学说中是相同者的永恒轮回，因为这种相同性已经存在于一切循环运动的存在者的具有自然必然性的总是反复到来之中，对海德格尔来说，它"乃是一种持续方式，强力意志本身即在其中意愿自身，并保证它自己的在场为生存之存在"（第307页[②]）。但由于海德格尔把传统形而上学对本质和实存的区分抛在脑后，对于尼采形而上学的两个基本词：强力意志和永恒轮回，他的解释就达到了这种结论，即尼采根本没有思考本质上的新东西，只是完成了自古以来引领着形而上学的东西而已：通过一种尚未被思想的"本质"以及尚未被思想的"生存"，在存在者的存在中对存在者进行规定。然而，在强力意志与相同者的永恒轮回之间还有待思想的本质关系，却没有被进一步讨论。

不管是谁，尝试思索尼采的这两种互不相容的苗头，即把永恒轮回学说创立为伦理"命令"的学说和创立为具有自然必

[①] 另请参看海德格尔，《尼采》上、下卷，尤其是下卷第7—29页；参照本文作者的批判性评论，载《水星》（Merkur），1962年1月号。

[②] 即《林中路》，《海德格尔全集》第5卷，第333页，孙周兴中译本第302页。——译注

然性的"事实"的学说,对这一点都不可能看走眼,即强力意志和永恒轮回并不像本质及其实存那样协调一致,而是为了使永恒的自然存在和人类的意愿及价值之间的分裂达到统一,强行放在一起的。永恒意愿自身的、取代了上帝的地位的自然世界之圆环,仅仅在所意愿的程度上环绕着意愿自身的人类此在的圆环。只是在尼采发癫、太阳沉入"蓝色的遗忘"时,他本人才有幸"被许给""一切圆环的圆环"。但当18岁的尼采考虑,"意志自由"或"历史"与具有自然必然性的"运命"之间的冲突是否无法通过人们把意志自由把握为"运命的最高权能"来消除的时候,对人与世界的一致性的寻求,已经支配了他的思想。

海德格尔在这一点上与尼采是一致的:他认为人类迄今为止的一切目标与尺度,尤其是基督教的爱,已经到头了。"基督教信仰还将在这里那里存在。但在这样的世界里起支配作用的爱并不是现在所发生的事情的具有活生生效果的原则。"(第234页①)超感性世界的超感性基础已经变得不现实了。面对这种关于现在发生的事情,在世界历史与存在历史上得到保证的认识,人们会问,是否曾有一种超感性的原则——还有什么比不仅不是感性的东西,而且也不是存在者的"存在"更加超感性呢?——是在世界历史上划时代地发生的东西中"从不出错地起作用的力量"?如果这样一种原则不是,或者不再是划时代的,而仅仅是在"这里那里"有活力的,它是否就失去了它的真理?假设强力意志是对当前世界历史具有标尺意义的虚无主义的行动力,那么黑格尔**之前**的每一位伟大思想家难道没问,它究竟

---

① 即《林中路》,《海德格尔全集》第5卷,第254页,孙周兴中译本第229-230页。——译注

是真实和正确的东西，还是一种太过时兴的迷误？海德格尔可以无法对真实和正确的东西提出这样一种幼稚的问题，因为对他来说真理本身作为显现和假象、启示和遮蔽、是真和是假，是一种模棱两可的真理之发生，它在真理的险要时期改变着真理。与此相应，对作为特定时代历史性真理的强力意志，海德格尔既没有赞同也没有反对，而是描述为完全不可救药的东西，但同时又宣告为完全必要的东西以及可能带来拯救、并改变着急难的东西。世界飞速地达到"其本质之完成"，但恰恰因此，一种源始的存在之疑问的温床才可能生长，并且打开了在这一点上进行决断的余地，即存在是否依然有能力成为一个上帝的存在，存在的真理是否更原初地要求人的本质（第 103 页；参照第 233 页）。"不妙之为不妙引我们追踪美妙的事情"，并最终将"那位"（den）神引近（第 294 页）。现代越是肆无忌惮地在它自己不可救药的伟大中完成自身，从生长着的危险中产生"拯救者"的机会以及存在"倒转"其被遗忘状态的机会也就越大（第 343 页）———一种诱人的想法①，在存在历史的意义上反过来重复着海德格尔所拒绝的尼采的想法，即只有最果断贬值才使得新的价值必不可少，并且引向一种价值重估，以至于"最后的危险"成为了"最后的庇护所"（第 6 卷第 224 页）。

虽然以对自身下定决心的此在为出发点，海德格尔也已经在《存在与时间》的导论中说，"存在地地道道是超越者"。它

---

① 甚至费希特、克尔凯郭尔和马克思也期待出自"完满的罪孽""致死的疾病"以及完全的"异化"中的某种骤变的拯救者，这一点并没有使这种思想方式围绕着某种更真的东西，而只是证明了，它们在罪与恩典的神学辩证法中有多么深刻的根源。

存举于存在着的此在以及一切世内存在者的彼岸；用尼采的话说，它是把我们的天命发送给我们，把我们的思想赠予我们，从根本上占据我们的一个超感性的"背后世界"。"可是'彼世'是人所看不见的隐蔽的世界，那个离开人的、非人间的世界，乃是天国的虚无；存在的肚子，除非以人的身份出现，决不对人说话。确实，一切存在，是难以证明的，难以使它说话的。"（第6卷，第143页）如果一个人作为存在思想家生存于贫困的时代，从时间出发来理解存在，并为此把尼采所经验到的时间的停滞仅仅设想为某种"被搁置的瞬间性"，那就更难了。

四、对海德格尔影响力的批判性评价

> 行而忍
> 沿着你唯一小径的
> 错与问[①]

马丁·海德格尔，这位更喜欢"林中路"和"田间路"而不是车水马龙的交通要道的土生土长的梅斯基尔希人，对其影响力的这番批判性评价正值其70岁寿辰，作为弗莱堡大学的杰出教师广为人知，他历经40载才懂得为青年学人和独立研究提供准则与尺度。除此之外，他通过卓越的阐释从整体和个别上重新展示了西方精神的历史，并通过对希腊基本词语做出令人诧异的翻译，澄清了我们习以为常的种种思维习惯。他首先是

---

① 海德格尔的诗《从思的经验而来——在高高的冷杉下走过》。见《从思的经验而来》，《海德格尔全集》第13卷，第75页。——译注

一种属于精深的认识和思想家的洞察的力量,这力量是源始的、持久的、集中的,它并不刻板地采取我们用旧了的概念,而是在来源和结果方面对我们的一切传统哲学思想提出质疑。

同样一个人,40 年前作为编外讲师曾说,我们这些学生用尼采和克尔凯郭尔或别的什么创造性的哲学家的标准去衡量他,这做得不对,因为他没有提供任何能够相提并论的积极的东西,他根本不是"哲学家",而是一位"基督教神**学**家"(重音落在"逻各斯"①上),他所拥有的独一无二的、完全无助于培养与发展的任务,是批判性地摧毁西方哲学和神学的传统概念性,在此无疑也能显现出,他有时只是在放"空炮"——同一个在其本质的根基上谦虚、单纯、克制的人,这个从一开始就置身各种商业活动之外也从不参与会议的人,在这期间成为了一个公开的发言人,他的名字充斥各大讲堂,他的声音能在唱片中听到,他的话远远地飞越德国,规定着当下的哲学思想。甚至他自己也成为了一位"思想家",他的著作绝不是一部书而已。以一种修正(retractatio)的方式,海德格尔在 1947 年对他 1927 年发表的代表作进行了阐释,以便指出,对《存在与时间》的误解不是面对一部书的单纯不理解,而是来自同时代人的"存在的被离弃状态"。

在海德格尔眼里,被《存在与时间》走在了前面的同时代的哲学,它所怀有"梦游般的确信",只证明了存在的被遗忘状态的力量!——不管是被误解还是被正解,不管是出于这个原因还是那个原因,事实是,不同于所有别的哲学出版物,海德

---

① 此处原文为 logos,它见于神学家(Theologe)一词,但不包含在哲学家(Philosoph)一词中。——译注

格尔的文章达到了一种异乎寻常的影响。人们不仅能在哲学论著中，也能在神学和精神病学的论文甚至日报中遇到其文章中的片语。海德格尔的文章被翻译为法语、西班牙语、意大利语以及日语，我甚至在韩国也见到了海德格尔专家。当我在日本的时候，有一个日本人为了根据海德格尔的《关于人道主义的书信》来问我"存在"如何与上帝相关，而从广岛来到东京。

海德格尔的影响力首先在这一点中表现出来，即对他的种种看法既有交汇又有分歧。近年来，尤其是在慕尼黑演讲之后，对技术的本质和语言的本质的引用与反驳、崇敬与怀疑的双重反应公开地显现出来了。报纸上发表的讨论在对无比深刻的思想家的无批判的赞美和对巧舌如簧妖言惑众的诡辩家杂耍者的愤怒谴责之间，从最高的调子变动到最低的调子。如此分裂的反应就其本身而言并不是某种特殊的、奇怪的东西。即便不是所有伟人都具有这种特点，但毕竟几乎所有意愿并完成了某种东西，并因此既不乏追随者也不乏反对者甚至还不乏翻脸的弟子的重要人物，都具有这种特点。康德不仅引发了康德主义者，也曾有激烈反对者，费希特被谢林的争论文章冷嘲热讽地攻击，黑格尔与众不同地造就了一个学派，并与众不同地得了个"绝对教授"的恶名。

然而，那时的情况和如今的区别是，在德国哲学的伟大时代，每个人都能与他的前辈产生关联并把他当作旗鼓相当的伙伴，一个康德和一个黑格尔不会觉得自己出色得不用回应同时代次要者的异议，而海德格尔固执己见的独白发生于一个缺乏讨论的空间，着迷者、复述者和违心者们一方面站在它边上，而另一方面把海德格尔所挣得的东西当作硬通货转手。但当海德格尔(在《论根据的本质》第三版前言中①)提出这个苦涩的问题:"倘若沉思者终于在运思之际着手探讨这个20年来一直等待着的……实事,情形又会怎样呢"的时候,就容易和另一个问题一起去回答了,这问题就是,人们怎么能指望别人会作为同行者去跟随这样一位思想家,他的本质特征包括拒绝各种共性和合作以及作为独行者走上一条突然止于不可行走之处的道路?海德格尔至今的全部著作在根本上都是独一无二的巨大挑衅和对"变老的世界"(《形而上学导论》第96页②)的攻击,在这攻击之后并无反驳和辩护。然而,这个人和他的著作以一种很难规定的方式产生了影响。这种影响力并不限于学生之中;甚至在今天,它还席卷和激荡着更多的更广远的领域,并且相对地并不依赖于对一种既广阔又集约、通过"存在"和"时间"以及"存在"和"存在者"等词汇得以描述的思路的实质理解。人们会问,究竟有多少人明白,在何种程度上海德格尔对"存在"的追问不仅与一般的时间有关,而且也与他提出普遍存在问题的**特定**时间有关,这特定时间就是价值哲学和文化哲学的"永恒价值"以及我们称为文化的传统持存变得衣衫褴褛不堪一击,狄尔泰对理性和传统形而上学的历史批判被普遍承认的一战后的20世纪20年代。

  有一位好友,他的判断具有这种优点,即不被他自己的学生牵连到对海德格尔的著作与人格的支持与反对中。关于以"变革"和"觉醒"为口号并为此与传统决裂的值得纪念的20世纪

---

  ① 见《路标》,《海德格尔全集》第9卷,第123页,孙周兴中译本第143页。——译注
  ② 《形而上学导论》,《海德格尔全集》第40卷,第134页。——译注

20 年代，写信给我说："海德格尔在影响方面已经胜过并且正在胜过其他像他那样的人，原因是什么呢？这种成功究竟是如何实现的呢？不错，在《存在与时间》中有一些了不起的现象学分析。但整体仍是一种没有存在的存在论，因而是名不副实的。为什么人们从他那里接受了某种东西，却很少让别人以那种东西得逞？海德格尔的成功让我想起了另一位'大师'——施特凡·格奥尔格的成功。在两者身上我都经常发现踩着高跷的陈词滥调和一种近乎怪诞的深奥。而人们以前没有摆脱格奥尔格，现在也没有摆脱海德格尔，因此必须摆脱某种不可估量的东西。指出某种产生这种影响的东西什么也不是，也许是中肯的。对这个问题您可有回答？"

对此，我虽然无意尝试提供**准确**的回答，但仍试图给出**某种**回答，而不以这种回答去解开个人魅力的神秘谜题。因此我们可以把这个问题放在一边，即海德格尔对存在的坚持不懈和原地踏步的追问是否仍担得起一种传统"存在论"意义上的回答，他所要求的思想对于存在的归属在何种程度上仍是"哲学"并且在何种程度上想做传统意义的哲学。我们也可以不考虑，这两位大师仅仅在这一点上才是彼此相似的，即两人都具有专制的铭刻力，在格奥尔格那里，铭刻本身关系到具体人的生命之路，与此相反，在海德格尔那里，它只关系到在科学和文学的意义上被填鸭的头脑以及空想的心灵。不顾这样的区别而保留下来的就是对这种影响力——尽管其自身是模棱两可的——之根基的追问，即：**谁**影响了**谁**，一种可能的影响**何时**产生现实作用？在施宾格勒的《西方的没落》出版之时，一位德国诗人和一位德国思想家影响了他们那个时代的德国人，这些人曾经和现在都尤其易受激情和领袖所影响,而不易受寡淡无味的怀疑、精神上的漫不经心以及常识①影响。但其中一个人的铭刻力不限于诗人的诗,另一个人的铭刻力不限于哲学家的思想,这是怎么回事呢?为什么这种如此高要求的"存在思想"有着如此一般的要求,比如从生存论的存在论上对传统形而上学的"摧毁"曾经起了某种解放性的作用,即便人们不知道它的积极目标是什么,而只是隐隐约约地感到对存在的被遗忘状态以及存在的天命的谈论究竟指的是什么?那种准备将自己赠予贫困时代的思想家的存在,最终并不是像希腊人所想的那种总是存在着的、坚不可摧的存在,而是某种"**是的东西**"(*was ist*),也就是"现在的"和"未来的"因而是对我们处于变革中的世界时代的某种世界历史瞬间的暗示?30 年前在《存在与时间》中不是已经说了"只有这样一种存在者,它就其存在来说本质上是**将来的**,能够……承担起自己的被抛境况并当下即是就为'它的时代'存在,只有那同时既是有终的又是本真的时间性才使命运这样的东西成为可能,亦即使本真的历史性成为可能"②。

20 年后,在《关于人道主义的书信》中,当如今被称作"世界瞬间"的、震撼着一切存在者的世界历史境况,作为对存在进行追问的动机,不允许这样一种情况,即存在者总是只思考存在者并抱着不放,而不是对它放手并去追问存在——在存在者看来它就是虚无,因为它不是任何一种存在者——本身,这就与来自《存在与时间》的那几句话具有了同样的意义。又过

---

① 此处为英文 *commen sense*。——译注

② 见《存在与时间》,《海德格尔全集》第2卷,第385页,陈嘉映、王庆节中译本第435-436页。在原文中这一段话全部打上了着重号。——译注

了一年，在《根据律》的讲座中，对传统思维原理的讲解就不是偶然附带地冒出对历史状况的戏剧性暗示，而是在本质上被它所激发，而且是以这种方式，以至于按照根据律（即一切存在者都在另一个存在者中、最终在最高存在者中有其根据），对时代之急难——原子弹所带来的危险——的提及将会阐明思想的深不可测的危险。在1933年，海德格尔比谈到这些时间历史状况的思想时更加直接和坚决地，把返回西方思想的希腊开端与作为"德意志在当今和未来的现实性"之"法则"的希特勒的领导相提并论搅到一起。

如果一种像存在者与存在之区别这种"存在论差异"一样抽象的问题能够在实际生存上使读者感兴趣并且产生某种效果，那么原因一定在于"存在"与"时间"的联系，也就是说，在于从时间视角来解释存在的意义，在于海德格尔的存在思想与一直以来所理解的我们时代的世界历史状况之间的本质关联。海德格尔的阐释和分析的杰出和独特之处总是这一点，即甚至在他最抽象的论述中也能够感到我们时代的标志，因为哪怕最尖锐最微妙的概念区别在他这里也不流于空洞，而是来源于如今被他称作"天命遣送的命运"的"历史实际"的经验。并且，只要海德格尔不思考某种永存者与永续者或者"永恒者"，《存在与时间》对于所有较晚的文章来说就同样是具有标准意义的标题，在其中时间性的现象仅仅出现于存在的自身遮蔽的真理的"在场与不在场"概念中。就海德格尔对同时代的影响力而言，相比于某种自身遮蔽的启示的占据上风的神秘激情，海德格尔与"表象"和"制造"的**科学**——它把事物对象化为对象并在算计中算错的——之合理性的消极关系，以及另一方面他与诗，尤其是与他献出了一系列解释和附会的荷尔德林的积极关系，并非仅有微不足道的意义。

但一切作为海德格尔所道说的东西之背景性基础并让很多人倾听偷听到的，是一种未被道说的东西：**宗教的动机**，尽管它从基督教的信仰中脱离了出来，但恰恰在其不受教义束缚的不确定性上，对那些不再笃信基督但仍希望有所笃信的人是如此地更加有吸引力。虽然那只是谈到了神妙者和神圣者，谈到了有死者和永恒者，谈到了上帝和诸神的只言片语，但仍然能够说明，海德格尔实际上从"时间"来思考"存在"，也就是从我们自己的时间及其"贫困"，这时间在海德格尔的荷尔德林看来，就在于，它处在一种双重的缺乏中："在已逃遁的诸神之不再和正在到来的神之尚未中"。照海德格尔自己的说法，存在之到来的"未来思想"还没有找到适合它的居所，并且间或显露出对我们西方-欧洲思想影响范围的疑虑，但即便海德格尔总是在路上，有一点对他来说还是确定的：坚信这一点，他对存在进行追问的思想在字面意义上是因应-急难的，并且作为追问的思想，是一种"虔诚"。这种被认为是转变时代之急难的思想家的虔诚，也是海德格尔更广泛的影响力的本质基础，即在那些被上帝之死的论题弄得不得安宁的人那里的影响力，因为他们还没有跟着尼采在无神论问题中的转折点思考。没有什么像海德格尔自传性质的"田间路"的结尾——它并未在**神**、**世界**以及**灵魂**之间做出决断——那样充分地说明了海德格尔的提问姿态，在那里，关于对指向存在的田间路的"呼吁"（Zuspruch），说："灵魂说话吗？世界说话吗？上帝说话吗？"

基督教思想家如奥古斯丁在其《独白》中明确而坚决地说，

使他感兴趣的不是世界,而唯独是他的灵魂与上帝的关系。与此相反,后基督教思想家海德格尔把人类此在规定为"在世存在",而存在是首先作为世界向人的此在说话,还是作为上帝向灵魂说话,还是未决的、含糊的。

忆埃德蒙特·胡塞尔

Eine Erinnerung an E. Husserl

1959

1919年春季，我按照我的老师莫里茨·盖格尔（M. Geiger）和亚历山大·普凡德尔（A. Pfänder）的建议，为在胡塞尔的指导下继续深造而从慕尼黑去了弗莱堡，那时我结识了他的助手马丁·海德格尔。40年后的如今我问自己，在弗莱堡的这三年间我从胡塞尔那里学到了什么，这时的答案无法令我自己满意，更无法令他满意。我还记得，当时有一天他曾失望地找我谈话，因为我在最初的学期所实现的飞速"进步"，现在一下子停滞了。他的质朴心灵猜不出来的这种缺乏继续进步的原因就是，和很多我的同龄人一样，我对年轻的海德格尔感兴趣得多。更年轻、更适应时代的人激励我们面向的种种激动人心的问题在何种程度上越来越引人入胜，胡塞尔的"还原"到纯粹意识的学说就在同样的程度上失去了关注。

但人们仍对年长者和更有智慧者怀有最大的感激。他是这样一个人，他以现象学分析之精湛、讲课之清醒明晰以及科学训练之人文的严谨，在一切内在外在持存之物崩溃的时代教我们站稳脚跟，他的方法就是强迫我们避免一切大话和俏皮话、用现象学的直观检验每个概念，在回答他的提问时不给大钞而给出可用的"零钱"。令我难忘的是，当人们担心法国军队占领弗莱堡，讲堂变得空空如也的时候，这位最平凡的大学者如何以一种日益增长的冷静沉着继续着他的讲解，似乎理论研究的肃穆庄严不可能被世间的任何东西所打扰。而在1933年政治颠覆之后不久，其接替者①任校长职位期间，当我在胡塞尔的寓所中——如今他自己还原到了这里——拜访他的时候，我能够从他身上获得的印象，还是一种不受这侵袭一切的时代之破坏力影响的，向着智慧蓬勃发展的精神自由。

1936年秋，我离开了欧洲，去日本的一所大学任职。胡塞尔把1935年秋天在布拉格演讲、1936年在贝尔格莱德出版的论文《欧洲科学危机和先验现象学》(Die Krisis der Europäischen Wissenschaften und die transzendentale Phänomenologie)的第一部分送到了我那里去，因为他不再能够出席德国的公开场合及使用德国的刊物。我得到了他一同写来的如下这张明信片：

布莱斯高地区弗莱堡市洛雷托街40号　　1937年2月22日

　　亲爱的同仁君，我祝贺您在仙台：在我的老朋友中间安顿下来！②您的亲切祝福我答谢迟了，因为在一月初，我曾希望能够将我的《欧洲科学危机和先验现象学》一文的第一部分单行本送给您。您仍然总是不在。但愿您不属于"早年成名者"，不属于已经达到**精疲力竭**状况的人，以至于仍拥有内心的自由，给您自己的人类学"加上括号"，并且在我的新的、最成熟的表述的基础上理解，为什么我把一切人类学当作是哲学上无知的实证性，为什么我认为只有现象学还原的方法是哲学的方法，是唯一的、普遍的存在认识，更准确地说，是在**现实的**

---

① 即海德格尔。——译注
② 胡塞尔有日本学生当时在仙台和京都的大学任教。

具体中达到自身思义。也许您会理解到，舍勒、海德格尔——以及所有较早的"学生"都没有理解现象学——作为唯一可能的现象学的先验现象学——的本真和深刻的意义，以及有多少东西依赖这种意义。它当然不易接近，但我认为种种努力都是值得的。也许您成功地理解了，为什么这么多年以来，我不是出于固执，而是随着种种最内在的必然性，走着这条在一个新的提问和决断的维度上将会高举的孤独之路——以及为什么我必须把时兴的生存哲学以及显得那么占据上风的历史相对主义的消沉秘论，评价为变得无力的人类的软弱失败，这些人逃避了整个"新时代"的瓦解曾布置给他们并且仍在布置的重大任务，他们就是我们大家！第一部分仅仅是缓慢地往上引，接下来的部分在第二卷或者第三卷中，才带来了现象学的还原，可惜出于偶然的原因，后面的重头是一些片段。最亲切的问候与祝愿，祝您的哲学天赋有纯粹的、出色的发挥。

衷心问候同仁和朋友　　　　　　您的埃德蒙特·胡塞尔

这张写得密密麻麻的明信片，其内容显然围绕着其中预告的论文。"科学的危机"并不只是在第一次世界大战之后蔓延着的对科学怀有敌意的气氛中表现出来。看起来，似乎自然科学因而还有我们"生存"的整个"新时代"都无法说出任何更多的东西了。从这种历史境况中，胡塞尔的大范围尝试，即对科学的"剩余概念"（Restbegriff）进行一种基本的批判，并借此奠定和贯彻一种科学性的哲学的真正方法，得到了解释。"这种危机并没有损害专门科学的理论成果和实践成果,然而却彻底动摇了它们的整个真理的意义。这里所涉及的并不是作为欧洲文明中的其他诸种文化形式当中的一种文化形式的特殊的文化形式——'科学'或'哲学'的事情,因为……新哲学的最初奠立就是近代欧洲人性的奠立,而且是作为这样的人性,它与此前中世纪的和古代的人性相反,希望通过它的新哲学,并且只通过这种新哲学,得到彻底更新。因此,哲学的危机就意味着作为哲学普遍性的诸环节的一切近代科学的危机,这是一种最初是潜伏的,但后来就越来越显露出来的欧洲人性本身在其文化生活的整个意义方面,在其整个'实存'方面的危机。"处于胡塞尔思路的核心位置的不是对向来本己的历史生存的操心,而是"世界问题",是对一种由理性所奠基的世界的追问,"到最后,这个在意识中显露出来的有关理性与一般存在者之间最深刻的本质联系的世界问题,这个一切谜中之谜,一定会变成真正的主题"。① 因为:"以此才能决定,这个自希腊哲学诞生起欧洲人就固有的目标(Telos),即想成为由哲学理性而造就的人,而且只能作为这样的人而存在……是否只不过是一种纯粹的历史上－事实上的妄想,是否只不过是在许多其他文明和历史性中的一种偶然文明的偶然获得物;或者相反,是否人类本身本质上包含着的隐得来希(Entelechie)最初没有在希腊人那里显露出来。……只有这样才能确定,是否欧洲人自身中有一种绝对的理念,而不是像'中国'或'印度'那样是一种纯粹经验的人类学上的类型。另外,只有这样才能确定,是否将所有其

---

① 参照海德格尔,《根据律》,第171页及以下。在那里,同样的问题以完全不同的方式成为了主题。

他的文明欧洲化的壮举本身表明一种绝对的意义的统治,这种绝对的意义属于世界的意义,而不属于历史上无意义的胡闹。"①至此,摆在胡塞尔面前的、他无疑曾借助于某种"按部就班的工作哲学"去实现的目标,就得到了设定。

凡是从1936年的最后这部著作回顾了1911年胡塞尔在《逻各斯》杂志上的文章《哲学作为严格的科学》(Philosophie als strenge Wissenschaft)的人,都能够怀着惊奇与欣喜地发觉,胡塞尔是何等地不为一切时兴和不时兴的东西所动,坚持认为一,尤其是**科学的**一,是真实的、必要的和有益的,因为哲学的不只想"理解"还想认识的特性,如果缺了对**静观**(Theoria)的最高等级的信念,就是不可想象的。《逻各斯》杂志上的文章一开始就说,"自最初的开端起,哲学便要求成为严格的科学,而且是这样一门科学,它可以满足最高的理论需求,并且在伦理—宗教方面可以使一种受纯粹理性规范支配的生活成为可能。这个要求时而带着较强的力量,时而带着较弱的力量被提出来,但它从未被完全放弃过,即使是在对纯粹理论的兴趣和能力处于萎缩危险的时代,或者在宗教强权禁止理论研究自由的时代,它也从未被完全放弃过。"②与这种对理论研究自由的坚持相称的,是胡塞尔的授课一直表现着的、附属于这种坚持的信念,即哲学能够作为科学来**教**和**学**,而如果它为私人的"意

---

① 本段的几处引文出自《欧洲科学危机和先验现象学》第5、6节,此处译文引自《欧洲科学的危机与超越论的现象学》,王炳文译,商务印书馆2001年版。另外,该译本在书名和内文中将 transzendental 译为"超越论的",引起了一些讨论,此处暂沿用较早的译法。——译注

② 此处译文引自《哲学作为严格的科学》,倪梁康译,商务印书馆1999年版。——译注

见""世界观"和"立足点"提供空间，那么它就不再是科学的了。在这个对哲学之科学性的提问上，"各种精神必定会分道扬镳"。胡塞尔把从希腊哲学起到康德为止的这种对科学方法的意向看作是有生命的；它遭到了来自浪漫主义哲学——尤其是谢林，以及导致了历史主义"世界观哲学"的黑格尔——灾难性的削弱和歪曲。笼罩着这两人的是实证主义的思维方式，在自然主义的实证主义思维方式中，对科学性的意向尽管是有生命的，却是有短缺有错误的，因为它把意识自然化了，另一方面，对持怀疑态度的历史主义而言，各种哲学都是某个特定历史境况的思想，与这两者相反，胡塞尔的文章反转过来，以便从它那方面，在意向性的意识中建立起作为一切科学之科学基础的，关于存在者的本质上被给予方式的现象学。不过，这样一种科学性的哲学的观念是与**静观**的**习惯**（das *Ethos der Theoria*）息息相关的。但如果就像很久以来的情况一样，尤其是在科学中，最宽泛意义上的"实践"动机变得极其强大，并且使得作为种种原则之理论科学的哲学枯萎，那么这种**理论习惯**的失败本身就成为了对当今人类的一种突出的实践性提问，当今的人类一方面通过并依靠其科学而活着，另一方面在其最高的意识形式中不再相信科学或误以为能够从科学旁边闪过。早在《欧洲科学危机》的 25 年以前就说过，"我们这个时代的精神困境事实上已经变得令人无法忍受。如果这只是一种打扰着我们的安宁的理论含糊性，也就是为自然科学和精神科学所探讨的'现实'之意义方面的理论不明晰性——即：在这些现实中，最终意义上的存在得到何种程度的认识，什么可以被看作是这种'绝对的'存在以及这种存在究竟是否可以被认识——那么也就罢了。

但这里所关系到的毋宁是一种我们所遭受的最极端的**生活困境**,一种在我们生活的任何一点上都不停足的困境。任何生活都是执态,所有执态都服从于一个责任、一个关于有效性或无效性的裁决,都依据于带有绝对有效性要求的规范。只要这些规范是没有争议的,没有通过任何怀疑而受到威胁和嘲讽,生活问题便只有**一个**,即如何在实践中去满足这些规范。然而现在的情况是,所有的和任何的规范都受到争议,或是在经验上受到歪曲并被剥夺了观念的有效性。自然主义者们和历史主义者们在为世界观而战,但他们是在两个不同的方面从事这项工作:将观念转释为事实并且将所有的现实、所有的生活都转变为一个不可理解的、无观念的'事实'混合物。他们两者的共同之处就在于对事实的迷信"——即便时间历史的命运被看作是最高的事实。然而:尽管困境如此巨大,人们也愿意以这种方式去缓解它,即由于时间性的缘故而放弃永恒。"世界观可以争执,唯有科学才能决断,而它的决断带有永恒的烙印。"科学性的哲学,正如胡塞尔毕生所理解的那样,带有智性的真诚感受和正确理解的非个人性或实事性。哲学被称赞的"深邃"就是它的"不完善性"!"深邃是混乱的标志,真正的科学要将它转变为一种秩序,转变为一种简单的、完全清晰的、被阐明的秩序。真正的科学在其真实的学说领域中不包含任何深邃。深邃是智慧的事情,概念的清晰和明白是严格理论的事情。"为了达到这种明白和清晰并放弃深邃的模棱两可,人们必须无成见地准备好,不把任何预先给予的和流传的东西作为开端,就算它由历史上一个个伟大的名字以权威的幻象换上了马甲。"对于一个无成见的人来说,一个确定是源自康德还是托马斯·阿奎那,是源自达尔文还是亚里士多德,是源自赫尔姆霍茨还是巴拉塞尔苏斯①,这都是无关紧要的。"因为:"**研究的动力必须起源于事实与问题,而不是源自各门哲学。**"但这几句话的简单真理也尤其证明了哲学的**历史**;因为对伟大名字的回忆将会表明的无非这一点,即这些名字是被那些如今对我们来说仍然一样的实事性问题所驱动的,并不单单是在历史学和历史性上着手的。

就像胡塞尔或许总是低估经由黑格尔得到普及的"历史意识"的思想深度,并错认为思想的历史在内在上属于思想的实事性的疑难问题那样,也没有人能够忘记,当胡塞尔遵循着一种"科学的冲动",坚持原则性科学的伟大传统是纯粹的**静观**时,他是以怎样一种令人钦佩的方式耐心等待一个失去了的岗位的。到头来,导致自然主义的实证主义、怀疑或教条的历史主义以及一种受时间历史状况所迫放弃了科学**静观**的观念和"无所需要的需要"②的哲学的,真的就是"变得无力的人的软弱失败"。

---

① 赫尔姆霍茨(H. L. F. von Helmholtz, 1821-1894),德国生理学家、物理学家和数学家;巴拉塞尔苏斯(Ph. A. Paracelulius, 1493-1541),瑞士医学家、化学家。——此处所引译文注

② 亚里士多德,《形而上学》A, 2.982b;黑格尔,《逻辑学》(即"大逻辑"——译注),第二版序言,第12页。

海德格尔的尼采讲座[①]

Heideggers Vorlesungen über Nietzsche

1962

[①] 海德格尔，《尼采》，两卷本，富林根：G. Neske 出版社，1961年。

当尼采在 1884 年发表了《查拉图斯特拉如是说》第三部分的时候——第四即最后一部分私下出版于 1885 年——他从威尼斯给帕内特①写信说:"我的作品拥有**时代**（Zeit）——关于当下究竟必须把什么作为**时代的**（ihre）任务去加以解决,我是无论如何都不会混淆的。50 年后也许会有一些人……睁眼看见,**我所完成的是什么**。但未经不无限制地**停留**在真理背后,就立刻由我把它说出来,这不仅是困难的,而且完全是不可能的（根据"透视"法）。"②几乎正好 50 年后,在德语地区出现了对尼采进行一种崭新理解的如下尝试:卡尔·古斯塔夫·荣格 1935-1939 年的《尼采查拉图斯特拉的心理学分析》（未出版的授课记录）;卡尔·洛维特 1935 年的《尼采的相同者永恒轮回哲学》;卡尔·雅斯贝尔斯 1936 年的《尼采》;马丁·海德格尔 1936-1940 年关于尼采的演讲（于 1961 年出版）。尼采的作品似乎在二战之前不久的那一阵子恰逢其时。在这期间,时代也在尼采的"未来哲学的序曲"上——正如《善恶的彼岸》的副标题所说的那样——迈开步伐,而尼采希望德国人被一种反德意志的同盟所激起的"绝望的斗争"③,几乎被我们忘在脑

---

① 约瑟夫·帕内特（Joseph Paneth, 1857-1890）,奥地利生理学家。——译注
② 这封信的原件莫名其妙地到了日本,在仙台大学图书馆的保管之下。
③ 见尼采于1888年12月26日致弗朗茨·奥弗尔贝克（Franz Overbeck）的信。——译注

后。我们今天所看到的尼采，和 60 年前声名鹊起之时的尼采已大不相同。他虽然仍停留在我们的近处，但已经疏远了。他关于欧洲未来的许多预言已经——即便以始料未及的方式——实现了，而在他的时代闻所未闻的种种见解成为了一切当前的思想都在其中驾轻就熟的老生常谈。

我们与基督教传承的可疑关系没有理会尼采，并未以任何方式达到解决，对尼采想要导致的"在无神论问题上的一种危机和最高决断"①，人们继续疏远。海德格尔的讲座通过把尼采反对基督教的斗争归结到他对基督教 - 柏拉图主义背后世界（Hinterwelt）的超感性"价值"的批判上，也绕开了这个中心问题。流行起来的只不过是尼采理解为"上帝之死"的后果的东西："欧洲虚无主义"，其虚无来源于，上帝长久以来都曾是一切，曾是人类生命的意义赋予者。尼采不仅首次以名字来称呼这种不信神的虚无主义——查拉图斯特拉，"上帝以及虚无的征服者"，是彻底的"不信神者"（der Gottlose）——而且还想要把它推上顶点，在那里它应当转入一种无条件的肯定，这种肯定在永恒轮回的意愿和爱命运（amor fati）中达到顶峰。尼采想以一种逐渐增强的明晰性（Klarheit）和毫无顾忌的坚决性（Entschiedenheit），把一种"最高的沉思"（höchste Besinnung）带到欧洲的来源和去向上，从而不情愿地营造了一种精神气氛，在其中"强力意志"，用尼采的话说，50 年后可以不知不觉地被付诸实行。在 20 世纪 30 年代，尼采最终"试探真理"（Versuch

---

① 见尼采的《瞧，这个人》（Ecco Homo）里的《不合时宜之作》（Die Unzeitgemäßen）。——译注

mit der Wahrheit）[1]这一政治设想的最著名的代表人物是阿尔弗雷德·博伊姆勒（A. Baeumler）[2]，由于此人把永恒轮回学说作为在哲学上无关紧要的而置于一边，没有将其与强力意志一起思考，海德格尔与他划清了界限。出于可想而知的原因，甚至时至今日，我们仍然倾向于单单或者多半把强力意志的虚无主义方面，即"宁可意愿虚无，而非不去意愿"[3]放到前面来，而把尼采作品已达到的彻底的东西作为不合时宜而跳过。甚至对于海德格尔来说，包含有《强力意志》笔记的未竟遗稿，才是尼采"本来的哲学"（德文版海德格尔《尼采》上卷，第17页）。

除了在这个1936-1940年的讲座中，海德格尔还多次把尼采作为话题：在一部题为《林中路》（1950年）的文集里，解释了尼采"上帝死了"这句话，但其内容来源于讲座的时期；然后是在1951-1952年以《什么叫思想？》（*Was heißt Denken*）为题的一场讲座中，最终是在包含于《演讲与论文集》里的1953年的演讲《谁是尼采的查拉图斯特拉》中。直到现在人们已经习惯于海德格尔将自己局限在对种种根本问题的极其简要的解决上，因此对于他把这走过了五个学期的讲座以全部篇幅并加上一个讲座所理应具有的重述出版为两卷本上千页的书，即便书中一切根本性的东西都已经在上面所提到的晚期著作中说过了，人们可能会感到惊讶。然而另一方面，从一开始这就是海

---

① 见《尼采全集》第11卷，《1884-1885年遗稿》，25[305]："我们要试探试探真理！没准人性就毁灭在那里！开始吧！"——译注

② 在纳粹德国富有影响力的哲学家，利用尼采的哲学为纳粹主义提供合法性。——译注

③ 尼采，《论道德的谱系》，结语。——译注

德格尔的特点：他把毕生工作的很大一部分用于对哲学和诗歌的阐释并把哲学史囊括于其中，以至于直到黑格尔还有效的哲学与哲学史的区别将要失去其根据和土壤。在黑格尔那里，他的哲学史对于海德格尔是典范性的，因为它是"直到那时"独一无二的本身自在地就是哲学的哲学史（《尼采》上卷，第450页），哲学与哲学史的区别由此走向消失，即永恒在场的自在自为的精神落入历史的时间中，因为它只在时间中解说（expliziert）自身，而真理拥有通过时间"发展"出来的"趋势"；在海德格尔这里，由于存在本身是一部"存在史"，其真理是一种时不时在"真理的纪元"中改变自身的真理的发生（Wahrheitsgeschehen），哲学与哲学史的区别就扬弃了自身（《尼采》上卷，第170页及以下诸页）。因此黑格尔和海德格尔都把绝对精神或者存在的"真实的"哲学的历史，与有限现象（Erscheinung）或者说存在者在历史上所发生的一系列事情区分开来。

因为存在之悬缺乃是存在之历史，从而是真正地存在着的历史，所以，存在者之为存在者，尤其是在虚无主义之非本质的统治地位的时代里，就落入非历史性的东西（das Ungeschichtliche）中了。这方面的标志乃是历史学（Historie）的出现。历史学要求成为关于历史的决定性观念。（海德格尔，《尼采》下卷，德文版第385页[1]）

因此尼采也不是在他本人所是、所思以及所愿之中而被理

---

[1] 中译文引自海德格尔，《尼采》，孙周兴译，商务印书馆2003年版，下同。——译注

解("尼采先生"完全与存在历史的思想无关,《尼采》上卷,第473页以下,等等),相反,其存在历史的思想代表了一个无名的存在发生(Seinsgeschehens)的所谓"必然"进程里的一个特定纪元;这思想被赋予他,就此而言尼采这个名字超乎个人的命运(在与海德格尔自我评价的关联中来做比较,《尼采》下卷,第483页)。据说尼采思想中真正发生的,是整个形而上学史,即主体性与"赋予人形"在其中完结并终结了自身,以至于"急需另一个开端",也就是海德格尔自己思想的必要性,成了不可或缺的。不可避免的问题是,世界史中的历史序列(比如希腊-罗马世界的衰亡以及基督教世界事实上但绝非必然的拓展)怎样与思想史(在科学、哲学和神学中的)相对比,二者作为历史学上可确定年代的历史怎样与绝对精神史或者说存在史相对比,对于黑格尔和海德格尔来说还是晦暗不明的,尽管单单是对"希腊的"和"西方的"形而上学的不断谈论,就已经对一种在"作为形而上学的存在史"以及"作为存在史的形而上学"(《尼采》下卷,第八章及第九章)上的非历史学的规定提出了质疑。当海德格尔言及西方以及欧洲虚无主义,并且发现在尼采的分析中缺少虚无主义的"本质"时,他肯定没有"算错"世界历史的状况;但当我们时代的任何一位重要哲学家以持久的关注对世界历史状况及其迫切性进行思索,并由这个"急难"奠定其思想的必要性时,那么没有人与海德格尔不同。历史学上的过程和真正发生着的事情之间的关系是那么晦暗不明,否定性的东西(das Negative)成为了显而易见的,即是说二者之不同当如存在者之有别于存在,而不是说后者就像黑格尔那里绝对精神之有别于有限的精神那样,有别于前者而归于"永恒"。

黑格尔与海德格尔历史建构——这个建构也承担着特定思想家对它们的阐述——的区别，并不那么在于，黑格尔将真实的历史把握为绝对精神的真实历史，海德格尔把握为存在的一种历史；而是在于，黑格尔曾经仍旧在"自由意识的进步"这个观点之下把握整个形而上学史，然而对于海德格尔来说，形而上学史是一种进步的衰亡，是一部独特的虚无主义史，因为他认为虚无主义在本质上，即是说作为一种"存在之悬缺"，在基督之前的数百年已经在希腊人那里开始了。与这种"存在之悬缺"相比，"上帝的缺席"（Fehl Gottes）才是次要的。

> 这个时代的贫困状态的存在历史性本质基于无急难状态之急难。存在之命运比上帝之缺席更为阴森可怖，因为它是更本质性的和更古老的。作为这样一种命运，存在之真理就在存在者和单纯存在者的涌逼中间拒不给出自己。这种既不在场又在场的急难的阴森可怖之物（das Unheimliche）锁闭自身，因为一切现实之物，关涉并且席卷着这个时代的人的现实之物，即存在者本身，乃是他完全熟悉的；但恰恰因为这样，他不光光是不熟悉存在之真理，而倒是在"存在"总是出现的地方把"存在"冒充为纯粹抽象的幽灵，因此错认了"存在"，并且把它当作一无所有的虚无来加以摒弃。人们没有不断地思念"存在"（Sein）和"是"（sein）这些词语的历史性的本质丰富性，而是在放弃一切思念（Andenken）的情况下只还去听这些字词，并且蛮有理由地觉得它们矫揉造作

的空洞声音是令人讨厌的。(《尼采》下卷，第396页)

在黑格尔那里并不悬缺本质性的东西，相反，绝对的东西彻底地把自己表现（manifestiert）于世界和有限精神的历史中。因此与黑格尔的进一步区别在于，这个仍然全能（imstande）的被称作"绝对"的东西，以其表现方式的全部丰富去**阐释**，直到有了有意识的无秘密性——自从他将自身启示出来以后，"在上帝这里不再有秘密"——而海德格尔一直坚持"遮蔽之物"并且在一个"存在"中只给予神秘的"暗示"（Winke），尽管经过百般努力（《尼采》下卷，第252页），这个暗示仍然还是一个不再说出并发声的词语，并且对于尼采出自生命全部特征（Gesamtcharakter）的新的世界解释（Weltauslegung）无法给出澄澈的阐发。一个最终最大的差别：黑格尔仍出于西方传承的充沛资源来思考，并在三部取之不尽用之不竭的作品（《精神现象学》《逻辑学》以及《哲学科学全书》）中把所有他彻底思考过的东西透彻地带入到概念中；海德格尔像一个贫困时代的思想家一般思考，存在的真理对这个时代而言还是遮蔽着的，而《存在与时间》如今仍然是他最本真最独一无二的"著作"。这个区别大概也解释了，为什么黑格尔对哲学史、历史哲学以及美学和宗教哲学的讲座，也就是说全部作品中的绝大部分，虽不是自己发表的，但这巨大的遗产流传到后世，而海德格尔并没有在作品和讲座之间做出区分，自己把讲座出版了。这也符合他在尼采那里首先循着未完成的作品、循着遗稿的做法。

读者从海德格尔的尼采讲座那里获得的第一印象是，它仅仅部分地论及尼采，而一个并不具有更少重要性的部分，则是在哲学史上或者可以说是"存在历史"上（《尼采》上卷，第451页）对形而上学史的附带说明：关于柏拉图和亚里士多德、笛卡尔和普罗泰戈拉、莱布尼茨和康德，并且简短地提到了黑格尔和谢林——这些附带说明能够表明自己与尼采没有任何关联，并且已经部分地包含在已发表的其他作品里了。并且这些如此安排的讲座虽然也不顾后果地包含有对"完美的毫无意义"的时代及其由"制造"（Herstellen）和"表象"（Vorstellen）而来的技术性力量和所作所为的激烈讽刺，但也许并不是曾在口头演讲中的那样。就像在另一次讲座中说过，西方的命运取决于人们怎么翻译和解释希腊语中的"存在"一词，1939年在这里（《尼采》上卷，第361页）也说，人是何许人（wer der Mensch ist）的问题，将是"欧洲在这个以及未来的世纪里的未来课题"，并且只会通过"各个民族在相互竞争中的决定性的历史塑形（Geschichtsgestaltung）"找到答案（参照《尼采》上卷，第579页）。如果把如此的和类似的欧洲未来课题的宣言，并同时把对"存在之守护（Wächterschaft des Seins）"的要求放在一边，那么一种既入侵而机敏，又暴力而粗鲁的对尼采文本选段的解释，就保持为这些讲座的重要收获，而对形而上学历史的附带说明则应当展示其存在历史的含义。下卷开头（第7-29页）包含有对追问轮回学说和强力意志内在关联的这一主要问题的最佳概括。由于对海德格尔而言它无关一种历史学上的理解，而是关乎用"事情"（Sache）——对于事情来说，尼采不过是个题头而已——来做创造性的分析，他就没有考虑将尼采抬高到最伟大的形而上学家的行列，并通过这种列入一种"形而上学"的统一构造的历史中，把他放到和一切形而上学的"存在的遗忘"同样的水平上。这些讲座的课题从一开始就出于把尼采的思想把握为"出自存在历史的西方形而上学的完结"这一目的而被规定了。

只有从存在与时间的基本经验出发，我们才能充分思考我们下面要做的尝试。这个基本经验在于一种震惊，一种不断增长的、但在若干地方兴许也能廓清自己的震惊，即面对下述事件的震惊：在西方思想史上，虽然存在着之存在从一开始就得到了思考，但存在之为存在的真理却还是未被思的；这种真理不仅作为可能的经验拒绝了思想，而且作为形而上学的西方思想还专门——尽管不是有意地——对这个拒绝事件加以隐瞒。

因此，我们下面关于尼采形而上学的解释就必须首先做一种努力，试着从上述基本经验出发，也就是根据形而上学历史的基本特征，来沉思作为形而上学的尼采思想。(《尼采》下卷，第 260 页，参照上卷第 13 页①)

与此相应的，海德格尔能够概括性地并且确凿无疑地在尼采对虚无主义的克服以及对过往的形上之学（Metaphysik，"'真实的世界'如何最终成为了寓言"）的瓦解的试验中，仅仅看见一种对过往之物的颠倒（Umkehrung）和重估（Umwertung），他认为没有任何一个地方超越了过往之物并且进入自由，相反仅仅是巩固了它。

反形而上学和对形而上学的颠倒，但也包括对以往形而上学的捍卫，乃是长久以来发生着的对存在本身之

---

① 本书德文原版里标注的是是《尼采》下卷第26页，应为排印错误，兹据《尼采》一书德文版的页码更正为第260页。——译注

悬缺的忽略的一个唯一活动。(《尼采》下卷,第 384 页)

海德格尔认为,克服虚无主义的愿望错判了自身,因为它并未对虚无主义的**本质**,亦即存在之悬缺的历史有所经验和认知。然而海德格尔不去弄懂针对其解释的可能反驳并对它们本身加以谈论,而是仅仅抽走它们的基础,这是太过聪明了。

> 我们现在所做的沉思往往会产生一种嫌疑,仿佛我们对尼采的思想作了一个假定:它必须从本身上思考存在之为存在,但却耽搁了这种思考,因而是不充分的。我们根本没有这样的意思。(《尼采》下卷,第 336 页)

这个意图似乎完全不是要去传播尼采哲学的"一种也许更贴切的表象(Vorstellung)"。对海德格尔来说,贴切的与不贴切的解释之间的区别局限于单纯的"表象活动"(Vorstellen),并且如果表象活动取决于超乎贴切与否而在"真理"亦即存在的无蔽上去思考,那么这区别就变得无关紧要了。由于对海德格尔来说,对存在的追问不同于对一切存在者的追问,它是唯一值得追问并值得思考的事情,他也就仅仅在这一点上不断地对尼采的思想发问。然而"基于对他的思想的至高忠实",尼采所思的东西应当直接地进入到谈论中。人们可以去推想,认为这个"至高"的忠实并不是在日常意义上通俗理解的忠实。这里并不是探讨什么东西对海德格尔意味着"存在""真理""思想"也就是存在的真理之思的场合;必须充分指明,这个思想因为没说的东西对文本保持着"隐藏着的",就意欲对文本**没说**的东西加以谈论。由于这种主要的意图,对"没被说出的东西"加以谈论并因此超出文本加上自己的东西,在海德格尔曾经阐释的所有内容中,就产生出了他的解释的入侵性和暴力性。

> 在下面的讨论中,描述和解释相互穿插在一起,从而并非处处都立即能让人见出,哪些内容出自尼采的原话,哪些内容则是我们添加上去的。不过,任何一种解释都未必只能从文本中获取实事内容,它也一定会不露声色、了无痕迹地添加某种东西,某种来自**它的**实事内容的固有之物。门外汉在不作任何解释情况下把某种东西视为文本的内容,以此来衡量,解释时的添加就势必会受到指责,被说成是穿凿附会和任意专断。(《尼采》下卷,第 262-263 页)

我们作为一个几十年来致力于研究尼采,对我们已不可能有新鲜东西的"门外汉",抓住永恒轮回学说是尼采整个哲学的中心这一点(《尼采》上卷,255 页及以下诸页),只有把海德格尔的解释技巧标一点点出来,以便给这种诠释(Ausdeutung)加上一个问号。

海德格尔从《强力意志》中引用了第 135 节之前未编号的部分(顺便说一句,这就是福尔斯特-尼采女士[①]带着偏好对来客朗诵的那段,因为她认为这是尼采的愿望的精髓):

[①] Frau Förster-Nietzsche,即弗里德里希·尼采的妹妹伊丽莎白·福尔斯特-尼采 Elisabeth Förster-Nietzsche。——译注

我们已经赋予现实事物和想象事物的所有的美和崇高，我们愿重新把它们当作人的所有物和产物来要求：作为人最美好的辩护词。人作为诗人、作为思想家、作为神、作为强力：呵，他把何种君王般的慷慨大方赠送给事物，为的是使自身贫困化并且使自己感到可怜！迄今为止，他最大的无自身状态就是，他赞赏、崇拜，而且懂得如何对自己隐瞒以下事实：他就是创造所有他所赞赏的东西的人。(《尼采》下卷，第 124 页[①])

尼采在这里只谈到了对所有这种东西，即人"无自我地"（selbstlos）把它送给事物而非把它作为人的独特成果加以享用的东西的重新要求——一种在内容和风格上都并不新鲜的完全启蒙的要求；它几乎一字不差地被早年的黑格尔所高扬（黑格尔《早期神学著作》，第 225 页及第 71 页）并且是 19 世纪一切宗教批判的老生常谈（大卫·施特劳斯、费尔巴哈、马克思）。海德格尔声称这一段是最透彻的段落之一，是最美的那一种，并且从它那里提取出没被说出的东西，也就是将自己设立为统治星球的无条件的强力意志，而这统治者将是作为"无条件的强力实施的主人，带有这个地球上已经完全得到开发的强力手段"的超人。借助于这种解释，海德格尔存在历史性建构的一般模式

[①] 本段见于 1922 年 Kröner 版《尼采全集》第 15 卷第 241 页，海德格尔所说的"第 135 号之前未编号的部分"是就他所使用的这一版而言的。这段文字在 KSA 版《尼采著作全集》的第 13 卷第 41 页，在孙周兴据 KSA 版译出的《权力意志》（商务印书馆，2007 年）的 714 页。KSA 版采用的不是 Kröner 版的编号。此外，孙周兴在《权力意志》和《尼采》两书的中译里对本段的译法不同，此处采用的是《尼采》一书中的译文。——译注

使得自身得以澄清：从独特的世界历史状况，即进及星球的人类技术性的设立（Einrichtung）出发（《尼采》下卷，第20页），尼采的未来地球主人的观念被放进了"超人"中，它一直追溯到笛卡尔的自我确定性那里，以便为这个"完成了的无意义的时代"提供一种存在历史上的合理性和未来。海德格尔谈论形而上学的历史特别是近代的形而上学的概括方式，唤起了这种假相，似乎从柏拉图一直到尼采的所有迄今为止的思想都在同一个方向上运行，并且似乎笛卡尔、斯宾诺莎、莱布尼茨、康德、黑格尔和谢林的思想尽管不是相同的，但在本质上的东西上却是一样的，即是在尼采的拟人论（Anthropomorphie）那里得到完成的一种"主体性"遗忘了存在的思想。尼采在被引用的这段话中所说的"君王般的慷慨大方"，于是变成了无条件的强力意志以及权能（Bemächtigung）。这则笔记中所说的，是使自己完全成为无条件的中心以及存在者的独特尺度的近代人。"这个片段以简单而笃实的步伐跨越尼采的形而上学基本立场，因此，如果它理当被用作一个序言的话，它就必须被放在整部著作的前面。"（《尼采》下卷，第126页）

尼采形而上学的"基本态度"（Grundstellung）是否真正地从这个十分不起眼的片段中把自己表述出来，并且以此为内容，即它在一切存在者的"无条件人化"中寻找真实的和现实的东西，并"前所未有地把人置入万物的无条件的唯一尺度的地位中"？尼采究竟是不是像施蒂纳那样想的？在《查拉图斯特拉如是说》中他难道不是反而去寻求他的灵魂能够溺毙于其中的那片存在之"海"，以及他怀有一种"太阳意志"（Sonnenwillen）向着一种"违背意愿的幸福"而最想"飞入"的那片"清白的天空"？

查拉图斯特拉为什么向着他在其中看到了永恒轮回——这种"对世界的超人理解"——万物在其中接受洗礼的"永恒之井"的正午庄严时刻发问道,"你什么时候把我的灵魂吸回到你的里面去?"尼采的基本态度难道不也是"拟人化"的反面,即把当代生存的乖僻(Exzentrizität)重新系于全体存在者("自哥白尼以来人就从一个中心堕入了 X"①)的这个 19 世纪独一无二的重大尝试?否则要怎么理解,与查拉图斯特拉的第一篇讲话"三段变化"说的一样,其最后和最难的讲话包含有,人的确还在摆脱他的意志以成为那从事"嬉戏"的,以及作为"丧失世界者"得以重新赢回其世界的一个新开端的"孩子"?然而在海德格尔的尼采那里根本没谈到作为尼采思想的全程目标的以及"生成之无辜"(Unschuld des Werdens)以强力意志所满足的这第三段变化。取而代之的是,尼采必须负责说明作为一种主体性和拟人化历史的形而上学历史的完成。

相应的,尼采对笛卡尔的批判也随着这一惊人的结果而被尽可能地夺去了其批判的锋芒(《尼采》下卷,第 173 页及以下诸页,参照第 149 页以下),即海德格尔认为笛卡尔在作为"人的无条件优先地位学说"的尼采超人学说中会庆祝其"最高凯旋"(《尼采》下卷,第 62 页),因为在其中近代形而上学走向终结。

> 尼采的学说把一切存在之物及其存在方式都弄成"人的所有物和产物";这种学说只是完成了对笛卡尔那个学说的极端展开,而根据笛卡尔的学说,所有真理都

---

① KSA版《尼采著作全集》,第12卷第127页。——译注

被回置到人类主体的自身确信的基础之上。(《尼采》下卷，第129页)

笛卡尔把所有主体自身确信的真理建基于何处？谢林仍持这种看法，即笛卡尔的沉思中"真正哲学的剩余"是其上帝证明，而一切真理的基础，甚至是数学真理，都出自绝不骗人的上帝真理。

查拉图斯特拉所谈到的超人，不是"作为完成了的主体性的最高主体的强力意志的纯粹强力运作"(《尼采》下卷，第304页)——一种制造工具的动物(homo faber)和最高强权(Potenz)的管理者——而是"战胜了"自我的人，以至于在他那里就像在查拉图斯特拉的灵魂中一样，"一切事物都有顺流和逆流"，并因此与整个活生生的世界协调一致。

尼采把存在者的整体称为"世界"，并且谈到了首先以生殖力显示其创造性活力的"生命的全部特征"(Gesamtcharakter des Lebens)；给这个富有活力的整体命名的神，叫做酒神狄俄尼索斯(Dionysus)，对此海德格尔只说，即便对于狄俄尼索斯也必须要从强力意志和永恒轮回出发来加以思考。但只要在技术性的权能和单纯的谋制(Machenschaft)意义上，"意志"并非一种强力意志，而是生殖愿望和生殖力，那么反过来，强力和永恒轮回的意志也要从鲜活生命的整体特质来加以理解了。当尼采谈到狄俄尼索斯的神秘时，对此是这样理解的。

> 希腊人以这样的神秘仪式保证什么？那**永恒的**生命，生命的永恒轮回；未来在过去中得到预告和供奉；欢欣鼓舞地对超越死亡和变化的生命的肯定；通过生

殖，通过性的神秘仪式。**真正的**生命作为整体的继续生存。所以，对希腊人来讲，性的象征，是庄严的象征自身，是整个古代虔敬内含的真正深意。交配、怀孕和分娩行为中的所有细节唤起最高昂和最庄严的情感。……这一切意味着狄俄尼索斯这个词：除了这个**希腊的**、即这个狄俄尼索斯的象征表达，我不知道有比这更高级的象征表达。在此之中，可以宗教地感受到生命那直指生命之将来、生命之永恒的最深邃本能——通往生命的道路自身，作为**神圣**道路的生殖……是基督教才使得性成为不纯洁的东西：它把**污秽之物**泼洒到开端上，即我们生命的前提上。(《偶像的黄昏》，我感谢古人什么，第4节[①]；参照《强力意志》，第1051节[②])

向着相同者——即向着在所有以及每个瞬间"同样强力"的生命——之永恒轮回的生命意志，实际上实现了海德格尔在其对强力意志和永恒轮回的解释(《尼采》下卷，第19页)所称的一种"在场的持存化"(Beständigung des Anwesens)；但它在尼采那里并不是在批判的意义上，而是在一种永恒的意义上实现一种单纯的"持存之保证"(Bestandsicherung)，这种永恒很少作为一种单纯的"中止了的消逝"(abgestellte Vergänglichkeit)，

[①] 本段译文来自《偶像的黄昏》，卫茂平译，华夏出版社2007年版。此处对译文有部分改动。——译注

[②] 此编号即前述 Kröner 版《尼采全集》中对《强力意志》内容的编号，第465节以及之前的属于该版全集第15卷，第466节开始属于第16卷。下同。——译注

如同"存在"很少作为一种单纯的富有活力地生殖着的生命。谁在一切存在者的活力中只看到一种别的"存在者",谁就错认了尼采的生命观念,比如海德格尔。

当海德格尔谈到尼采的"所谓的生物主义(Biologismus)"(《尼采》上卷,第517页及以下诸页),并把对尼采的生命概念的讨论局限于人的时候(《尼采》上卷,第574页),恰好就遗失掉了在尼采本人那里处于中心点并且尤为重要的东西。尼采的"生物主义"本身在其粗糙的形式中从来都不是一种所谓的生物主义,而始终是对人类及其以外的生命的一种洞察,这生命的活力刻画出整个酒神世界(《强力意志》,第1067节)的特征,并且查拉图斯特拉在哪里发现了"有生命者",就在哪里也发现了"强力意志"(《查拉图斯特拉如是说》,第167页)。如果毫不考虑尼采的生命观念,那么对永恒轮回和强力意志的谈论就如同对种种财宝、种种价值以及种种观点的谈论一样毫无根基。与尼采有关的不是**存在与时间**,而是生命与永恒,《查拉图斯特拉如是说》的第三和第四部分以对它们的呼唤而结束。自身决意(Sichselberwollen)并非一种抽象的意志,相反,有生命的世界永远不断地意愿着自身,包括那属于这世界的人,以及给世界以一个酒神之名的神——与旧约和新约中超世俗以及超自然的上帝不同,上帝尽管也是本质性的意志,却是饱含了目的与目标的。如果人们——在一种形而上学的存在历史的前提下——忽略掉尼采全部学说的关键之处被标明为对尼采来说针对着一种承载并统领着一切的生生灭灭之"本性"(Physis)的"生命"一词,那么永恒轮回学说的结构和问题及其与强力意志的关系就得不到有意义的讨论。

在一切有生命者中相同种类（gleichartig）和同等强力（gleichmächtig）的生命之永恒轮回这个"元设定"（Urgestztes）范围内，生命的整体特质是按照生命之充沛与贫困、强与弱、上升与下落来加以区别的。尼采极少在存在论意义上思考存在与存在者的差别（Differenz），他大多把一切有生命的存在——没有它们的活力就不会有存在——之间的差别作为主题——从历史学（Historie）"对生命"的利弊直到对强力意志的笔记都是如此。尼采把按照上升与下落对单个的生命与一切同等强力的生命所做的区别，说成是生命的"首要区别"（Hauptunterscheidung），这一区别中看起来包含着的"存在"与"变化"的区别据说也必须得到注解。在《瞧，这个人》第一章（"我为什么这样有智慧"）这个突出的地方，尼采说自己是这个区别上的卓越导师（Lehrer par excellence），人们不可能驳倒他，在他对哲学与宗教、道德与政治、科学与艺术、文学与音乐里的上升与下落之兆的各种各样的解释中，他有他最独特的高超技巧。上升及下落观点的形成与调整："从病人的角度去看比较**健康的**概念和价值，反之，从**丰富的**生活和对生活的自信心去看颓废本能的隐蔽活动"①，这是他"最长时间的训练"，他的"真实经历"，也是在他那里一种对价值的重估变得完全可能的"首要原因"；因为无论如何，重估都预设了人们在生命的整体特质的范围内有能力做到把生命之充沛从生命之贫困中，把处于成功者从陷于失败者中，把善从恶中区别出来。但根据这个首要区别所做的重估也首先是虚无意志向永恒轮回之意愿的回归。

---

① 《瞧，这个人》第一章第一节，此句译文来自团结出版社2006年出版的黄敬甫、李柳明译本。——译注

但如果首要区别是一种在自身维持并成长、提升又下降的生命之内的区别,那么虚无主义**从源始上**也可以不由"上帝之死"所出,也就是说,不由对上帝的信仰不再可靠这一点所出。信仰和不信,在尼采观点的这个最终的视角看来,并非愿意信仰或不愿信仰的人的建立在自己身上的行为方式,而是——正如每种有意识的行为以及每种对世界的解释那样——作为对某种源始之物以及隐秘之物的符号或标志:要解释为生命力的成长与衰亡。虚无主义也不是前无古人后无来者的历史事件——并且其克服的一瞬间不过是"决断"的一瞬间——而是在自然和历史中相同种类和同等强力的不竭生命的一种始终轮回着的表现方式,这种生命毁灭性地重建自身。这属于尼采的"全部洞见"(《强力意志》第 112 节)。同样也总是有虚无主义运动,并且随着进入种种过渡时期,瓦解与下落之兆也符合着新的此在之条件(Daseinsbedingungen)。

在海德格尔的尼采那里完全没谈到这些;而这三个主题词(《尼采》上卷,第 25 页以下):永恒轮回、强力意志和重估一切价值仅仅是在世界的生命活力这个背景上面去理解的。因为尼采以其永恒轮回以及强力意志学说所重估的,不外乎基督教对世界生命和人类生命之理解的依据(Maßgabe)。当他写下《偶像的黄昏》的前言时,他在日期中做了注明:"于 1888 年 9 月 30 日,这一天,**重估一切价值**的第一部书完成了。"但他曾想把反基督者作为重估的第一部书出版。重估以及因此也是一切对价值的谈论,不能够不考虑尼采对基督教的反对立场去把握。注意到尼采的无神论不是普通的思想解放,以及尼采并不是像那些从不问神的人那样地无神,也是不够的;因为如果在尼采多义的表达中，随便哪种东西对于他的虔信问题都是清楚明白的，那么这一点也是清楚明白的，即他曾想导致"无神论问题上的一种危机和最高决断"。①

海德格尔挑选了敌基督者里的句子作为其讲座第一章的格言："近两千年过去了，没有一个唯一的新上帝！"因此"缺少上帝"就能够涉及"存在的悬缺"，而存在的遮蔽能够涉及隐匿的上帝（Deus absconditus）；海德格尔甚至在某处谈到了"存在的上帝"（Gott des Seins《尼采》下卷，第29页②），在此悬而未决的是，属格的"的"（des）是受词属格（genitivus objectivus）还是主词属格（genitivus subjectivus）或者两者兼有。③但人们怎么会可能去追问一个新的上帝，如果人们并没有通过尼采而确信古老的基督教上帝死了？而且另一方面人们怎么会可能在哲学的历史或存在的历史上去把握那走向终结的"西方"形而上学的历史，不考虑到这般历史学上的（historischen）事实，即基督教信仰并不是保持着局限于一个宗派，而是扩展到罗马帝国，

---

① 见《瞧，这个人》中关于《不合时宜的沉思》的部分。——译注

② 本书原版中把 II（下卷）误写为 III，"存在的上帝"这一说法是在下卷第29页。海德格尔《尼采》德文版没有第三卷。——译注

③ 主词属格与受词属格是拉丁语的语法概念，例如 amor matris（德语中是 die Liebe der Mutter, 母亲之爱）作受词属格理解时表示对母亲的爱，作主词属格理解则表示母亲所发出的爱。"存在的上帝"按照受词属格理解，是指有一个上帝，对于存在（受词）来说，他是上帝；按照主词属格理解，则是指，那由存在（主词）而来的这样一个上帝。实际上，在德语（以及汉语）中通常体现的是主词属格，比如母爱以及 die Liebe der Mutter 这个说法仅仅表达由母亲而来、母亲所发出的爱。受词属格往往另有表达，加上了介词，比如德语中表达为 die Liebe zur Mutter, 汉语中表达为对母亲的爱。——译注

以及直到有了基督教,才有一个欧洲的西方并因此有一种西方的哲学。现代的西方哲学并不单单是由希腊的开端所规定,它在其一切概念上都有基督教的－神学的条件,从笛卡尔的上帝证明到黑格尔的宗教哲学到尼采的反基督教。如果一切真理的时代都是从存在本身那里历史性地发送出来(geschickt)的,那么基督教理解的真理也必须是一种在存在历史的范围中"必然的"存在的命运(Seinsgeschick)。基督教是必然地或是偶然地或是两者兼有地也是根基,它为何走向了"人的无条件的优先地位",海德格尔以此作为对应当在尼采那里完成的形而上学现代历史加以批判的主要线索。是在一切受造物中只有人与上帝有同样形象(ebenbildlich)的这种基督教学说,才使得人在所有存在者中的这种绝对的特殊地位成为可能。人们也许会怀疑,尼采的查拉图斯特拉是不是"上帝和无的征服者",然而人们不得不承认他是独一无二的思想者,他大胆地称基督教是两千年的谎言并彻底思考"最长久的错误的"历史。海德格尔在"存在的历史"上衡量尼采的思想,它是——从尼采那里看来——总还是一种"背后的世界"(Hinterwelt)或者形上之学(Metaphysik),对它来说"实证主义的雄鸡啼鸣"(《偶像的黄昏》:"真实的世界"如何最终成了寓言)仍是闻所未闻的,"健全的理智"(bon sens)也还没有回归。

狄尔泰和海德格尔对形而上学的态度

Diltheys und Heideggers
Stellung zur Metaphysik
1966

黑格尔哲学对历史精神的处理，对于狄尔泰建构历史世界、为种种形而上学体系划上终点的研究而言，具有决定性的意义。狄尔泰通过其《黑格尔青年时代》(*Jugendgeschichte Hegels*，1905) 以及历史的系统性的工作，比所有其他的新黑格尔主义者之和还要多地使得黑格尔的历史的思维方式有效地适合于当下。他对黑格尔的阐释始于 19 世纪 60 年代，并且持续到其学术生涯的最后一年。

　　狄尔泰在黑格尔哲学中区分消逝着的东西和保持着的东西的批判尺度，和在鲁道夫·海姆（R. Haym）那里的一样，是历史性（Geschichtlichkeit）。对他来说，由每种历史（geschichtlichen）现实的相对性构成的历史学（historischen）意识与体系的形而上学要求之间的矛盾，是黑格尔哲学中的不合理之处。他认为绝对体系的封闭形式是无法与"伟大的富有前途的发展思想"以及黑格尔依赖此思想的事实相一致的。"这种要求如何能够在无法估量的世界体系、发展的多种多样以及隐藏在宇宙边缘——这个宇宙向着常新的教化大步前进的——的无边无际的未来之中得到坚持啊！"

　　黑格尔对自然和精神的封闭构造以逻辑推理的形式预设了一个不再属于我们的世界。对于狄尔泰来说，这种要求的"愚蠢"（Torheit）是毋庸置疑的，因为其"现实性"表象是在实证科学的实事上得到衡量的，而不是像在黑格尔那里一样，在哲学概念上得到衡量。"与自然、人以及历史的知识针锋相对的徒劳辩论贯穿黑格尔的全部著作。"对于狄尔泰来说，作为科学知识评判和现实性评判的这种基本差异的结果的，是黑格尔与绝对精神的原则相矛盾的、历史地"从自己本身中"去把握精神世界整体的努力。他认为，黑格尔为人类生命的"实在的"历史世界假定（unterstelle）了一个种种"逻辑"规定的理想王国，这些无时间的规定无力解释空间和时间中的现实发展。只有"历史学的种种意向"（historischen Intentionen）作为黑格尔形而上学的保持着的东西还保持着持存，而不包括这些意向的形而上学-神学基础，这基础据说是体系的最终部分。狄尔泰认为，黑格尔的长远意义在于，他表明了每一种生命现象（Lebenserscheinung）的本质都要历史地理解。

狄尔泰在其 1867 年的巴塞尔就职演讲[①] 中早已亲自承认，他仍然面对着的只是哲学的"废墟"亦即一切宏大的形而上学体系的破灭，这些体系从一个绝对原则出发对存在的整体进行解释，比如德国观念论体系。20 年后的 1887 年，他在柏林科学院的就职演讲中再一次阐述了形而上学体系已经瓦解以及为何瓦解，当前的任务是联系着科学的成果把哲学重新奠基于现实性的经验之上。

[①] 雅各·布克哈特（J. Burckhardt）在 1867 年 11 月 30 日写给安东·施普林格（A. Springer）的信中说："我们可敬的同行狄尔泰应当（我们也是这样希望）在我们的大学度过他最好的一段时光；我们必须对我们自己说，我们永远不会有能力束缚他。但现在看起来，把他带回到我们这里来却还太早。总之我能毫无疑问地向您证实您业已了解到的关于他的情况；他学生时代的成功迅速地得到了肯定；一种燃烧着的力量从他身上生发出来，就像同他的交谈所立即表现出来的那样。他不仅仅是机智地去言谈，相反，人们感到，他关于世界、历史、文学和艺术的思想从一个明亮的中心里发出熠熠的光芒。"

他把迄今为止整体、整全的经验还从来没有被当成是哲学思考的基础这一点，称为其哲学的批判性的基本思想。

在科学理解的"现实性"之经验理解的"经验"的这种趋势上，狄尔泰明白自己与他的现时代（Gegenwart）是一致的，他认为正确的哲学语言也必须来源于这个现时代的理解（Verständnis）。然而规定这一代人并且为他们的哲学打上烙印的时代基本特征，却是"其兴趣的**此岸性**（Diesseitigkeit）"。在这种独特的非宗教非形而上学意义上，狄尔泰引用了由进步的启蒙运动时代到种种科学——首先是精确的自然科学，然而也有目前按照其社会－历史现实性的模本所形成的科学——获得统治地位的现实性意义为证。

我们想对一切追根究底，不再让自己受到欺骗。**请诸位以这种现实性的意义**，以我们兴趣的这种此岸性，以**科学**对生活**的这种统治来充实自身吧！** 诸位已经认出了**过去数百年的精神**，它既遮遮掩掩又刚刚站在我们面前：这个基本特征仍然是它特有的。这个地球必将成为自由行动的舞台，这行动由思想支配，在这里将不会有阻碍某种东西的压制。

我们所需要的，是把人类各种奋斗的相互联系提升到清醒的意识。与此相反，形而上学诸概念的各种空洞的可能性通过他们在其中相互攻讦的混乱无序，证明了自身是无用的课堂知识。这些闪闪发光的童话想要迷醉年轻人；然而我向诸位预言：在诸位将来生活的严肃认真和辛勤劳动面前，它们将会崩溃，此后，从诸位在大学时代对哲学的心醉神迷中遗留下来的，不过是一种哲学的宿醉。

但如果现时代自问,人类此在的最终目标和意义究竟在哪里,那么就显露出了贯穿我们的科学文明的深刻矛盾:

> **今时今日**,被科学的迅猛进步所包围着,我们比在**从前**的任何**时代**都更加**一筹莫展地**迎头遇上了这些问题。因为实证科学越来越多地取消了从前数百年作为宗教信仰和哲学确信之基础的那些前提。历史学上的(historische)对比显示出一切历史性(geschichtliche)确信的相对性。它们全部受到风土、种族以及种种处境的限制。在历史中常常出现这样的时代,在其中生命价值的所有固定前提和行动目标都被质疑。……但我们把这些时代与我们的时代做个对比,那么在每个后续的时代中,怀疑论都变得更加彻底,**思想的混乱无序**在我们的时代涉及了我们思想和行动的越来越**多**的前提。**我们**对全球的**环顾**恰恰比……曾看到的从前任何时期都更加清楚地向我们显示了众多答案的相对性。如今,出于科学思想最高统治的这种不谐和(Dissonanz)以及精神对其自身及其在宇宙中的意义的一筹莫展(Ratlosigkeit),在现时代的精神及其哲学中,形成了最终和最独特的特色(Zug)。阴郁的自负和一种拜伦①、莱奥帕尔迪②或者尼采的悲观主义把科学精神对地球的统治作为其前提。

---

① 乔治·戈登·拜伦(George Gordon Byron),19世纪英国的浪漫主义者。——译注

② 贾科莫·莱奥帕尔迪(Giacomo Leopardi),19世纪意大利的浪漫主义者。——译注

但在他们那里，意识的空虚同时坚持着自身，因为一切尺度都被废除了，一切稳固的东西都变得摇摆不定了，种种臆想（Annahmen）的无拘无束的自由，这种与无边无际可能性的游戏听任精神享受它的最高统治，并同时将它无内容的痛苦给予它。这种空虚的痛苦，这种在一切深信中混乱无序的意识，这种生活价值和目标上的不安全感，导致了以诗歌创作和文学去回答我们此在的价值和目标问题的各种尝试。

对于狄尔泰来说有把握的仅仅是，这种状况的不尽如人意不可能通过一种传统样式的形而上学得到解决，相反，它是历史性生命的崭新哲学的力量，它不带形而上学和宗教的先入之见，放弃用一个最终的"无条件者"、用某种绝对的东西去回答哲学的问题。在狄尔泰那里，对"形而上学的"以及"宗教的"种种前提的反反复复的谈论，尽管在其本质的关联上并没有被特意地当作主题，但仍被把握为一种建基于传统形而上学之上的统一性（Einheit）的本质，即存在－神－逻辑学（Onto-Theo-Logik）。因此形而上学的终结同时也意味着其宗教以及神学的种种前提的终结；形而上学死去（verendet）了，因为这些前提都消逝了。

海德格尔最初从狄尔泰那里获得了对其历史性思想的种种最初推动；《存在与时间》应该当作狄尔泰的作品。与狄尔泰的作品相一致，《存在与时间》以一种对在黑格尔那里"精神"与"时间"的外在关联的批判而告终。因为海德格尔认为精神不是后来落入历史的时间之中的那个永恒当下的神圣精神，而是作为有限的和历史的精神，一开始就在时间状态上（temporal）

存在着。

但与狄尔泰不同,海德格尔并不遵循历史学上的(historischen)精神科学的事实(Faktum),而是遵循人类此在的实际状态(Faktizität)。海德格尔认为,人类此在的本质在于它存在并且不得不存在**这一点**(*daβ*)。在他看来,形而上学最源始并且最深刻的问题同样也与存在者的整体相关:"为什么竟是存在者存在而无倒不存在?"《存在与时间》中"历史学上的实际状态"(historischen Faktiztät)的出路符合狄尔泰哲学在整个和全部"现实性"上的实证主义倾向,正如有关《存在与时间》主题的最初的讲座标题所称的那样。普遍存在论的基础是作为"此在分析"的基础存在论,此在必须把自身从其被抛状态承接到"此"中来并加以筹划,它是为存在本身而存在的。通过把狄尔泰所得出的历史精神客观形态的相对性集中于向来本己的历史性生存的有限性,因而把在一切传统形而上学或存在论中所包含的对一个**最高**且**永恒**的存在以及与之相适应的永恒真理的追问排除在外,海德格尔同样抛弃了某种无条件者①。对作为"在世存在"的生存着的此在以及对使用物("工具")的上手存在的分析,甚至显而易见地近乎实用主义及其反形而上学的意图。直到《物》(*Das Ding*)一文,对使用物的分析才被撤回并作了重要修改,正如《存在与时间》之后,生存概念的情绪、语言及意义完全倒转了。②

---

① 然而在这种抛弃之前仍有对之加以追问的要求。"我们到处寻找无条件者而只找到了事物。"是海德格尔教师资格论文中出自诺瓦利斯的格言;参照本书作者的《海德格尔——贫困时代的思想家》,本卷第124页及以下诸页。

② 另请参看《海德格尔——贫困时代的思想家》的第一章,本卷第125页及以下诸页。

在这个转向之后，历史学上的实际状态以及属于它的生存现象（良知、死、罪、操心、畏）即便一般而言尚有重要意义，也失去了分量。当对存在之真理所做的追问走上前台的时候，生存论上的"此在分析"以同样的程度退居幕后。向来本己的此在成了"此"，这就是说，成了存在的场所（Ortschaft），这存在存举着（west）① 或者存用着（waltet）② 并且生发（ereignet）人的此在，其本身并不是其他存在者中的某种现实的存在者。《存在与时间》的源始动机（Motiv）：历史学的、时间史的实际状态，只在本质问题（Wesensfrage）的动词意义上——即在存在不是永恒和最高的实体，而是历史地存举在场以及不存举在场（an- und abwest）③，照亮并解蔽自身以及遮蔽并抽出自身的这个意义上——才映现（kommt ... zum Vorschein），也就是说，是通过存在在存在者中解蔽自身才映现。那么比如技术的"本质"就不会是如今作为实际技术的知与能四处蔓延到全球的东西，而是一种在一切技术制造出来的东西里存用着（waltendes）并且隐蔽着的存在之命运（Seinsgeschick）。海德格尔认为语言的本质同样不是据说从人到人的传达，相反，语言本身是"存在的家"。海德格尔对存在以及同时（在存在者身上）对无的追问，对他来说是唯一值得思考的东西，是唯一必要的东西（unum necessarium），因而是与狄尔泰的"现实

---

① 见本书前文注释。亦可理解为本质化着。——译注
② 动词 walten 有存在以及起作用、支配、统治的意思。——译注
③ 形容词 anwesend 和 abwesend 表示在场和不在场，这里是其动词的形式，an- und abwest。译为**存举在场**与**不存举在场**正可体现出动词意义。——译注

性"态度完全不同的,海德格尔的思想作为思考的尺度和目标,一开始就超出了这种态度。因此他不是像狄尔泰那样为了从形而上学进展到现实性的经验而断言形而上学的**终结**,而是出于对存在及其天命的考虑而要求克服(Überwindung)形而上学,也就是说,这恰恰是因为海德格尔认为形而上学**并未消逝**。当海德格尔把一切迄今为止的形而上学评判为科学以及科学技术的开路先锋(Wegbereiterin)时,形而上学至此才获得了完全的铺展,获得了彻底的统治地位,获得了世界历史上的影响。海德格尔认为存在的天命在于,长久以来它阻止了人类(Menschenwesen)与存在的一种源始关联。这一关联的悬缺以及这种悬缺的遗忘从远处规定了现今的世俗时代。他认为,存在的悬缺以及由此将会导致的"缺少上帝",越来越独独地仅给人以存在者。在他看来,存在的被离弃状态(Seinsverlassenheit)和存在的遗忘今后将更加断然地适应遗忘,亦即与作为理性动物(animal rationale),或者也作为制造工具的动物(homo faber)以及劳动的动物(Arbeitstier)的形而上学的人同等程度地只是围着自己打转——而记不起存在了。

按照海德格尔的观点,即形而上学毋宁至此才达到它在存在者中无条件的统治,也就是在"现实的东西的无真理的形态"(wahrheitlosen Gestalt des Wirklichen)及其无数客体中,把人表象(vorstellt)并制造(herstellt)为主体,并且把主体错误地认作是真的东西(echt Dinge),哪怕它们只是些"座架"(Gestell)而已,那么形而上学并没怎么终结。海德格尔认为,当一切在场者的对象化通过意愿着自身的意志——意愿着独一无二权力的意志——而获得统治地位的时候,发生了作为主体性形而上学之最终结果的地球的毁灭,并且可以想象,形而上学的这种完结将会比它迄今为止的整个历史都持续得更久。① 然而在存在历史意义上思考,这个过程(Vorgang)最初却并不是一种现代工业和技术的结果,而是存在之真理的沉落(Untergang),这毁灭始于,唯独存在者对我们理解为存在和现实存在(Wirklichsein)的东西具有了决定性意义的。

> 这个时代的贫困状态的存在历史性本质基于无急难状态的急难。存在之命运比上帝之缺席更为阴森可怖,因为它是更本质和更古老的。作为这样一种命运,存在之真理就在存在者和单纯存在者的涌逼中间拒不给出自己。这种既不在场又在场的急难的阴森可怖之物锁闭自身,因为一切现实之物,关涉并且席卷着这个时代的人的现实之物,即存在者本身,乃是他完全熟悉的;但恰恰因为这样,他不光光是不熟悉存在之真理,而倒是在"存在"总是出现的地方把"存在"冒充为纯粹抽象的幽灵,因此错认了"存在",并且把它当作一无所有的虚无来加以摒弃。②

考虑到被遗忘了的存在与存在者的区别,海德格尔在自己面前看到了如下的未来前景:

> 在存在能够在其原初的真理中自行发生之前,存在

---

① 《演讲与论文集》,第71页及以下诸页;参照《形而上学是什么?》,第五版导言。
② 海德格尔,《尼采》下卷,第396页。——译注

必定作为意志脱颖而出,世界必定被迫倒塌,大地必定被迫进入荒漠化,人类必定被迫从事单纯地劳动。唯在这种沉落之后,才会长期地发生开端之突兀逗留。在沉落中,一切东西,亦即在形而上学之真理的整体中的存在者,都走向其终结了。这种沉落依然自行发生了。这种居有事件(Ereignis)的结果乃是我们这个世纪的世界历史的各种事件。它们只还给出已经完结的东西的经过。这个东西的过程在形而上学的最后阶段的意义得到了历史学上-技术上的编排。这种编排就是把已经完结的东西最后安排到一种现实性之假象中,而这种现实性的效用(Gewirk)不可抵抗地发挥出作用,因为它声称在没有**存在之本质**的解蔽的情况下也能应付过去,并且声称这是如此明确,以至于它根本就用不着知道这种解蔽。依然遮蔽着的存在之真理对形而上学的人类隐瞒起来了。这个从事劳动的动物陶醉于他的制作物中,借此把自身撕裂开来,消解于虚无之无中。

对走上克服形而上学之路的海德格尔来说,形而上学在它的一切历史形态中,是一种独一无二的东西,但或许也是西方不可避免的厄运以及这厄运统治全球的先决条件。

形而上学的无条件统治地位的展开还只在其开端阶段。当形而上学肯定与之相应的非本质(Unwesen),把它的本质移交到这种非本质之中并且在其中固定起来,这时候,这个开端便出现了。形而上学是一种厄运,这是在严格的、唯在此所指的意义上讲的，即：作为西方－欧洲历史的基本特征，形而上学让人类悬挂于存在者中间，而同时，存在者之存在在任何时候都**未能作为**存在与存在者之间的**二重性**（Zweifalt），从形而上学的角度，并且通过形而上学而在其真理性方面得到经验、追问和接合。然而，这样一种必须在存在历史上思考的厄运之所以是必然的，乃是因为存在本身唯在存在与存在者的区分特别地自行发生之际，才能够在其真理性方面澄明这种在存在中保存下来的区分。不过，如果存在者预先没有进入极端的存在之被遗忘状态之中，同时，存在又没有作为求意志的意志把它在形而上学上不可认识的无条件的统治地位接受下来，这种求意志的意志首先而且唯一地通过存在者（即对立的现实之物）对于存在的唯一优先地位而发挥作用，那么，存在与存在者的区分又如何能够自行发生呢？可见，这种区分的可区分性要以某种方式表现自身，但又在一种奇特的不可认识性中保持着遮蔽。因此，这种区分本身始终是被掩蔽着的。这种掩蔽的一个标志乃是对痛苦的形而上学的－技术上的反应，后者同时预先规定着关于痛苦之本质的解释。随着形而上学之完成过程的肇始，也就开始了存在与存在之二重性的最初显现的准备过程，这个准备过程是没有被认识的，而且根本上是形而上学所不能了解的。在这种显现中，还隐藏着存在之真理的最初回声，那种把存在在其支配作用方面的优先地位取回到自身中的存在之真理的最初回声。

随着尼采的意愿着自身的意志的形而上学，哲学检阅了它被注定的可能性的周围。尼采说："大地的主人们将要取代上帝的位置。"现在正在由人开启的大地的新秩序不再需要哲学，因为这秩序已经以哲学为基础了。然而，海德格尔认为，本质性的思考没有随着已实现的形而上学的这种终结而一并终结，而是过渡到另一个开端。① 在他看来，如果不走这条路，就只剩下"存在之被离弃状态的空虚，而在其中，用于技术（也包括文化）制作的对存在者的消耗乃是唯一的出路，沉湎于自身的人还可能由此把主体性拯救入超人之中。末人与超人乃是同一个东西；它们是共属一体的，正如在形而上学的 animal rationale（理性动物）中，动物性的'末'（Unten）与 ratio（理性）的'超'（Über）是紧密结合而相互吻合的"！单纯的生命体（Lebenwesen）是通过一个"无根据的深渊"（Abgrund）而脱离我们绽出的（ek-sistenten）本质，并且把就神圣本质而言的这种本质进一步作为生命体的意外之物（das Befremdende）。因此，人不让自己以自然的视角作为理性动物去思考。只有一种出自存在之真理的思想能够也在人的本质中导致一种改变，把形而上学的理性动物变为一种牧者和守护者，并由此重新开启一条通向神妙者（Heilen）、神圣者（Heiligen）与神性者（Göttlichen）的道路。

  唯从存在之真理而来才能思神圣者（das Heilige）之本质。唯从神圣者之本质而来才能思神性（Gottheit）之本质。唯在神性之本质的光亮中才能思、才能说"上

---

① 另请参看《尼采》上卷，第657页。

帝"（Gott）一词所要命名的东西。或者，并非只有当我们作为人（也即作为生存的生物）应当可以经验上帝与人的关联时，我们才必然能够细心地理解和倾听所有这些话么？究竟当前世界历史的人应当如何才能够哪怕仅仅严肃而严格地追问一下上帝是切近了还是隐匿了，如果人放弃首先深入到这个问题唯在其中才能被追问的那个维度中来进行思考的话？但这个维度就是神圣者的维度。而如果存在之敞开域（das Offene des Seins）没有被澄明而且在存在之澄明中切近于人的话，那么，这个神圣者的维度作为维度甚至就依然被锁闭着。也许这个世界时代的特征就在于美妙者之维度的被锁闭状态中。也许这就是唯一的不妙。①

海德格尔补充说，这种存在真理上的思想绝不会支持有神论；它也许像无神论那样与有神论几乎不沾边。20年前，在《存在与时间》（第62节）里，一条分析罪责存在（Schuldigsein）的注释已经符合了这种拒斥（Abwehr），在注释中，罪责存在让海德格尔以神学家的分析找到一种在生存论存在论上对原罪的奠基，然而海德格尔表示，它从原则上看摒弃了某种"哲学的经验"。他说，对罪责存在的生存论分析既不表明它**赞同**也不表明它**反对**这种罪孽的可能性。②

---

① 海德格尔，《关于人道主义》，1947年版，第102页以下。
② 参照海德格尔，《论根据的本质》，1929年，第98页注释①："通过对作为在世界中存在的此在的存在学阐释，关于一种向着上帝的可能存在既没有作肯定的决定，也没有作否定的决定。"

海德格尔对形而上学的克服是否以及在何种程度上本身仍是形而上学的，亦即存在－神学的（onto-theologisch），对此的追问，却只是在表面上解决了这种无神论和有神论的既不－也不（Weder-Noch）。因为海德格尔极少在存在－神学意义上把存在者本身及存在者一般连同一种最高最终的存在者一起思考，并把最高的存在者设想为上帝，即自因（causa sui）①，当他思考"存在"的时候，他多是思考上帝以及神性者的丧失（Verlust）。因此，他拒绝传统的、形而上学的上帝思想，并非因为他对存在的"思念"（Andenken）是非宗教的，而是因为这个哲学的或者形而上学②的上帝毫无神性（nichts Gottliches）！"人既不能向这个上帝祈求，也不能为这个上帝献祭。人既不能在自因（causa sui）面前出于敬畏（Scheu）而屈膝，也不能在它面前载歌载舞。"因此显而易见，海德格尔极少有某种反对上帝的东西，相反他正缺一个人们能够向它祈求，为它献祭③的上帝。对存在的追问尽管不再被形而上学地提出来，但它却不缺一种宗教动机的追问，不如说，追问的行为（das Fragen）本身应已是"思之虔信"（Frömmigkeit des Denkens）了。对存在的"思念"（Andenken）不是单纯的思某物（denken an [...]），而是一种思想者的虔诚（eine denkerische Andacht）正因为海德格尔在基督教信仰中成长起来并"由于成长的来源"而经验到神学，如今他就更喜欢"在

---

① 《同一与差异》（*Identität und Differenz*），第58页；《什么是形而上学？》，第五版，第18页。

② 另请参看瓦尔特·舒尔茨（W. Schulz），《现代形而上学的上帝》（*Der Gott der neuzeitlichen Metaphysik*）。

③ 参照《什么是形而上学？》，第五版，第44页下："牺牲才是在通向对存在之恩宠的维护的进程中对存在者的告别。"

思的领域不谈上帝"。① "倘若没有这一神学来源，我就绝不会踏上思想的道路。而来源（Herkunft）始终是未来（Zukunft）。"② 尽管这不过是其中谈及了神助者与神圣者，谈及了有死者和永生者，谈到了上帝与众神的只言片语，它仍然足够澄清，海德格尔实际上是从"时间"，也就是从我们自己的和时间的"贫乏性"（Dürftigkeit）来思考"存在"，根据海德格尔－荷尔德林的看法，这个贫乏性在于，它处在一种双重的缺乏中："在已逃遁的诸神之不再和正在到来的神之尚未中"③。尽管按照海德格尔自己的说法，对存在之到达的"未来的思"还没有发现与之相应的居所（Aufenthalt），但他永远如此地尚在途中，而这一点对他来说看起来是确定的：这种信念，即确信他追问存在的思想在强调的意义上是因应－急难的（not-wendig），并且作为追问的思想是一种"虔信"。这种思想者对应当转变（wenden sollende）时代之急难（Not）的虔信，也可以作为海德格尔对那些尽管可能不再信仰，但仍希望虔诚的人的广泛影响力的本质原因。

存在问题的隐性神学背景已经以"上帝的缺席"和"存在的悬缺"本质上息息相关而展示了自己，它让自己也在这样一个问题上展示，海德格尔的《形而上学是什么？》以这个问题告结，他在后来的《形而上学导论》（Einführung in die Metaphysik）中表明它是最广阔、最深刻以及最源始的问题："为什么竟是存在者存在而无倒不存在？"但这个问题真的是形而上学**的那个**问题吗？还是说它只是在圣经神学的背景上——按照圣经神学，存

---

① 《同一与差异》，第51页。
② 《在通向语言的途中》（*Unterwegs zur Sprache*），第96页。
③ 语出《荷尔德林和诗的本质》。——译注

在者全体都是上帝的创造,并且本身也不可能作为上帝之外必然生存着的非受造存在(ens increatum)而存在——才是可能的和有意义的?海德格尔的问题和圣经文本对此给出的毫无疑问的回答之间总之有一种关联,这已经由海德格尔对这个回答本身也加以质疑这件事所表明了。对一种上帝创世的信仰从来不能回答哲学的问题,因为它作为一种哲学问题,完全无法被信仰所提出;谁相信创世,就和这个问题无关。所以对创世提出质疑的人是不信神的,这一点海德格尔虽然没明说,但哲学的这个最深刻的问题对信仰来说就是一种"愚拙",并且哲学就以这种愚拙为内容这一点,通过提到保罗(哥林多前书,1:20)而得以强调。因此对海德格尔来说,一种"基督教的哲学"就是一块木制的铁。有鉴于此,海德格尔告诫基督教信仰去认真对待使徒的话以及"照使徒说的"认真对待作为一种愚拙的"哲学"。① 由这一切表明,海德格尔**在基督教传统的范围内反对着它**进行思考,通过提出这个问题,而且不是在一种"从阿纳克西曼德到尼采"的未曾中断的形而上学传统的范围内提出这个问题;因为在基督教之前的希腊哲学中,从来没有问过为什么竟是存在者存在这个问题,但也许问过对人来说是存在更好还是不存在更好这个问题。② 但另一方面,在基督教以后,哲学和基督教信仰也不再如此明确地互相区别和分离了,比如这要求海德格尔援引使徒的话。自从基督教神学接纳了新柏拉图主义以及后来的亚里士多德哲学,同时另一方面,从笛卡尔到黑格尔

---

① 《形而上学是什么?》,第五版,第18页。
② 亚里士多德,《欧台谟伦理学》(*Eud. Ethik*),1215b。参照柏拉图,《高尔吉亚篇》(*Gorgias*),511c。

的形而上学在一种以哲学语言对传统信仰的不断转译中以及在对其神学来源所做的阐释中活动并因此是存在-神学,就没有**任何一种**存在概念没有打上基督教的烙印或者没有被限制。谁在"精神"的对面谈到"自然",谈到"意志"和"自由",谈到"历史"和"时间性",谈到"自我存在"(Selbstsein)和"现成存在"(Vorhandensein),在对这些词的使用中,他就不再进行希腊式的思考,而是在基督教传统的行列中。所谓的形而上学的基本问题以圣经的创世学说的视角才是可能的,这个学说用上帝意志的决定来解释天与地的此在。在基督教之前没有哲学家问:"为什么竟是存在者存在?"而在基督教之后有哲学家(莱布尼茨、谢林、克尔凯郭尔、舍勒、海德格尔)这样问,这也绝不可能是偶然。要能够这样问,人们必须思考一切存在者也可能**不**存在的这种可能性,正如创世学说通过把一切存在者设定于一个非受造的,从无中创造世界的上帝面前,而假定了这一点一样。这个神学命题的一种形而上学的反照(Abglanz)在海德格尔的《形而上学是什么?》中是有关人的这个命题:从无中,一切存在作为存在得以存在(*ex nihilo omne ens qua ens fit*)①,也就是说,人的此在必须就像在畏之中发生的那样,首先被放进虚无,以便能够与作为存在者的存在者相比较。因为据说存在者的整个"陌生性"(Befremdlichkeit)只有这样才能临到我们身上,并且据说在陌生性和惊奇(Verwunderung)的基础上,作为对

---

① 1931年关于存在的本质的演讲中,包含有对圣经中一句话的一种同样有意的颠倒,其中以一种对弗莱堡大学铭文"真理必叫你们得以自由"(约翰福音8:32)的影射说道:"自由将使你们真实(Die Freiheit wird euch wahr machen)。"另请参看本书作者的《海德格尔》,第25页,出处同上。

原因的追问产生了对"为什么"(存在者存在)的追问。但只要为什么存在者存在而无倒不存在这个问题包含有这样一种假设（Annahme），**即一切存在者也可以不存在**，那么它就不仅仅是追问某种原因，而是借此同时也设想了**偶然性**（Kontingenz）。一切存在者全体的彻底偶然性尽管可以抽象地（in abstracto）被思考，但无法被经验到；它只可能在存在者全体变得阴森羸弱的畏之中被经验到。并且它也只能够出于这种思想而被设想，即有一个必然的存在者，它本质上生存着，并且也不可能不存在，这就是作为非受造存在（ens increatum）和自因（causa sui）的上帝思想。即便是萨特的无神论的存在主义（Existenzialismus）直接作为无神论，当它提出为什么的问题而没法回答时，也不得不以一种本质上生存着的自因去衡量无本质的赤裸和荒谬的生存。①作为偶然性的生存缺乏自我奠基（Selbstbegründung）的可能性，每当它去尝试为自己奠定基础，都必然要失败。萨特说，一切都如此进行，仿佛人只是成功地认识到（realisieren）了一个"缺席的上帝"（Dieu manqué）。这种缺点的积极的另一面是人类生存－筹划的绝对的自我责任（Selbstverantwortung）的设定（Postulat）。

如果海德格尔既没有决定采取一种有神论的姿态，也没有决定如萨特那样采取一种无神论的姿态，就已经把对一个最高和最终原因的追问作为对原因的追问提出来，并且最终②放弃了一切形而上学的理由，那么他对"为什么"的追问也就不再可

---

① 另请参看本文作者的《知识、信仰与怀疑》（*Wissen, Glaube und Skepsis*），第四章。

② 《根据律》（*Der Satz vom Grund*）。

能如同在萨特的生存上的（exsitenziellem）无神论中那样，拥有同样的奠基性意义。**那么为什么这个追问却还是提出来了呢？**它是不是还有一种它自己没有意识到的与基督教－神学的形而上学及其传统的关联？[①] 最终属于"哲学问题内的长久以来仍未彻底肃清的基督教神学残余"[②] 的，不仅仅是"永恒真理"的断言，还有形而上学的"最深刻的问题"。

回顾狄尔泰对当下时代的描述，"意识的空虚"和信念的混乱无序就一目了然了，狄尔泰谈到它们，因为一切固定的尺度都通过历史意识而被废除，而不是如同海德格尔那里的"存在之被离弃状态的空虚"以及"不妙"（Unheil）一样意指着历史意识，对我们这个世俗时代的历史意识的特征的描述出自1936年至1946年间，并且因此已经不再像狄尔泰的历史主义（Historismus）那样出自第一次世界大战的时代。海德格尔不再像狄尔泰尚能够的那样相信一种历史学的教化（Bildung），精神的客观形态以及通过科学对现实性的不断进步的认知。当他意图挖掘形而上学之树——它最末的分支是种种科学——的树根由以吸取营养的基础和土壤的时候，他思考得更加彻底。他对存在的坚持不懈的追问来源于这一经验，即一切存在者都在"目前的世界瞬间"（Weltaugenblick）中被撼动了（erschüttert）。海德格尔认为，由于这种撼动，无家可归状态越来越变成了一种"世界命运"，并且它是基于存在者的被离弃状态。《关于"人道

[①] 另请参看克劳斯·海因里希（Klaus Heinrich）对海德格尔存在问题中尚未解决的恩典（Gnade）问题的深入探讨。见《试论难以说不》（*Versuch über die Schwierigkeit Nein zu sagen*），1964年，第142页及以下诸页。

[②] 《存在与时间》，第44节c。

主义"》这篇反对人道主义的文章的结尾,还对黑格尔有所参考,说未来的思想不是在习惯意义上的哲学即形而上学,因为它比迄今为止所有形而上学都更源始地思考,那些形而上学总是只思考了**存在者**的存在或者存在状态(Seindheit),而从未想过与一切存在者处在本质**差异**中的**存在本身**。比如奥古斯丁在《忏悔录》中激动人心的一段里质问整个世界,问上帝是否在世界中的某处显现自身,并且从天与地、海洋与空气中得到了回答,即便上帝不存在。海德格尔也说,"一切研究,无论在哪里和多么深远地搜索存在者,怎么都是找不到存在的",相反总是只找到了存在者——"此外别无任何东西"。在海德格尔看来,"实证"科学正是作为实证的,是"虚无主义的",因为它不思考存在,而只思考存在者,但存在正是在一切存在者的"成为虚无"(Nichtigwerden)中显露出来的。他认为,科学不想从这种虚无性中认识任何东西并阻断了自己通向存在的道路。

海德格尔认为,未来的思想也不可能像黑格尔所盼望的那样,是一种向绝对者的绝对认知的攀登(Aufstieg),不如说,它必须下行至(herabsteigen)其临时本质的贫困中并在简单的言说(das einfache Sagen)中采集语言。当真实的思想言说存在之真理,它就放弃了对任何一个存在者的依靠。思想克服迄今为止的形而上学,不是通过向上攀登(hinaufsteigend)得更高而越过(übersteigt)它,而是通过回返(zurücksteigt)到切近者的切近(Nähe des Nächsten)并对无条件者和绝对者加以放弃。海德格尔认为,从黑格尔的形而上学顶峰下山(Abstieg)却比攀登更加艰险,尤其在人作为理性的动物或作为劳动的动物迷途(verstiegen)误入主体性之处,而这就是从阿纳克西曼德最终到尼采的整个形而上学的情况。

一种没有自然学说（Physik）的形而上学终结了，对此的最佳证明就是海德格尔对其克服的尝试。因为这种尝试也还是完完全全靠着迄今为止形而上学历史的毁灭，当它对与所有存在者都不同的存在提出无法回答的追问之时，它又想返回到形而上学的背后，又想超越到形而上学之上。① 这个负有多种使命的存在尽管不再是形而上学的上帝，但仍然也是一条通向神圣者的道路以及一个最高法庭，这个"地地道道是超越"（das transcendens schlechthin）的存在，比之于一切现实存在者，则毫无意义。海德格尔预设了如今在这个世界历史的瞬间中一切存在者都被撼动以及人们因此必须追问存在，然而没有像希腊的宇宙神学（Kosmostheologie）那样把这个存在规定为不可撼动的。但对我们变得如此不言而喻的是，一切持存者都在当下的世界瞬间中被撼动了，这对于一种提出要求的思想来说，却是如此不能接受。这种思想要思考存在者**整体**，要让世界在世界史中上升，就像我们的历史世界、人类世界已经是宇宙了似的！出自自然的存在者的永续整体不可能被一个世界历史的瞬间撼动。如果——如海德格尔所说的——世界仅仅在那个我们历史的本质天命陷落（fallen）之处世界化（welten）并存用（walten），那么对于我们自己的欧洲世界就只能说施宾格勒47年前已经说过的：它是一个消逝着的、完全变样了的世界——在宇宙（Weltall）的永续整体中。这宇宙也许完全不会注意到我们历史性的种种急难和决断，而且一颗人造地球卫星也不可能对它有任何损害，

---

① 另请参看阿里戈·科伦波（A. Colombo），《海德格尔：存在的返回》（*Heidegger. Il ritorno dell'essere*），1964年，第506页及以下诸页。

因为只要人造地球卫星遵循自然世界的种种规律,也就只能围着地球转。世界比我们现在的以及历史的"在世存在"更加持久。

海德格尔对形而上学进行某种克服的尝试错误地认为,一切当下思想的创造性的原动力自 100 年前就不再出自哲学,而是要归功于 19 世纪的种种伟大科学发现。从哥白尼和克普勒到伽利略、牛顿和爱因斯坦的近代物理学革新了我们的**世界**图像(*Welt*bild),此后达尔文、马克思和弗洛伊德在生物学、社会学和心理学上把人推动到一个新的视角(Perspektive)中,没有谁能够逃脱这个视角,而关于世界和人还想要说些具有一种可查证的合理性的东西。对作为世界的出自自然的存在者整体的哲学沉思,尽管不能简单地追随科学的进步,但也无法在科学旁边"擦肩而过"而不漂浮在虚无中。如果哲学思想还停留在可证实以及可反驳之物的彼岸,它是容易说出口的,并且会是令人宽慰的;但如果本质思维的领域超越了每一种可查证性和可驳倒性,那么哲学就既无关真理性也无关或然性,而是系于种种无法控制的论断和猜度。①

被希腊物理学家作为一切出自自然的存在者的原始存在而发现的出自自己本身而运动的本性(Physis),在现代成为了精确的数学自然科学的对象,它迁出了从笛卡尔到康德以及物理

---

① 在《形而上学是什么》导言(第五版,第13页)中,海德格尔以有益的明晰性说出了其思想的"担负一切的"猜度。参照《形而上学导论》第124页和156页,并对照第47、101、106、120、129页;参照《林中路》(*Holzwege*)第337页及以下诸页;《演讲与论文集》第41和99页;《什么叫思想》(*Was heißt denken*)第114页及以下诸页;《同一与差异》第23页及以下诸页;《根据律》第146和157页;《泰然任之》(*Gelassenheit*)第64页及以下诸页;《在通向语言的途中》第30、155、197、254、260页以下。

学的形而上学，移居到精确的科学之中。与之相对以及相反，在从维科的《新科学》到 19 世纪的过程中，历史学的精神科学独立出来，哲学自那时起处于这两个教席之间，尽管在一个称作哲学的院系里。从康德开始的运动仍然首先朝向着自然科学；从黑格尔开始的运动，朝向着历史学的精神科学。如果哲学仍然应当在某个时候重新现实地思考存在者的**整体**，以便对其资格加以辩护，那么它既无法投入其中的一种，也无法投入其中的另一种专门科学。据说哲学为了重新进入真的东西（Wahre）和正义的东西（Rechte）中思考自身，必须像谢林所要求的那样，重新结合古老、最古老以及一切经久的东西——作为基质的东西（*id quod substat*），亦即回到一切事物的**自然**（Natur），因为没有"自然的历史，人本身甚至仍然是一个未解之谜"。

旧的形而上学已经通过它的名字把自身说成是一种科学了，这种科学在物理学之后因此某种意义上也许也是从物理学中产生[①]，尽管不是作为……物理学的单纯延续，但也许是作为提高，就如同较高的东西通常从较低的东西中产生。新的哲学彻底扬弃了与这种低级东西的主导关系；它不再是形而上学，而是在一个更高的世界上延续着种种要求的超物理学（Hyperphysik）；它不再跃入超自然的东西，而是陷入非自然的东西。……可以

[①] "我不希望我们到达越来越远的地方，是的，我看不出来，为什么我们必须到达更远的地方。形而上学叫做物理学**之后**（Nachphysik）；它永远不应抛开物理学，而是应当总是伴随着物理学。"（赫尔德，《上帝——关于斯宾诺莎体系和舍夫茨伯里自然体系的几篇谈话》，第二篇谈话。）

说事先完全确凿地彻底认识到反面的人，才拥有对最为精神的种种事物的权利；正如只有与必然的东西妥协，并认识到他自己得以存用（walten）的种种条件的人，才能够称为是自由的。生机勃勃的科学之路不是从上方下来，而是从下方向上。在大地上把养分和生命吸收到自身中的树，无疑能够把开着花朵的树梢生长到天空；但想立即脱离自然的那些人的思想是无根的植物，最机智的思想也还是与那种在夏末浮游于空气的丝絮类似，既无法触及天空，也无法通过自身的重量抵达大地。①

---

① 片段（指谢林遗留手稿中的片段——译注），载《年代》(*Die Weltalter*)，曼弗雷德·施勒特尔（M. Schröter）编，1946年，第196页以下，第254页以下。

关于海德格尔的存在问题：
人的自然和自然的世界

Zu Heideggers Seinsfrage:
Die Natur des Menschen und die Welt der Natur
1969

> 作者身上有两样东西。
> 可模仿并构成其影响的东西。
> 不可模仿并构成其价值的东西。
> 可模仿的东西流传并走向消亡。
> 不可模仿的东西保存着。
>
> 保尔·瓦雷里

纪念海德格尔 80 寿辰

在这个难得的场合我想表达的首先是我个人的感谢,因为尽管我不属于在由您选定的方向上继续思考的学生,但仍得以出席。每当我感到自己仍然是您的学生时,其原因不在于积极接受您对存在的追问,而在于您是唯一使我经验到一门哲学课程在透彻性(Eindringlichkeit)和专注性上能有何种贡献的老师,在于对第一次世界大战之后迷惘中的我,您在自我反省(Selbstbesinnung)的方向上给予了种种决定性的推动,提出了种种严格的要求,设定了种种尺度,开启了种种视角,或者,以您的话简而言之:您展示了是某物和某人者与一无所是者之间的"种种区别"。我想冒昧地以您在 1919 到 1929 年之间写给我信中的几句话来谈谈您本人;它们属于我从我的学生时代里所

277 获得的最宝贵的话,您认为这个 22 岁的人值得您的友情,对此我希望在今天明确地感谢您。您在 1925 年的信里对我写道:"如果人处于有影响和没有影响的东西(was zieht und nicht zieht)之外,如今他一定会高兴。事物在哪里迅速衰老,哪里就一定有根本的错误。……而当聪明睿智(Gescheitheit)和写作水平成长到非同一般的时候……人难于做到的不过是对其他人展示种种区别而已。"(1925 年 6 月 30 日)至于由学生对您的工作及其可深入性(Fortführbarkeit)作出的评价涉及哪些内容,我还是坚持您在 1924 年的信里写给我的:"在我的工作中不得不做的讨厌的事,就是必须在旧哲学和神学的四周活动,也就是说以特定的意图对比如'诸范畴'之类无关紧要的东西持批判态度。假如某种东西经过批判而被用以反对那**相应内容**的已被否定了的东西,并且这工作据说是某种为了学派、方向、延续、补充的工作时,就产生了假象。出于种种条件的独一无二的状况,这工作被独一无二地限定,而只能由我来完成。"(1924 年 3 月 26 日)这种独一无二性以及独行者的孤单寂寞——您后来的伟大成就不可能使我看不清它——我觉得这是您与胡塞尔的本质区别,他希望并且能够按照其哲学作为严格科学的观念以学院派的方式产生效果,而您一直坚持本己的自身独立性的发展,并且自己也没有期待《存在与时间》的任何直接作用。"一个人是否跟着存在与时间同行,对我来说完全是无所谓的。我也从不期待某一刻,我的工作能够直接并一直带来种种真正的推动。要是我不知道一切东西在目前和长期都必须穿越废话,我就一定弄不懂自己到底想要什么。可是从废话中会产生一种风气,并且教授们表面上还算善意的相互体谅的胡扯会产生这般过于浅薄的结果,这是我所难以想象的。我感谢命运,我……还是这样一根风言风语和呜咽哀鸣都无法损坏的木头做的。要是我应当把自己的作品置于这种喧嚣之上,那么我宁可下决心不顾作品内在的种种必要性而完全沉默。"(1929年9月3日)

您在同一封信中对我写道:"青年从拉帮结派中什么也不会弄懂,如果他们被领出一切学派争执和学人琐事,那就是谢天谢地了。"考虑到您对各种派系(Sekten)、学派形成(Schulbildung)①以及粉丝信徒(Anhängerschaft)的这种评价,相信(在我的具有批判-挑衅性的文章②的前言中)引用尼采所说的话,不会得不到您的赞同:"如果永远做个弟子,这是对老师的不好的报答。你们为什么不想扯掉我的花冠呢?"现在,您的巨大影响范围肯定没有因为我所提到的这一点而变少!尽管如此或者恰恰因此,我在青春岁月从您那里获得的种种推动仍然持续地起着作用。而且我也不是在从流亡地返回③之后才提起,而是在我的教师资格论文④里就已经提起了。您不仅同意我在您的邀请之下来到马堡,还明确地建议我离开去找机会,在罗马的一个书店谋生,而不是在您的身边坐着消磨掉企图获得教师

---

① 此词本义为学校教育,但字面上也有学派形成的意思,在此主要指后者。——译注

② 《海德格尔——贫困时代的思想家》,1964年,本书第124页及以下。对自然的追问参照第182页及以下。

③ 作为犹太人,洛维特1934年离开德国前往意大利,1936年离开意大利前往日本,1952年受伽达默尔的邀请回到海德堡大学任教。——译注

④ 《共同为人角色中的个体》,1928年,前言注释1(现收录于《洛维特全集》第1卷《人与人类世界》,斯图加特1981年版,第11页)。

资格的预备期①。"在罗马，机会说来就来。您不会是第一个在意大利准备教师资格的人。在我看来，守在书店旁边或是校对手稿并没有什么区别。坐在这里是一件折磨人的事，不管以何种方式，人们都听从并且关心着各自的劳碌。如果有什么东西催促我去日本——这几乎是完全不可能的——那么这就成了我努力去逃脱我的学生，因为他们自己并不想在别的地方学习。反正在这里一切都纠结着。"（1924年8月21日）后来在1927年我把论文交给您而您表示接受的时候，您在信中宽宏大量地对我写道："您事实上是与我相一致还是不一致，对我来说不是接受不接受的要点；您在一切基础性的任务中是理解了我的工作还是没有理解，这也不是要点。您在有些地方太过轻易地作出了批判并且低估了一些问题的困难及其种种前提，这一点，我仅仅是为了您的好处才在边注中标记出来。隐晦的攻击与自负的讥讽属于情绪，在情绪中，人表现出他最初的胡闹。十年之后这样的姿态就平息下来了。"（1927年8月20日）——一种太过乐观的预估！自那以后已经过去了40年，我并没有消停。两年后，当我担心您会对我的背道而驰生气的时候，您写信对我说："我为什么要对您这样的人生气！我本来能够极为容易并且毫无困难地阻止您获得教职。您在掌权的长老②之中找一个允许学生以这样一篇**针锋相对的**（*entgegengerichteten*）论文获得教师资格的人看看！我不把这当功劳，但我惊讶于……当您如您的注释所暗示的，猜测一种愤怒的时候，您是多么少地站在我的立场上

---

① 洛维特的教师资格论文完成于1928年，1931年才正式获得资格。——译注

② 长老原文为 Bonzen，原本是僧侣、喇嘛、高高在上的人。——译注

理解我。"(1929年2月3日)

这样的一种个人回忆是为什么呢？因为就算不包括个人关系在内，我与您在哲学上的毕生事业的关系也谈不上好。如果哲学是一件属于整个人的事情，是他的"生存"，那么人格（Person）和事情就不可分。对此，我在弗莱堡的第一学期已经写信给您，因为您对科学－概念意图的强调与生存的激情——比如我通过尼采和克尔凯郭尔而熟悉的——并不能轻而易举地协调一致。"商榷首先取决于这个基本错误，即您和贝克尔①（假设或者并非假设地）以诸如尼采、克尔凯郭尔等以及任何有创造性的哲学家的标准来衡量我。这是没人拦着的——然而说我不是哲学家，说我不自负，这也只不过是弄一些可比较的东西——这完全不在我的意图之内……因此也完全不能计较从您二人那里准确地理解了我的人——我属于谁那一边，我所说的话，不应该是错误的介绍——相反，您和贝克尔与我毫不相干——只有按照不同的指向……我才能强调探究——但是原则上别的讨厌的方向比如贝克尔——我坚决受够了这个人——但在我完全拥有支配的种种执行的可能性中——不指望创造——因此带有危险——在大人物看来是给空稻谷脱壳（dreschen）——如果我从我自身出发还能真正乱弹一气（dresche）的话。"（1921年8月19日）

在我与您作品的关系中，我所关心的是根本的事情（eigentliche Sache）。我同时研习哲学和生物学并且在高中就已经听过一门富有启发性的生物学课程。在这里我在对花的细丝

---

① Oskar Becker (1889-1964).——译注

的原生质环流的显微镜研究以及对单细胞藻类的运动和浸液的研究中第一次明白了,在有机化过程中有机体的生机勃勃是多么奇妙。与此相应地,我在生存论-存在论的提问上惦记的是围绕着我们和在我们自身中的**自然**。而如果缺少自然,那么就不是缺少一个存在者或存在领域(Seinsbereich)等,而是存在者整体在其所是状态中出错了并且无可补救。因为如果应当是自然的东西不是**一切**存在者的**唯一**自然——其创造力(Hervorbringungskraft)是一切存在者,那么人也就是自生自灭的了。在我看来,自然在《存在与时间》里消失于对实际性和被抛状态的生存论上的理解之中。您这样回答我最早的这种怀疑和抵制:"人的'自然'不是某种为自己的以及贴在'精神'之上的东西。问题是:有没有一种可能性,从**自然**——或者从'**精神**'——那里为此在的**概念**阐释赢得这样一种基础和主导的线索,或者不从那两者,而是源始地从存在建构的整体出发,在存在建构中,存在论的可能性以概念的意图所优先考虑是生存论的东西。因为人类学的阐释作为存在论意义上的阐释,在一种已澄清的存在论疑难问题的基础上才可能进行。"(1927年8月20日)然而如果我现在不考虑您对概念阐释的强调,而把在它面前被提出来的存在论问题:"这个自然**是**什么"假定为空前绝后的,那么对此我就可以只给出与您有一次关于"存在"所给出的相同的回答:自然是"它本身"——绝对独立地,作为基质的东西(*id quod substat*)[①]自身持存着并永远运动。但人的成问题的自然和非自然(Unnatur)所涉及的东西,我是这样借助

[①] 另请参照《共同为人角色中的个体》,《洛维特全集》第1卷《人与人类世界》,斯图加特1981年版,第60页下。

它使自己脱离窘境，即我试图将从一切自然中突出来的，超越着自然的生存把握为存在论上的两可性①：人一旦承接他的此在本身，就活生生地作为思想着的自然而活着；但他也只能承接自身，因为他天生就已经此在着并且活着，自行其是并且思考。您全线展开斗争并且归咎于形而上学的存在之遗忘的人作为一种理性动物的传统命运，因此又回来了；它拥有这一优点，即不单义地、统一地以及片面地通过灵魂和精神或者意识与生存把人规定为存在的"此"，而是规定为动物性和理性的一种活生生的分裂（Zweispalt）。这种分裂的最极端方式在自我毁灭的可能性中展示出来：人作为唯一的不仅有自我保存的动机，而且有"向死的自由"的生物。在此在分析的这个核心之处，出发点和目标的重大差异把我吓了一跳。因为这些看法，即生存论 - 存在论理解的"向死存在"能够从生活以及逝世和死亡的自然现象中隔绝出来，以及生存的领会根据生存论的存在建构仅仅通过私人的还原才会是可能的②，它们对我从来都不具有说服力。

在《存在与时间》中，死是要请进（hereinzuholenden）生存的此在作为在世存在的终结，向死存在是一种本真生存的可能性。着眼于本真的整体能在以带有着重号的话（第53节）所

---

① 同上，第37页下；参照洛维特《论文选集》（Gesammelte Abhandlungen），1960年，第179页及以下诸页，第205页及以下诸页。

② 《存在与时间》第10节；另请参照欧文·施特劳斯（Erwin W. Straus, 1891-1975，精神病学家、存在主义学者）的《精神病学的哲学基本问题 II：精神病学与哲学》（Philosophische Grundfragen der Psychiatrie II, Psychiatrie und Philosophie），载《当代精神病学》（Psychiatrie der Gegenwart），1963年，第928页及以下诸页，以及本文作者洛维特在《海德格尔》（奥托·珀格勒主编，1969年版，第54页及以下诸页）中的文章。

说出的向死的自由，其根据就在于，人类此在从没有自由地对其做过决定，不管它是否愿意进入此在（第44节c）。人被抛入他的此之中，并且因此必须以其不的终结（nichtigen Ende）"承接"自身，以便能够自由地生存并筹划其可能性。向死的自由是我们在世存在的"最高法庭"（第63节）。但一个自由生存者的最终法庭绝不能理解为自我毁灭的自由。相反：它把人抛回到其即刻的生存，以便使得死的悬临（Bevorstand）在其中起作用。与此相反，自我毁灭将会抽走此在的一种生存论上的向死存在的地基。

除了这种生存论上的死的概念，自我毁灭的可能的现实性也被一同思考了，在"怀疑论者"身上展示了这种迹象（第44节c），他在"自杀的绝望"中终结自己的生命，借此也抹去了他朝向死之悬临的行为。然而生存论意义上阐释的死亡是并且一直是此在曾经承接于自身的一种存在的可能性，而且是最极端、最本真、最本己的，无所关联的并且不可超越的可能性（第50节）。生存论意义上理解的死不是终殁（Verenden）、逝世（Ableben）或死亡（Sterben），倒不如说，死在生存论意义上奠基于向死存在！——在这种观点看来，对先于我们死去的他人之死的经验，也就是我们实际上对于死所拥有的唯一经验，它和死亡的生理学过程一样极少引人关注。死的生存论分析所涉及的，仅仅是一种本己的向死行为的可能性。

在此在分析的这个核心部分，我无法同意您的思路，因为即使在此在承接自身的时候，他也不能直接以同样的方式承接他的终结，因为真正的终结不是本己的可能性，而是一种将要降临到我们所有人的自然必然性，在这种必然性中，我们与每个人协调一致（übereinkommen）。死一视同仁，它使得人们彼此平等。只有死以不容反驳的方式教导我们人和人是平等的。人完全不能脱离生活和逝世的一般现象。每个生存的自然前提都是繁衍（Zeugung）的过程，它的出生与死去、开端与终结，在生存论的意义上都是无法把握的，因为它们并不基于自觉和自愿的行为。它们就发生了，与我们的可能性或者能在无关。假如我们除了看到死亡（sterben）以外不拥有别的东西，那么怎么会产生这种想法，把死理解为一种悬临于本己之死的存在？尽管没有任何人否认这一点，即我们在他人那里形成的死的经验是某种刻骨铭心的经验，我们在其上觉知着我们人的普遍虚无性——但它也是某种令人深感欣慰的经验，因为死亡进入了一种已实现的生命的圆满安宁。安息（Requiescat in pace）是并且一直是最恰当的墓志铭。对于死亡，人们无法谈得更多；它不是领会我们此在的关键，虽然只要人是一种世俗的生物，它就属于人的自然。在邻接着死的生活中，可恐惧的不是死本身，而是人所一同经历的虚构表象，以及濒死者的临终挣扎。"死以深邃的声音向我们说话，不为说任何东西。"①

人的自然并非仅仅以其开启世界的意义和本能的性生活展示于整个肉体性中，而是首先展示于不起眼的现象中，即我们把我们此在的三分之一都给睡过去了，以及对生命毫无意识。如果人不以传统的自我-意识到的存在、自为存在以及自身关联着的存在的存在论来预设人就是这样存在，如同他苍白和有意识地关联着自身，而是一度向自己阐明，假使他不是为自己

---

① 保尔·瓦雷里，《不适当的思考》（Mauvaises pensées），七星诗社（Pléiade）编，下卷，第842页。

而此在，也不与自己和世界相关联，也就是说在睡眠中，他是个人还能意味着什么，那么对于我们在出自自然的存在者整体之中是什么以及如何是的整个视向（Blickrichtung）就改变了。

我试图联系欧文·施特劳斯[①]对醒着（Wachsein）的一种描述性分析来具体说明我关于人的自然的论文，然而每种关于自己本身、世界以及一者与另一者关系的思考，都还是以人是醒着的而非在睡梦中为前提。人只有在醒（Wachen）中才在此，它所处的这种人类此在的交替状态，与身体姿态的一种差别相一致。人们躺下（niederlegen）睡觉，醒着则始于醒来（Aufwachen）和起床（Aufstehen），并且本身就是一种起着（Aufsein）。有机的功能在睡眠中不知不觉地继续，如同在醒中一样运行，但整个感觉和运动机能以及对我们周围世界的敏感在睡眠状态中都弱化了。人在睡眠中退回了自身，他活在一个梦的世界中，直到在苏醒中返回和其他人共有的白天的世界。我们很少留意到（wach），我们是如此与入睡前的时间衔接上，似乎在其中的八个小时里什么也没发生。我们并没有延续睡眠生活，而是仅仅把睡眠视若醒着的（wachen）一天的中断，我们在一天被睡眠打断之处将它重新拾起。因此我们不是连续地生活，而是生活在醒着的此在的一种跳跃式延续中，生活在其记着的和期待的时间化（Zeitigung）中。出生、投生于世界之光，是初生儿或许以震惊的方式感到的最初剧烈的苏醒，但我们对此没有本己的意识，我们无法回忆起它。我们从未回忆起对于人的一切进一步发展而言是如此重要的最初四五年。在出生之

---

① 欧文·施特劳斯，《论感官感觉》（*Vom Sinn der Sinne*），第二版，1956年，第279页及以下诸页。

后，新生儿却仍是以睡眠度过了大多数时间。这种睡与醒的周期性转换在低等动物那里仍然没有明确地形成，它们既不醒也不睡。在苏醒了的人类这里，才产生了一种按照时日尺度的有规律的转换。尽管开化了的人类能够逾越和打破这种自然的确定性，能把睡眠的时间缩短到寥寥几个小时并把夜晚变成白天，但没有人能够不睡觉地活着。在苏醒中，人朝着自我感和自我意识苏醒了。只有通过这种与自身的关系，一切他者作为一个他者才被我们自身衬托出来。它成为了我们自身的对面。当我醒着抵达我自身的意识时，也就已经得到了另一种经验，即有不同于我自身的别人存在。醒着是自身存在（Selbstsein）与他在（Anderssein）之区别的习以为常的设置（Setzen），这种区别在睡眠中重新扬弃了自身。然而，从醒到睡的过渡——入睡，并不意味着睡只是一种弱化了的醒。尽管入睡所需的时间可长可短，但过渡本身仍陡然（abrupt）通过醒着的生活的一个突发并且不再被意识到的连续性的中断而发生了。于是人对于自己而言一下子就不再是在此的，而是离开的了，并且只是对于其他醒着的人而言他才现存着，不过即使对他们而言也和之前的不一样了。苏醒和入睡一样都是陡然地发生，即便有一种不充分的意识在人睁眼起床之前先行于它。人闭上双眼以便入睡，这意味着人不理睬周遭环境的感官印象。人在睡眠中梦幻般经验到的，即便是逼真地被梦到的，仍然总是一个梦境，在其中醒着的生活的种种规律不起作用。在梦中一切都交织变换。各种人、各种事件以及事物都在梦中变换着、重叠着、浓缩着。一个人可以看起来像甲，行为举止像乙，并且变得像第三个人。一切都毫无抵抗地交织流转。在醒着的生活中被遗忘、压抑和排斥的东西,能够在梦中重新走上前台。久已忘怀的东西能够被记起,正如反过来未来的东西常常也被预料到。人在梦中直接伴随着自己(bei sich),而不是像醒着的生活中那样**在他在中**伴随着自己本身,因为梦中的生活弄不清自我区别的行为。人总是反复尝试为醒着和做梦的区别确定一种客观的标准,而结果是否定的,即没有这样一种标准。由此表明,醒与梦的区别恰恰只产生于自我区别的行动,这种自我区别就是从睡眠和睡梦中突然苏醒。即便人梦见人在做梦,人也不会因此而醒,某件事物究竟是梦见的还是真实发生的,这种怀疑是无法在理论上消除的。

在指向着黑格尔《精神现象学》的罗森克兰茨①的人类学中,睡眠及其梦境恰当地依据并按照醒着的生活而得到解释,因为睡眠和睡梦是醒着的有意识的生活的缺乏(Privation),是本身无法理解和解释的。一切无意识的东西(Unbewußte)都被阐释为意识所没意识到的(Nichtbewußtes),而当人想知道睡眠与梦以及无意识的东西是什么,人们就无法睡觉做梦以及无意识地(bewußtlos)过活。尽管意识以及理解这一过程——按照它的本质(Wesen)无意识地发生的过程——的有自我意识的精神的这种方法论优先地位,但仍要看到,人类出生前的源始状态在严格意义上是无意识的-睡着的,我们每天返回其中,因为即便是醒着的成年人也不能仅仅作为有意识的自我而生活。如果人能够这样,那么他就不是活人了,而是一种无自然的精神或者一个幽灵了。从笛卡尔到黑格尔的,直到生存哲学才走出了的对意识的存在论的预设,即自我意识到的以及自身关联着的

---

① 卡尔·罗森克兰茨(K. Rosenkranz),《心理学:科学与主观精神》(*Psycholohie. Wissenschaft von subjektiven Geist*),1837年版。

存在对无意识的活的存在而言也是决定性的，这预设仅仅是半个真理。如果人们把它当作整个真理，那么它就是错误的，因为人类此在的一种不通过醒着的意识规定的方式，走在他们自我意识到的存在之前。意识对于理解无意识的东西是决定性的，这个情况不意味着意识对于活着的东西本身所**是**的东西是决定性的，活着的东西本身是某种其他的东西，它比意识性的一种纯然的缺乏要更丰富。即使这一点被采纳，即一切前意识、潜意识、无意识的存在都被解释为意识的形成（Bewußtwerdung），整个真理的另一半，即就算在我们有意识的醒着的生活和生存期间，绝大部分事情也是毫无意识而发生的，我们大多数人只是不知道活人的本性（Physis）是多么深远地涉入他的有意识的生存中，这一点的真实性也会丝毫不减。全部植物的和有机的进程也在人身上终身无意识地并因此十分可靠地实现着。如果我们的大脑没有不断的供血，我们也就不可能思考和说话。人们也不可能因为在意识上（bewußtermaßen）意欲思考就思考；一个人一定会不由自主地想起某事，思想一定会走近并着落于一个人，并且与他彼此联系起来。但思想也不是从一种预定并宣布给我们的无生命和无自然的存在中向一个人走近。

与**人**的自然相应，在**世界**方面我也试图从自然出发。对于我们的肉体感官而言，它是一个自然的世界，因为我们用来知觉世界的事物的感官，本身就是自然的一个产物；因此它总是符合被知觉的东西这一点，马上就能被接受。眼睛借助光明养成自身并且本身就在光明中。自然的世界是在形式上定义了的，是一切出自自然的持存者的唯一和全部。一切个别的和多种多样的东西集合为一个整体的这种关联，只可能是一者与另一者息息相关（zugeordnet）的秩序。人大抵也是那样从自然中站出来（herausstehen），绽出地生存（ek-sistieren），超越（transzendieren）并且反思，他没有被排除在对整个自然世界的这种从属和分类之外，即便他对此一无所知。这种息息相关（Zuordnung），比如我们的身体运动与地球重力方向的息息相关，借助内耳的一个特定器官，像候鸟按照变化中的太阳的位置那样无意识地进行着。在这种多样与整体的统一相互协调的秩序中，还包含有这个意思，即这个秩序不是一下子这样而另一下子那样。要成为一种秩序，它必须一直是如其所是的那样。而一直如其所是而从不可能是其他的东西，人们把它称作必然的。如果世界在其运动的整体中不是一种可靠的世界秩序，那么它就不是世界。而如果设想世界的各个领域具有较多或者较少的完善性，那么它们的息息相关同时就也会是一种等级秩序，并且这个问题就无法对付了：人在出自自然的存在者整体中占据何种等级地位？也许是与有形（physisch）世界的整体相比十分次要的地位。因为世界能够脱离与人的此在的本质关系而被思考，但没有人是脱离了世界还能被思考的。① 我们来到世界并离开世界；它不属于我们，相反，我们属于它。这个自然世界总是它本身，它不依照我们对世界的种种解释的尺度而变化。它在亚里士多德的年代和在牛顿以

---

① 与此相反，海德格尔在《形而上学是什么？》（第五版，第13页）谈到"那种决定一切的猜度"，即人之本质（Menschenwesen）根本上是为了存在本身，而存在需要人之本质。另请参照《形而上学导论》第124页及156页；《林中路》第337页及以下诸页；《演讲与论文集》第41页及99页；《什么叫思想？》第114页及以下诸页；《同一与差异》第23页及以下诸页；《根据律》第146页及157页，《泰然任之》第64页及以下诸页；《在通向语言的途中》第30、155、197、254、260页以下。

及爱因斯坦的年代都是同样的一个世界。自然世界完全不能按比例地从我们的行动和理解活动中得到充分规定。与一种人为环境相比，强大的（elementare）自然尽管对我们显得尤其讨厌，但是元素（Elemente）本身，比如火与水的力量，不能从疏浚河流出发或者以取暖设备衡量而得到理解。人们以这些方式发现的，永远只是您称之为我们切近世界的"周围自然"（Umweltnatur）的东西。只有这个切近的世界才能以令人信服的方式被呈现为对一切人指引（verweisen）"为何之故"（Umwillen）的指引联系（Verweisungszusammenhang）的"因缘整体"（Bewandtnisganzheit），从这个为何之故出发，周围世界的所有事情都具有一种为了（Umzu）、用于此（Dazu）、何所向（Woraufhin）、何所凭（Womit）以及何所用（Wozu）意义上的结构。然而一旦人们离开其四壁、居所以及人所偶然归属的历史性的土地与民族并且走出文明，一种强大的暴力和单调无聊的世界之大就对如今历史性人类世界的穴居者们开启了，这个世界不是我们的世界，也不为我们而是只为自身指引它的"为何之故"。

自《存在与时间》以来，尽管人们反复把此在说成是在世存在，但这个此在的世界不是有秩序的宇宙，而是我们切近的和另外的共同世界（Mitwelt）以及周围世界（Umwelt）。同样完全无法反驳的是，如此理解的世界是我们切近的和日常的世界，尽管从日常世界出发能否大体上通达世界本身还有待追问。世界在终点、在它不再沿着此在的线索（Leine），而是自己围绕自己运动之处才开始显现。在生存论的观点看来，世界所揭示出来的最极端的东西就是，塑造世界（weltenbildende）的此在同样也已经由被它超越的东西彻底定调（durchstimmt）和彻底支配（durchwaltet）

了，存在于存在者中间的此在被存在者整体夺走（benommen）并占据（eingenommen）了。然而自身关联于（Sichverhalten zu）和现身于（Sichbefinden in）、筹划和被抛、逾越（Überschreiten）和被占据（Eingenommensein），总而言之力和无力之间对转的（gegenwendig）相似性，只是再一次地展示出，随之而来的就是您从此在出发对"在之中"（Insein）以及"在之间"（Inmittensein）的阐释，此在首先无关世界整体，而是关乎其最本己的整体能在。在推进了《存在与时间》的世界分析（Weltanalyse）的《论根据的本质》一文中，积极地表示了朝向人类学世界概念的观点。文中的探讨从这一点出发，即"宇宙"展示为存在者全体倒不如展示为一种存在方式更多。存在者整体能够宇宙般地或者或者混沌地被表达出来。但现在不是从中得出结论说希腊人理解的世界首先是一种**世界秩序**（weltordnung）①，而是说，并非基督教理解的世界率先，相反希腊人的宇宙就已经与人的此在是相对的了，尽管宇宙同时也掌握着（umgreife）人的此在。文中认为，基督教只是加强并说清了世界与人的本质联系。要世界的这种此在相对性（Daseinsrelativität）奠定基础，您引用赫拉克利特的残篇89，那里说，醒着的人活在一个共同的世界里，而睡着的人仍活在他们自己的世界里。但这个区别是否意味着，醒着的人和"属于"人类此在的睡着的人因此对于我们而言而非在他们自身上是相对的？或者赫拉克利特的这句话是否没有反而意味着，"对一切一切都一样"的宇宙，只对醒着的人显现为真实的，因为他们超人的独立性？希腊人的宇宙仅仅在给人类世界的恰当秩序笼而统之地指引出具

---

① 另请参照本文作者洛维特的《论文选集》，1960年，第238页及以下诸页。

有典范性的世界秩序这一点上，才拥有一种与人的关联。一种在其自身上无秩序的，本质上"生存着"的本质——在"临界处境"（Grenzsituation）中或者作为一种"被抛的实际性"或者就作为自在存在者整体中的一种"自为"存在的"洞"（Loch）——无法发现世界的宇宙特质（Kosmoscharakter）以及自然的自然性。自然不能展开任何非感官的、无身体的此在。《存在与时间》中仅仅在这个意义上谈到了自然，即自然是种种存在者中的一种在世界内的存在者，是一种"临界状态"（Grenzfall），因为它既不像人那样"绽出地生存"，不像工具那样"上手"，也不像石头那样"在手"。尽管以注释的方式①，在有生命的自然那里有另一种与在世界之内的存在者以及作为"为何之故"（Worumwillen）的世界那里不同的因缘（Bewandtnis）这一点得到了补充说明，但没有对世界分析的生存论征兆（Ansatz）提出疑问。即使自然的经验也应该奠基于操心。提问方向的回头最早发生于论《艺术作品的起源》（*Vom Ursprung des Kunstwerkes*）一文以及关于"事物"的演讲，在这里第一次说出了天与地。

我想以此结束我的这种尝试，即在追问存在的对面，为在其自身不发问又不说话地持存着的自然世界展示其价值。但不管那一切有欠缺的批判和不完善的阐释，总的来说我相信自己仍与您一致：本质的东西是一种简单的东西——在我看来也许是太过简单的东西。

---

① 《论根据的本质》，1929年，第95页注释2。

原版附录
Anhang

说明与附注

Existenzphilosophie

Erstveröffentlichung in: *Zeitschrift für Deutsche Bildung* 8,1932, S. 602−613.

生存哲学

初次发表于《德国教育杂志》第8辑,1932年,第602−613页。

Die geistige Situation der Zeit

Erstveröffentlichung in: *Neue Jahrbücher für Wissenschaft und Jugendbildung* 9,1933, S. 1−10.

Unveränderter Nachdruck in: *Karl Jaspers in der Diskussion.* Hrsg. v. H. Saner. München: Piper Verlag 1973, S. 142−152.

时代的精神状况

初次发表于《新编科学与青年教育年鉴》第9辑,1933年,第1−10页。

未作修改的重印见于《讨论卡尔·雅斯贝尔斯》,汉斯·萨纳编,德国慕尼黑:皮培尔出版社,1973年,第142−152页。

Der okkasionelle Dezisionismus von C. Schmitt

Erstveröffentichung in: *Revue internationale de la théorie du droit/ Internationale Zeitschrift für Theorie des Rechts* (Brno/Brünn) 9, 1935,

S. 101–123. Dort unter dem Pseudonym »Hugo Fiala«, das Löwith gelegentlich verwendet hat.

Die Erstveröffentlichung enthält noch nicht die Ausführungen über Martin Heidegger (in diesem Band S. 61–68) und Friedrich Gogarten (in diesem Band S. 68–71). Der Druck erfolgt nach der letztgültigen Fassung der *Gesammelten Abhandlungen. Zur Kritik der*, 1983. Diese Ausgabe ent *geschichtliche Existenz* (Stuttgart: Kohlhammer Verlag, 1960, S. 93–127).

Die Äußerungen Löwiths zu Martin Heideggers Rolle als Rektor der Universität Freiburg gehen zurück auf die Abhandlung *Der europäische Nihilismus* von 1940 (dort als Teilkapitel »Der politische Horizont von Heideggers Existenzialontologie«) und stimmen damit teilweise überein (jetzt zugänglich in: *Sämtliche Schriften 2. Weltgeschichte und Heilsgeschehen.* Stuttgart: J.B. Metzler, 1983, S. 473–540, bes. S. 515f. Und S. 519–522). Die von Löwith auf S. 68, Anm. 89 erwähnte Rektoratsrede Heideggers jetzt in: *Die Selbstbehauptung der deutschen Universität.* Durchgesehene Neuauflage des Drucks von 1933. Herausgegeben von Hermann Heidegger. Frankfurt am Main: Klostermann Verlaghält eine bislang unveröffentlichte Rechtfertigung Heideggers aus dem Jahr 1945.

卡尔·施米特的偶然决断论

初次发表于《法律理论国际杂志》(捷克：布尔诺)第9期，1935年，第101–123页。该处署名为胡戈·费阿拉，是洛维特偶尔采用的化名。

初次发表的版本尚不包括对马丁·海德格尔(本卷第61–68

页)和弗里德里希·戈加尔顿(本卷第 68-71 页)的论述。本书依据《论文选集:历史生存批判》(德国斯图加特:科尔哈默出版社,1960 年,第 93-127 页)的终稿。

对于马丁·海德格尔作为弗莱堡大学校长的身份,洛维特所表达的态度源于 1940 年《欧洲虚无主义》一文(该部分题为"海德格尔生存论的存在论之政治视角"),并有一部分与之相符。(如今可参考《洛维特全集》第 2 卷《世界历史与救恩事件》,斯图加特:梅茨勒出版社,1983 年版,第 473-540 页,尤其是第 515 页以下,以及第 519-522 页。)洛维特在第 68 页注释 89 提到的海德格尔校长就职演讲今见于:《德国大学的自我主张》,是 1933 年版经过赫尔曼·海德格尔审校的新版。德国法兰克福:克洛斯特曼出版社,1983 年版。此版包含此前未发表的海德格尔在 1945 年的辩白。

M. Heidegger und F. Rosenzweig.
Ein Nachtrag zu *Sein und Zeit*

Erstveröffentlichung unter dem Titel *M. Heidegger and F. Rosenweig or Temporality and Eternity* in: *Philosophy and Phenomenological Research* 3,1942/43, S.53−77.

Der Druck erfolgt nach der letztgültigen Fassung der *Gesammelten Abhandlungen. Zur Kritik der geschichtlichen Existenz* (Stuttgart: Kohlhammer Verlag, 1960, S. 68−92). Die deutschsprachige Fassung hat Löwith mit einem neuen einleitenden Absatz versehen, dafür ist die biographische Notiz der englischen Erstveröffentlichung entfallen. Sie lautet:

When I established myself as lecturer under M. Heidegger at Marbürg University in 1928, there lived at a distance of but two hours trainride in Frankfurt, Franz Rosenzweig. His name was known to us through his book on Hegel. That he also had published the *Star of Redemption* at the same time, we did not know. Unnoticed by the academic trade and bustle Rosenzweig died in 1929 after having been in ill-health for eight years: his body fell into a progressive paralysis which soon deprived him even of the faculty of speech. Finally he could lift a single finger only by which he gave signs and moved the keys of his typewriter. His mind, however, remained bright until death which he called, a few hours before it came to pass, »the point of all points«, awarded to him by the Lord while he was asleep.

When I took leave of Europe in the fall of 1936 in order to go to Japan, among the books I bought there were Rosenzweig's letters, which had appeared in 1935 and were pointed out to me by a friend. But it was not until 1939 that I felt the urge of reading those 700 pages. The impression Rosenzweig's personality made was so strong that thereupon I procured also his principal work in philosophy, the *Star of Redemption* and his collected *Shorter Writings* and perused these more than 1000 pages at one stretch. My interest was in part aroused by the striking similarity between Rosenzweig's philosophical starting point and that of my own teacher. If Heidegger ever had a »contemporary« who would deserve of such a denotation in a more than external sense, it was this German Jew whose own thoughts were not even remotely known to Heidegger or his pupils.

Not quite so unknown to Rosenzweig was Heidegger's spiritual existence.

马丁·海德格尔和弗朗茨·罗森茨韦克——《存在与时间》补论

最初以英文发表,题为《马丁·海德格尔和弗朗茨·罗森茨韦克,或时间性与永恒》,载《哲学与现象学研究》第3辑,1942/43年卷,第53-77页。

本书依据《论文选集:历史生存批判》(德国斯图加特:科尔哈默出版社,1960年,第68-92页)的终稿。洛维特为德语版开头增加了一段引言,去掉了英文初版中的人物介绍。后者内容如下:

> 1928年,当我在马堡大学马丁·海德格尔门下成为了一名教师,弗朗茨·罗森茨韦克就住在坐火车只要两小时的法兰克福。我们已从他关于黑格尔的书里熟悉了他的名字,但不知道他还同时出版了《救赎之星》。被学术的随行就市和喧嚣扰攘所忽视,罗森茨韦克于1929年去世,其时他患病已有8年:他的身体陷入进行性麻痹,不就剥夺了他哪怕是说一句话的能力。最终他只能以一只手指来表达信号以及摁动打印机的按键。然而他的心灵至死仍保持着明亮,在死亡来临前几个小时,他把它称作主在他安息时赐予他的"重中之重"。
>
> 当我在1936年秋天离开欧洲去往日本,我购买的书里就有由一位朋友介绍给我的出版于1935年的

罗森茨韦克书信集。但直到1939年我才感到了要阅读那七百页书的冲动。罗森茨韦克的人格所带来的印象是如此强烈，以至于我也想办法获得了他的主要哲学著作《救赎之星》以及《短文集》，并一口气把这一千多页读了下来。引起我兴趣的，一部分是罗森茨韦克和我自己的老师的哲学出发点之间显著的相似性。如果海德格尔曾有一位不只是表面意义上的"同时代人"，那就是这位德国犹太人，他本人的思想甚至丝毫没有被海德格尔及其弟子所知。

而对罗森茨韦克来说，海德格尔的精神性生存并不那么陌生。

Heidegger: Problem and Background of Existentialism

Erstveröffentichung in: *Social Research* 15, New York, 1948 S. 345-369.

Der Druck erfolgt nach der Ausgabe *Nature, History and Existentialism, and Other Essays in the Philosophy of History*. Edited with an Critical Introduction by Arnold Levison. Evanston: Northwestern University Press, 1966, p. 30-50.

海德格尔：存在主义的问题与背景

初次发表于《社会研究》第15辑，纽约，1948年。第345-369页。

本书依据的版本是《自然、历史和存在主义，以及关于历史哲学的其他文章》，阿诺德·利维森编辑并作批判性导言，美国埃文斯通：西北大学出版社，1966年，第30-50页。

Heidegger – Denker in dürftiger Zeit

Erstveröffentlichung als Buch: Frankfurt am Main: S. Fischer Verlag, 1953.

Die zweite Auflage dieses Buches erschien 1960 (Göttingen: Vandenhoeck & Ruprecht Verlag), die dritte 1965 im selben Verlag. Der Druck erfolgt nach dieser Auflage. Das Buch hat Löwith aus den folgenden Einzelveröffentlichungen zusammengestellt:

— *Heideggers Kehre*. In: *Die Neue Rundschau* 62, 1951, H. 4, S. 48–79 (= *Zu sich selbst entschlossenes Dasein und sich selber gebendes Sein* in diesem Band);

— *Martin Heidegger: Denker in dürftiger Zeit*. In: *Die Neue Rundschau* 63, 1952, H. 4, S. 1–27 (= *Geschichte, Geschichtlichkeit und Seinsgeschick* in diesem Band);

— *Heideggers Auslegung des Ungesagten in Nietzsches Wort »Gott ist tot«*. In: *Die Neue Rundschau* 64, 1953, H, 1, S. 105–137 (= *Die Auslegung des Ungesagten in Nietzsches Wort »Gott ist tot«* in diesem Band);

— *Der Denker Martin Heidegger*. In: *Stuttgarter Zeitung*, Nr. 222, 26. September 1959, S. 51 (= *Zur kritische Würdigung von Heideggers Wirksamkeit* in diesem Band). Dieser Ausblick ist nur in der dritten Auflage des Buches enthalten.

海德格尔——贫困时代的思想家

作为单行本出版：德国法兰克福：菲舍尔出版社，1953年。

该书第二版出版于1960年（德国哥廷根：范登霍耶克＆鲁普雷希特出版社），第三版于1965年出版于该社。本书依据第三版。该书是洛维特将以下单篇汇编而来。

——《海德格尔的转向》，载《新展望》1951 年第 62 辑，第 4 册，第 48-79 页（即本卷中的"向着自身下决定的此在以及给出自己本身的此在"）；

——《马丁·海德格尔：贫困时代的思想家》，载《新展望》1952 年第 63 辑，第 4 册，第 1-27 页（即本卷中的"历史、历史性和存在的天命"）；

——《海德格尔对尼采的话"上帝死了"中未被道说的东西的解释》，载《新展望》1953 年第 64 辑，第 1 册，第 105-137 页（即本卷中的"解释尼采的话'上帝死了'中未被道说的东西"）；

——《思想家马丁·海德格尔》，载《斯图加特报》第 222 号，1959 年 9 月 26 日，第 51 版（即本卷中的"对海德格尔影响力的批判性评价"）。这一概览仅包含在该书的第三版中。

Eine Erinnerung an E. Husserl

Erstveröffentlichung in: *Edmund Husserl 1859–1959. Recueil commémoratif publié a l'occasion du centenaire de la naissance du philosophe.* La Haye: Martinus Nijhoff Verlag, 1959, S. 48–55.

Der Druck erfolgt nach *Vorträge und Abhandlungen. Zur Kritik der christlichen Überlieferung* (Stuttgart: Kohlhammer Verlag, 1966, S. 268–273).

忆埃德蒙特·胡塞尔

初次发表于：《埃德蒙特·胡塞尔 1859-1959，哲人百岁诞辰纪念文集》，荷兰海牙：马提努斯·奈霍夫出版社，1959 年，第 48-55 页。

本书依据《演讲与文章集：批判基督教传统》(德国斯图加特：科尔哈默出版社，1966年，第 268-273 页)。

Heideggers Vorlesungen über Nietzsche

Erstveröffentlichung in: *Merkur* 16,1962, S. 72−83.

Der Druck erfolgt nach den *Aufsätze und Vorträge 1930−1970*. Stuttgart: Kohlhammer Verlag, 1971, S. 84−99.

海德格尔的尼采讲座

初次发表于《水星》第 16 辑，1962 年，第 72-83 页。

本书依据《1930-1970 年论文与演讲集》，德国斯图加特：科尔哈默出版社，1971 年，第 84-99 页。

Diltheys und Heideggers Stellung zur Metaphysik

Erstveröffentlichung in: *Vorträge und Abhandlungen. Zur Kritik der christlichen Überlieferung*. Stuttgart: Kohlhammer Verlag, 1966, S. 253−267.

狄尔泰和海德格尔对形而上学的态度

初次发表于《演讲与文章集：批判基督教传统》(德国斯图加特：科尔哈默出版社，1966 年，第 253-267 页)。

Zu Heideggers Seinsfrage: Die Natur des Menschen und die Welt der Natur

Erstveröffentlichung in: *Die Frage Martin Heideggers. Beiträge zu eine Kolloquium mit Heidegger aus Anlaß seines 80. Geburtstags* von Jean Beaufret, Hans-Georg Gadamer, Karl Löwith, Karl-Heinz

Volkmann-Schluck. Sitzungsberichte der Heidelberger Akademie der Wissenschaften, Philosophisch-historische Klasse, 4/1969. Heidelberg: Winter Verlag, 1969, S. 36−49.

Der Druck erfolgt nach den *Aufsätzen und Vorträge 1930-1970*. Stuttgart: Kohlhammer Verlag, 1971, S. 189−203.

Ebenfalls aus Anlaß des 80. Geburtstags von Martin Heidegger schrieb Löwith eine kurze Erinnerung, die hier abschließend mitgeteilt wird (erschienen in: *Martin Heidegger im Gespräch*. Hrsg. v. R. Wisser. Freiburg/München: K. Alber Verlag, 1970, S. 38−41);

Ich habe Heidegger vor fünfzig Jahren kennengelernt, als ich 1919 mein Studium in Freiburg begann und er ein noch unbekannter Privatdozent und Assistent von Husserl war. Im gleichen Jahr hatte ich in München Max Webers Vorträge über *Wissenschaft als Beruf* und *Politik als Beruf* gehört. Innerhalb des Bereichs der Universität waren es diese beiden überragenden Männer, die mir einen entscheidenden und bleibenden Eindruck machten und mir einen Maßstab gaben für das, was ein bedeutender Lehrer sein kann.

Etwa acht Jahre später durfte ich in Marburg, wo mich Heidegger habilitierte, die Korrekturfahnen von *Sein und Zeit* mitlesen. Diese Jahre nach dem Ersten Weltkrieg waren die schönsten, reichsten und fruchtbarsten meiner Generation. Sie brachten fast alles hervor, wovon wir auch heute noch geistig leben. Sie waren zugleich gekennzeichnet durch eine Kritik an allem Überlieferten und noch Bestehenden, von deren Radikalität sich die heutige junge Generation keine rechte Vorstellung machen kann, weil sie nicht, nach einer eben überstandenen Katastrophe, aus einem echten Hunger und Drang, sondern aus Saturiertheit und Überdruß rebelliert. Das Schlagwort von *Sein und Zeit*: die »Destruktion« der gesamten überlieferten Metaphysik oder Ontologie hatte in dieser Situation nach dem Ersten Krieg sein treibendes Motiv. Es sprach uns unmittelbar positiv an, weil man in dem Bewußtsein lebte, daß nichts Bestehendes Bestand haben kann, wenn es nicht von Grund auf kritisch in Frage gestellt und erneuert wird.

Angewidert von der kulturellen Betriebsamkeit, auch in der Philosophie, schrieb mir damals Heidegger: »Über Neuigkeiten in gelehrten und gedruckten Sachen Sie zu unterrichten, bin ich wenig geeignet und werde immer ungeeigneter. Eine neue philosophische Zeitschrift hat den ersten Band herausgebracht nach dem Prinzip: bis 1. August muß unbedingt etwas erscheinen, mag darin stehen was will. Ein im echten Sinn kritischer Charakter wird wenig zur Geltung kommen, und übers Jahr wird alles beim alten sein. Dazu gibt es jetzt ein ›Symposium‹, ferner neben dem ›Logos‹ auch noch ein ›Ethos‹, und demnächst wird der ›Kairos‹ erscheinen. Und was wird der Witz der nächsten Woche sein? Ich glaube ein Tollhaus hat einen vernünftigeren Innenaspekt als diese Zeit. Man muß heute froh sein, wenn man außerhalb dessen steht, was zieht und nicht zieht. Wo die Dinge so schnell altern, da muß es an Boden fehlen. Wir haben wohl den Höhepunkt des ›Interesses an Philosophie‹ noch nicht überschritten. Zunächst wird es in den nächsten Jahren ›Ontologien‹ regnen; man ›arbeitet‹ nach gewissen ›Riechern‹, und da die Gescheitheit und Schreibfertigkeit ins Ungewöhnliche gewachsen ist, wird man nur schwer imstande sein, für die Andern Unterschiede zu demonstrieren – nämlich den Unterschied zwischen dem, was und wer etwas ist, und dem, woran nichts ist.«

Karl Barths Römerbrief (der 1918 erschienen war) schien Heidegger eines der wenigen Anzeichen für ein echtes geistiges Leben zu sein; aber auch in der Theologie herrsche die Kompromißtüchtigkeit, die es nicht wage, Franz Overbecks Kritik aller Theologie ernst zu nehmen.

Der junge Heidegger war aus einem Holz geschnitzt, dem all diese Betriebsamkeit nichts anhaben konnte. Wie harmlos war sie im Vergleich zu heute! – Er hat bis zur Stunde den langen Atem gehabt und jene Kraft zum Verweilen und zur Besinnung, die ihn an allem bloß Zeitgemäßen vorübergehen ließ.

Dieser im Grunde seines Wesens einfache, bescheidene, schweigsame und verhaltene Mann ist mittlerweile ein weltbekannter Name geworden, dessen Wort weit über Deutschland hinaus das philosophische Denken bestimmt, obwohl er sich von *Sein und Zeit* keine unmittelbare Wirkung erwartete, als sei seine Arbeit etwas für Schule, Richtung, Fortführung, Ergänzung.

Wenn heute so viele seiner Schüler von »Sein« und »Seinsgeschichte« reden, so weiß ich nicht, ob und was sie sich dabei denken, wenn ihnen nicht die Erfahrung, die Heidegger offenbar hatte, zu Gebote steht. Er selbst war sich von Anfang an darüber klar, daß seine denkerische Arbeit nur von ihm gemacht werden konnte und daß sie den Stempel der Einmaligkeit und Einsamkeit eines Einzelgängers trug.

关于海德格尔的存在问题：人的自然和自然的世界

初次发表于让·博弗雷、汉斯-格奥尔格·伽达默尔、卡尔·洛维特、卡尔-海因茨·福尔克曼-施鲁克的《海德格尔之问——80寿辰研讨会文稿》，海德堡科学院会议报告，哲学-历史学班，4/1969，德国海德堡：温特尔出版社，1969年，第36-49页。

本书依据《1930-1970年论文与演讲集》，德国斯图加特：科尔哈默出版社，1971年版，第189-203页。

在海德格尔80寿辰之际，洛维特也写了一篇简短的回忆文章，附于此处作为结尾（发表于《谈谈马丁·海德格尔》，里夏德·维瑟尔编，德国弗莱堡/慕尼黑：卡尔·阿尔贝尔出版社，1970年，第38-41页）：

> 我认识海德格尔已有50年了，那是1919年我开始在弗莱堡求学的时候，当时他还是一位不出名的编外讲师，是胡塞尔的助手。同一年，我在慕尼黑听了马克斯·韦伯的演讲《以学术为业》和《以政治为业》。在大学的范围内，这两位杰出的人物，对我造成某种决定性和持存着的影响，并把能够成为一位优秀教师的尺度交给了我。
>
> 大约8年之后在马堡，在海德格尔授予我教师资格的地方，我得以一同阅读《存在与时间》的校样。一次世界大战后的这些年，是我这一代人最美好、最充实、最有收获的年份。它们几乎创造了所有如今我们在精神上仍赖以为生的东西。它们也由对一切传统

及尚存之物的批判而得以表达，其激进性是如今年轻的一代所难以想象的，因为他们并不是在一场刚刚度过的灾难之后，出于一种真正的渴望与追求而反叛，而是由于饱足和厌倦。《存在与时间》的口号：对整个传统形而上学或存在论的"解构"，其进行推动的动机就在于一次大战后的这种状况。它直接而肯定地对我们说话，因为人们活在这种意识中，即如果非持存者没有从根本上被质疑和更新，那么它就可以拥有持存。

那时，带着对文化的、甚至哲学中的活跃劲头的厌恶，海德格尔写信对我说："我很不适合并且越来越不适合在课上给您讲那些授课和出版材料里的新东西。一本新的哲学杂志是按照这样的原则出版第一卷的：到8月1日必须无条件出些什么东西，不管里面会写些什么。一种真正意义的批判特性很少会起作用，而过了一年一切都要和旧的东西待在一起。这会儿有个'会饮'，远些时候除了'逻各斯'之外还有一种'习俗'，不久还要出来个'时运'。下周的玩笑会是什么呢？我相信比起这个时代，精神病院有某种更为理性的内行观点。今时今日，如果置身于吸引人或不吸引人的东西之外，人一定会很高兴的。事物在哪里如此迅速老化，就一定在哪里缺乏根基。我们大概还没越过'对哲学的兴趣'之最高点。接下来这些年，'存在论'要像雨点般落下；人们按照确定无疑的'嗅觉'去'干活'，而由于清醒的神志和写作的技巧已臻化境，人们就很难有能力为他人演示区别——亦即，是某物和某人者与一无所是者之间的区别。"

卡尔·巴特的《罗马书释义》(出版于1918年)对海德格尔显得是某种真正的精神生活的蛛丝马迹；但甚至在神学中，似乎也是妥协的本事占了上风，不敢认真对待弗朗茨·奥弗尔贝克对一切神学的批评。

年轻时的海德格尔是由这样一块材料雕琢而成，就它而言，这全部的活跃劲头都无可指摘。与如今相比，当初这劲头是多么无害啊！——直到那时，他还拥有够长的气息，以及那种使他超越一切仅仅是同时代的人的逗留和沉思的力量。

那时，这个在其本质的根基上单纯、谦虚、沉默并且克制的人，成为了举世闻名的人物，他的言语远超德国以外，影响着哲学思想，尽管他本人期待的并不是《存在与时间》有任何直接的效用，似乎他的工作只是某种为了弟子与流派、延续与补充的东西。

如今，当他的那么多弟子在谈论"存在"与"存在史"的时候，我不知道对此他们是否在思考，到底在思考什么，如果海德格尔在公开范围的经验不是任凭他们使用的话。他本人从一开始就明白，其富有思想的工作只可能由他来完成，并且明白这项工作带有一位独行者的罕见和孤绝的烙印。

关于本卷

本卷的结构或许无须进一步解释；它所遵循的线索由按年代汇编的文章与论文构成，以这些作品，洛维特在1940-1970年的30年间，既带有批判性又保持距离地对哲学事业以及生存哲学不可思议的广泛影响进行了研究。这种疏离的忠实，其内部和外部的动机也许有形形色色的性质，它们的出发点就在这感受到了危机的，整整一代艺术、文学和学术人都有份的欧洲现代，尤其是在自黑格尔以来哲学思想的"沉沦史"中。由于对学院哲思之不足的清晰觉知，且受到了胡塞尔现象学的影响，洛维特去马堡追随了海德格尔。在1970年的一篇简短回忆中，他说出了这一点的原因：

> 我认识海德格尔已有50年了，那是1919年我开始在弗莱堡求学的时候，当时他还是一位不出名的编外讲师，是胡塞尔的助手……大约8年之后在马堡，在海德格尔授予我教师资格的地方，我得以一同阅读《存在与时间》的校样。一次世界大战后的这些年，是我这一代人最美好、最充实、最有收获的年份。它们几乎创造了所有如今我们在精神上仍赖以为生的东西。它们也由对一切传统及尚存之物的批判而得以表达，其激进性是如

今年轻的一代所难以想象的，因为他们并不是在一场刚刚度过的灾难之后，出于一种真正的渴望与追求而反叛，而是由于饱足和厌倦。《存在与时间》的口号：对整个传统形而上学或存在论的"解构"，其进行推动的动机就在于一次大战后的这种状况。它直接而肯定地对我们说话，因为人们活在这种意识中，即如果非持存者没有从根本上被质疑和更新，那么它就可以拥有持存。

对解构和更新的要求当然不拒绝这样一种瞩目和吸引，即在1927年，那属于对存在之遗忘的指责的《存在与时间》出版之后，生存哲学在世界范围内所激起和生发的瞩目和吸引；即便在那时的德国，旷野中的呐喊者的数量也并不少。倒不如说，海德格尔以至于所有人所企图的言说与写作方式都产生了不可思议的影响：

> 海德格尔以其不定的决断及无情的批判施加给我们的吸引力，是与他的人格分不开的。我来到弗莱堡至今已有20年了，即便如今他仍然能够通过其讲座中的隐秘之物去引诱听众，而其教学的影响是随处都可以感受到的。——作为由教育而来的耶稣会信徒，他成为了从反抗出发的新教徒；作为由训练而来的经院教条主义者，他成为了从经验出发的生存上的实用主义者；作为由传统而来的神学家，他成为了作为研究者的无神论者，他是披着历史学家外衣的反叛传统者。他和克尔凯郭尔一样生存化，又带着黑格尔的系统性意图，在方法上之辩

证一如在内容上之古怪,他出于否定的精神而不容争辩地下断言,在终极之物上极端,在一切次要之物上又易于妥协——这个人如此矛盾地影响着仍然为他所引诱的弟子,因为他在哲学之能与欲的强烈程度和极端主义上远胜过大学里的其他哲学家。①

洛维特讲述了自1939年以来流亡日本之疏离所带来的震惊,以此作为对海德格尔在1933年以弗莱堡大学校长身份所扮演的角色之详细说明的结尾:对洛维特来说,这种说明是如此重要,以至于他在1946年将其重新发表于法国存在主义之聚集地——《现代杂志》上;它对洛维特总是显得如此地根本性,以至于1960年,他还把它整合到1935年他关于卡尔·施米特决断概念一文的修订版中,虽然有所删减。不论那一切已被提及的和在明晰性上别无所求的细节,不容忽视的是,洛维特的核心意图并不在于以某种总归是道德上的缺陷去指责曾经的老师;他在海德格尔1927年的《存在与时间》和1929年就职弗莱堡的首次授课《什么是形而上学?》中审视1933年其夏季开学的校长讲话的苗头,这时他所持有的缜密态度,是支持这一点的。洛维特揭示了,海德格尔在大的姿态上呈现着迄今闻所未闻之存在论的生存哲学,是一种无存在的存在论,对于思考它的人而言,这种本真存在的字面写法就已经是存疑的了。

洛维特对海德格尔的批判,从一开始就丝毫不带有人们在存在之思的效果历史进程中遇到过无数次的学生模样。洛维特

---

① 洛维特,《1933年前后我在德国的生活》(*Mein Leben in Deutschland vor und nach 1933*)。——译注

把注意力放在《存在与时间》未写成的部分上，放在决定性的问题上，即那认真贯彻着自身的思想是以何种宣告而返回到自身的。洛维特借用本卷核心文章的标题，作为对海德格尔《形而上学是什么？》之新表现形式——1936年的《荷尔德林诗的阐释》的回应，在那本书中，海德格尔把诗人称为存在的宣告者，并借此把哲学家任命为认知的古怪后卫（arrière-garde）。"贫困时代的思想家"据此命名了一种哲学失败的结构，这种失败就是，海德格尔的哲思借以大胆地与西方形而上学的整个哲学传统对垒的本真的存在之思，最终让给了诗性的灵感。于是诗人与思想家的对立这个海德格尔语言的魔圈也悄然沉陷于那诗性地临近的目光，在这里，他面临哲学上的失败并因此在其不明确性的基础上把他的阐释者们拉下水。通过哲学史上最重要的出千术之一，海德格尔遗世独立、特立独行的思想企图做到搁置了实事内涵的种种表达方式的共生。在这样一些条件之下，把洛维特在本卷结尾对海德格尔存在问题的评注当作他向老师的致敬，乃是大误；如洛维特总结的那样，海德格尔的格调颇高的、最终被理解为存在之揭示的生存存在论，还涉及了某种先验存在论。海德格尔以《存在与时间》所开始回答的，作为对整个欧洲哲学史之挑衅而提出的关于思之真理的追问，始终是保持开放的。

贝恩特·卢茨

附 录

专名索引

（页码为原著页码）

Abgrund 深渊，无根据的深渊 10，18，91，112，144，176，177，187，214，224，232，266

Ableben 逝世 86，182，281，282，

Abwesen 不在场 148，233

Adel 高贵 22，29，35，218

Alternative 二者择一 17，24，25，41，100，122，156，180

Angst 畏，畏惧 9，11，67，78，86，89，90，145，154，263，270

Ansichsein 自在存在 8，12，30，145，197

Anthropologie 人类学 1，26，31，236，285

Anwesen 在场 139，146，147，148，154，225，253

Aufweis 指明 128，148，153，194

Augenblick 瞬间 12，13，14，25，40，64，65，76，92，95，96，97，98，100，130，135，166，167，168，169，170，171，173，177，181，187，189，205，206，217，220，253，255，273，277

Ausnahme 例外 38，39，53，59，60，156

Äußerlichkeit 外在性 1

Autorität 权威 38，41，178，191，194，201，207

Bestimmung 规定 9,10,43,44,45,48,53,69,83,134,144,150, 159,182,188,197,206,225,245,259,281

Bevorstand 悬临 69，86，134，156，168，281，282，

Beweis 证明 128，153，198，272

Bewußtsein 意识 7,13,15,20,21,22,24,41,70,78,84,130, 166,179,180,190,196,206,208,235,239,241,245,260,261, 271,281,283,284,285,286

Bourgeois 资产阶级 37，45，50，52，57，74，120

Dasein 此在 2，4，5，6，8，9，10，11，12，14，15，16，18，21，25，26，27，29，30，31，34，45，48，49，52，62，63，64，66，67，68，69，72，74，76，78，80，81，82，83，84，86，87，88，89，90，95，96，97，98，107，108，109，110，124，125，130，131，134，137，138，140，141，142，143，144，145，146，147，148，149，150，151，152，153，154，156，157，158，159，160，161，162，163，164，167，168，169，170，173，174，182，183，184，188，194，196，197，199，200，202，204，205，206，215，225，227，234，260，261，262，263，267，270，280，281，282，283，287，288，289

Dezisionismus 决断论 32，37，38，40，42，59，60，61，62

Dialektik 辩证，辩证法 7，80，146，157，159，227

Diktat 口授 131

Diktatur 独裁 37，41，42，57，58

Diktum 命令 36，42，57，65，191，193

Distinktion 区分，高贵 36，130，233

Endlichkeit 有限性 12, 62, 96, 140, 153, 154, 168, 194, 262

Entscheidung 决断 8, 10, 20, 22, 24, 26, 30, 32, 33, 36, 37, 38, 39, 40, 41, 42, 44, 45, 49, 52, 54, 56, 57, 58, 59, 60, 61, 63, 64, 68, 69, 70, 148, 156, 169, 170, 175, 184, 186, 187, 214, 226, 240, 243, 255, 273

Entschiedenheit 坚决性 15, 43, 44, 59, 61, 163, 243

Entschlossenheit 决心 62, 63, 64, 66, 67, 87, 88, 91, 96, 97, 132, 133, 134, 168, 169, 170, 171, 173, 199, 204

Entschluß 决定 64, 69, 87, 88, 89, 98, 134, 157, 223, 270,

Entwurf 筹划 85, 86, 110, 137, 143, 145, 152, 164, 168, 169, 180, 182, 197, 198, 199, 271, 288

Ereignis 本有 64, 125, 126, 146, 147, 152, 162, 167, 172, 180, 190, 255, 265, 285

Erfahrung 经验 22, 57, 73, 74, 82, 84, 85, 91, 124, 129, 136, 142, 144, 154, 165, 166, 169, 182, 187, 188, 189, 191, 203, 204, 209, 211, 213, 233, 248, 255, 259, 263, 267, 271, 282, 284, 289

Erschlossenheit 展开状态 132, 134, 137, 149, 197

Existenz（existence）生存 1, 2, 3, 4, 5, 6, 7, 8, 9, 10, 11, 12, 13, 14, 15, 16, 17, 18, 21, 25, 26, 27, 28, 29, 30, 31, 35, 36, 37, 41, 45, 46, 48, 50, 51, 53, 54, 55, 61, 62, 65, 67, 74, 77, 85, 86, 89, 96, 97, 98, 100, 101,（103, 104, 105, 106, 108, 109, 110, 111, 112, 113, 114, 115, 116, 117, 118, 119, 120, 121, 122）, 130, 138, 141, 142, 143, 144, 147, 151, 152, 153, 154,

158，160，165，167，168，170，179，182，183，189，191，194，197，199，207，215，225，237，238，251，262，270，279，280，281，282，283，286

Existenzerhellung 生存澄明 4，10，12，13，25，27，30

Existenzialien 生存论环节 64，89，140，156

Faktizität 实际状态 10，62，72，74，76，77，81，88，97，140，143，144，147，194，195，233，262，263，280，289

Faktum 实际情况，事实 45，75，144，188，193，214

Freiheit（**freedom**） 自由 7，9，10，11，12，15，17，21，25，27，45，54，62，65，68，74，85，86，87，88，89，90，99，（110，111，112，117，121，122），134，145，169，170，183，215，223，236，239，245，261，269，270，281

Geist 精神 1，22，23，27，40，55，56，66，67，68，72，73，74，75，76，78，92，101，128，137，139，157，161，166，167，174，175，178，179，183，188，189，215，228，229，236，239，244，245，246，258，259，260，261，262，269，271，280，201，285，286

Gegenbegriff 相对概念 1，2，7，32

Gegenständlichkeit 对象性 11，28，189

Geschehnis 事件 57，76，248

Geschichte 历史 6，8，24，26，58，72，73，75，89，93，94，95，96，126，129，132，134，135，136，140，164，165，166，167，168，169，170，171，172，173，174，175，176，178，179，180，181，182，183，184，186，187，188，189，190，191，192，194，195，196，202，203，205，206，207，208，

209, 210, 213, 214, 215, 217, 226, 228, 240, 241, 244, 245, 246, 247, 248, 250, 252, 256, 257, 259, 261, 262, 264, 265, 269, 272, 273, 274

Geschick 天命 65, 66, 96, 97, 102, 129, 132, 135, 136, 140, 143, 149, 154, 161, 165, 166, 168, 169, 171, 172, 173, 174, 176, 180, 181, 188, 190, 192, 195, 210, 212, 227, 263, 273

Gestalt 形态 26, 60, 69, 99, 166, 262, 264, 265, 271

Gestell 座架 128, 132, 133, 135, 264

Gewissen 良知 7, 28, 54, 59, 87, 88, 89, 150, 178, 263

Geworfenheit 被抛状态 77, 110, 143, 169, 232, 262, 280, 288

Gott 神，上帝 2, 6, 12, 15, 17, 28, 31, 36, 42, 50, 55, 58, 59, 61, 62, 68, 69, 70, 73, 78, 82, 83, 84, 85, 89, 91, 92, 93, 94, 96, 98, 99, 100, 125, 126, 128, 130, 131, 139, 146, 148, 152, 160, 161, 162, 163, 164, 165, 174, 178, 179, 185, 186, 187, 191, 192, 193, 204, 206, 208, 209, 211, 212, 213, 214, 215, 216, 218, 221, 223, 225, 226, 229, 233, 234, 243, 244, 246, 250, 252, 254, 255, 256, 263, 264, 266, 267, 268, 269, 270, 272

Hinweis 提示 10, 26, 29, 34, 37, 50, 86, 127, 128, 154, 206, 232, 247, 269, 282

Historie 历史学 165, 181, 205, 206, 207, 244, 254

Idee 观念，理念 2, 4, 5, 15, 17, 17, 23, 25, 26, 27, 57, 76, 127, 128, 135, 137, 177, 178, 189, 192, 199, 213, 238, 239, 240, 241, 250, 253

Idealismus 观念论 1, 3, 13, 26, 72, 73, 74, 259

Ideologie 意识形态 23, 57, 68, 92

Innerlichkeit 内在性 1, 7, 15, 16

Jemeinigkeit 向来属我性 80, 81

Kritik 批判 2, 3, 7, 14, 17, 19, 20, 23, 26, 35, 37, 52, 56, 57, 64, 97, 131, 137, 166, 172, 175, 176, 201, 205, 206, 207, 218, 221, 230, 237, 243, 262, 277, 278, 289

Massendasein 大众此在 21, 27

Metaphysik 形而上学 8, 12, 13, 14, 21, 27, 28, 30, 34, 37, 39, 69, 133, 136, 144, 148, 153, 154, 157, 158, 160, 165, 174, 175, 176, 178, 181, 188, 189, 191, 199, 201, 208, 213, 215, 216, 217, 219, 222, 223, 225, 230, 245, 247, 248, 250, 251, 252, 256, 259, 261, 262, 263, 264, 265, 266, 267, 268, 269, 270, 271, 272, 273, 274, 275, 281

Mitmensch 共同为人 82, 83, 94

Mitsein 共在 81, 82, 97, 150, 168, 202

Mitwelt 共同世界 75, 82, 91, 288

Nachweis 确认 128, 152, 202, 213

Natur（nature） 自然, 本性, 自然本性 21, 30, 31, 40, 45, 46, 50, 83, 84, 90, 100,（104, 106, 109, 118, 122）, 152, 165, 169, 180, 181, 182, 183, 184, 185, 186, 187, 188, 189, 190, 191, 197, 202, 217, 221, 255, 258, 266, 269, 273, 274, 275, 276, 280, 282, 283, 286, 287, 289

Nebenbegriff 相邻概念 32

Nichts 无, 虚无 6, 8, 9, 10, 11, 19, 20, 26, 27, 33, 35,

42, 43, 44, 50, 62, 64, 67, 68, 69, 70, 78, 88, 89, 91, 127, 136, 137, 138, 139, 144, 145, 147, 154, 158, 159, 161, 176, 201, 208, 213, 215, 216, 227, 232, 243, 246, 253, 262, 263, 264, 265, 268, 270

Nihilismus 虚无主义 6, 9, 10, 11, 17, 20, 28, 42, 43, 61, 70, 100, 135, 166, 173, 176, 192, 209, 213, 215, 216, 217, 218, 221, 223, 243, 245, 246, 248, 255

Nivellierung 平均化 7, 14, 15, 16, 27, 59

Not 急难 19, 92, 130, 161, 179, 180, 181, 196, 217, 232, 234, 239, 240, 245, 246, 264, 268, 273

Objektivität 客体性 12, 23, 25, 79, 135

Offenbarung 启示 3, 4, 27, 77, 78, 79, 80, 91, 94, 99, 131, 152, 179, 212, 213, 215, 233

Ontologie 存在论 4, 5, 6, 8, 25, 76, 80, 83, 84, 89, 128, 141, 152, 156, 175, 195, 231, 262, 280, 283, 286

Ortschaft 场所 126, 130, 146, 147, 148, 154, 176, 263

Pathos 悲情 9, 61, 62, 138, 171, 193, 233, 240, 279

Phänomen 现象 36, 82, 83, 84, 91, 147, 148, 235, 281, 282, 283

Politik 政治 23, 32, 33, 34, 36, 37, 38, 40, 44, 45, 47, 50, 54, 57, 67, 100, 208, 254

Postulat 悬设，假设 29, 88, 146

Potenz 因次 119, 226, 252

Psychologie 心理学 5, 14, 26

Sache 实事，事情 3, 6, 8, 19, 52, 94, 128, 132, 133,

134，136，138，140，157，158，169，177，181，186，293，
201，208，209，230，240，247，249，275，278，279

Sachgebiet 实事领域 34，40，44，49，181

Scheitern 失败 11，14，17，28，100，138

Schicksal 命运 16，22，24，41，57，63，64，65，66，67，
69，73，74，95，96，97，135，168，169，170，171，172，
173，180，184，192，195，232，240，245，247，277

Schicklichkeit 合宜性 132，158

Schuld 罪责 21，88，89，150，263

Seele 灵魂 12，15，16，28，31，62，78，87，94，99，139，
141，163，191，192，214，234，251，252，281

Souveränität 专制性 37，39，45，58，261

Sterben 死亡 24，78，80，86，90，182，281，282，283

Subjektivität 主体性 7，12，28，58，79，132，135，140，141，142，
146，151，154，157，158，161，177，180，188，221，223，245，251，
252，264，266，272

Technik 技术 33，35，127，132，133，135，136，184，219，229，
263，264，266

Tod 死 6，9，10，21，33，44，45，46，48，52，54，61，62，68，69，
73，74，78，81，85，86，87，89，90，94，95，96，97，106，125，126，
134，140，142，145，150，151，153，154，156，168，169，182，183，
188，197，203，208，209，210，211，213，214，215，218，223，227，
234，243，255，263，281，282，283

Tradition 传统 1，31，56，137，168，182，241，269，270，271

Transzendenz 超越 8，10，11，12，13，14，17，18，20，21，25，

26, 27, 28, 30, 31, 154

Unwesen 非本质 186, 216, 265

Überlieferung 承传, 传承 89, 92, 98, 124, 129, 236, 144, 165, 166, 168, 189, 195, 208, 246

Vereinzelung 个别化 6, 8, 23, 28, 64, 68, 76, 141

Verenden 终殁 182, 282

Vermittlung 中介 31, 41, 58, 68, 157, 184, 279

Vernunft 理性 1, 66, 67, 73, 74, 137, 161, 178, 193, 212, 230, 238

Vorhabe 先行具有 80, 198, 199, 204

Vorstellung 表象 36, 39, 40, 44, 137, 161, 176, 181, 244, 249, 258

Wahrheit 真理 11, 12, 14, 27, 62, 66, 75, 77, 78, 80, 84, 85, 90, 98, 99, 100, 101, 124, 127, 128, 129, 131, 132, 133, 135, 137, 138, 139, 140, 141, 142, 143, 145, 146, 147, 148, 149, 150, 151, 152, 153, 154, 155, 156, 158, 159, 160, 161, 163, 167, 171, 173, 174, 176, 177, 180, 183, 184, 185, 188, 189, 190, 193, 194, 196, 210, 217, 221, 222, 223, 226, 233, 237, 241, 242, 243, 244, 246, 248, 249, 252, 256, 262, 264, 265, 266, 267, 270, 271, 272, 286

Weltorientierung 世界方向 8, 10, 11, 12, 25, 27, 28, 30

Wendung 转向 2, 3, 7, 38, 61, 221

Wink 暗示 128, 194, 246

Zirkel 循环 29, 80, 198, 199, 200, 217

人名索引

（《海德格尔：存在主义的问题与背景》原文为英语，文中部分人名的拼写与德语不同，索引中以括号注明。页码为原著页码。）

A. Baeumler 阿尔弗雷德·博伊姆勒 64，243

A. Comte 奥古斯特·孔德 34

Adam Müller 亚当·米勒 32，35，36，40

Al-Farabi 阿尔法拉比 116

Algazel 阿尔加惹尔 116

Anaximander 阿纳克西曼德 134，148，165，176，186，204，210，272

Anselm von Canterbury 坎特伯雷的安瑟尔谟 2，117

A. Pfänder 亚历山大·普凡德尔 235

Aristoteles（Aristotle） 亚里士多德（104），（108），（113），（114），（115），（118），128，130，141，177，178，184，189，191，195，196，208，209，214，222，240，241，247，287

A. Springer 安东·施普林格 259

Augustin 奥古斯丁 140，191，192，196，234，272

Avicenna 阿维森那 116

Bakunin 巴枯宁 119

Balzac 巴尔扎克 103，104

Baudelaire 波德莱尔 104

Bengel 约翰·阿尔布莱希特·本格尔 200

Bonald 伯纳尔德 40

Burckhardt 布克哈特 119，192，259

C. G. Jung 卡尔·古斯塔夫·荣格 242

Cohen 科恩 72，73，74，82

Corneille 高乃依 104

Cromwell 克伦威尔 50，58

C. Schmitt 卡尔·施米特 32，33，34，35，36，37，38，39，40，41，42，43，44，45，46，47，48，49，50，51，52，53，55，56，57，58，59，60，61

Darwin 达尔文 240，273

de Maistre 迈斯特 40，41

Descartes 笛卡尔 2，30，81，117，122，177，190，196，221，222，247，250，251，252，256，269，274，286

Dilthey 狄尔泰 13，79，166，183，190，196，230，258，259，260，261，262，263，271

Donoso Cortes 多诺索·柯特 32，40，41，42，43

Dostoevski 陀思妥耶夫斯基 104

Duns Scotus 邓·司各脱 139，174，196

E. Cassirer 恩斯特·卡西尔 73

E. Fuchs 恩斯特·福克斯 68

Einstein 爱因斯坦 273，287

E. Rosenstock 欧根·罗森施托克 72

Ernst Jünger 恩斯特·云格尔 32，43，61

Ernst Troeltsch 恩斯特·特洛尔奇 33

E. Straus 欧文·施特劳斯 281，283

E. von Salomon 恩斯特·冯·扎洛蒙 63

F. Ebner 费迪南·埃布纳 72

F. Engels 弗里德里希·恩格斯 4，17，119

Feuerbach 费尔巴哈 1，80，118，250

F. Gogarten 弗里德里希·戈加尔顿 61，68，69，70，71

Fichte 费希特 20，193，196，221，227，229

Flaubert 福楼拜 104

F. Overbeck 弗朗茨·奥弗尔贝克 68，295

Föster-Nietzsche 伊丽莎白·福尔斯特－尼采 250

Freud 弗洛伊德 26，27，210，273

Galilei 伽利略 273

Goethe 歌德 5，16，103，104，191

Gottfried Benn 戈特弗里德·贝恩 135

Grotius 格老秀斯 47

G. Vico 詹巴蒂斯塔·维科 34，183，190，274

Hegel 黑格尔 1，2，3，4，5，7，8，15，20，23，28，44，52，56，57，58，59，75，76，80，82，95，98，104，113，118，119，120，121，122，127，128，129，132，133，139，157，165，166，167，174，179，188，189，194，195，196，204，209，212，215，221，226，230，239，241，244，245，246，247，250，251，256，258，259，262，269，272，274，285，286

Heidegger 海德格尔 5，8，9，10，11，12，18，25，45，49，

61, 62, 63, 64, 65, 66, 67, 68, 69, 72, 73, 74, 75, 76, 77, 78, 80, 81, 82, 83, 84, 85, 86, 87, 88, 89, 90, 96, 98, 99, 100, 101, 102, 103, 104, 105, 106, 107, 108, 109, 110, 111, 112, 113, 114, 115, 116, 119, 121, 123, 124, 125, 126, 127, 128, 129, 130, 131, 132, 133, 134, 135, 136, 137, 138, 139, 140, 141, 142, 143, 144, 146, 147, 148, 149, 150, 151, 152, 153, 154, 155, 156, 157, 158, 159, 160, 161, 162, 163, 164, 165, 166, 167, 168, 169, 170, 171, 172, 173, 174, 175, 176, 177, 178, 179, 180, 181, 182, 183, 184, 185, 186, 187, 188, 189, 190, 191, 193, 194, 195, 196, 198, 199, 200, 201, 202, 203, 204, 205, 206, 207, 208, 209, 210, 211, 212, 213, 214, 215, 216, 217, 218, 219, 220, 221, 222, 223, 224, 225, 226, 227, 228, 229, 230, 231, 232, 233, 234, 235, 236, 238, 242, 243, 244, 245, 246, 247, 248, 249, 250, 251, 252, 253, 255, 256, 257, 258, 262, 263, 264, 265, 266, 267, 268, 269, 270, 271, 272, 273, 274, 276, 278, 281, 287

Helmholtz　赫尔姆霍茨 240

Heraklit　赫拉克利特 130, 184, 189, 206, 289

H. Erenberg　汉斯·艾伦贝克 62

Hitler　希特勒 61, 63, 66, 68, 69, 103, 166, 232

H. Naumann　瑙曼 67

Hobbes　霍布斯 42, 43, 60

Hölderlin　荷尔德林 129, 130, 133, 155, 156, 164, 176,

185, 186, 187, 191, 196, 209, 221, 233, 268

Humboldt 洪堡 5, 13, 52

Husserl 胡塞尔 67, 119, 190, 235, 236, 237, 238, 239, 240, 241, 277

Jaspers 雅斯贝尔斯 8, 10, 11, 12, 13, 14, 15, 16, 17, 18, 19, 20, 21, 22, 23, 24, 25, 26, 27, 28, 29, 30, 31, 102, 103, 105, 106, 112, 175, 201, 242

Jehuda Halevi 耶胡达·哈勒维 72

Kant 康德 2, 3, 30, 73, 89, 117, 153, 154, 158, 189, 196, 199, 229, 230, 239, 240, 247, 251, 274

K. Barth 卡尔·巴特 68, 170

Kelsen 凯尔森 61

Kierkegaard 克尔凯郭尔 1, 3, 4, 5, 6, 7, 8, 9, 10, 11, 13, 14, 15, 16, 17, 18, 20, 25, 27, 28, 37, 38, 39, 44, 58, 69, 71, 77, 100, 104, 118, 119, 120, 121, 122, 129, 130, 140, 156, 166, 167, 175, 194, 197, 209, 213, 214, 227, 228, 270, 279

Kopernikus 哥白尼 251, 273

Leo Strauß 列奥·施特劳斯 47, 50, 201

Lucrez 卢克莱修 181

Lukács 卢卡奇 56, 175

Luther 路德 80, 140, 212

Leibniz 莱布尼茨 2, 117, 144, 209, 247, 251, 270

Maimonides 迈蒙尼德 116

Marx 马克思 1, 2, 3, 26, 37, 42, 52, 56, 57, 58, 76,

104，118，119，120，121，122，135，166，179，227，250，273

M. Buber 马丁·布伯 72

M. Geiger 莫里茨·盖格尔 235

Milton 弥尔顿 104

M. Stirner 马克斯·施蒂纳 1，2，6，251

M. Weber 马克斯·韦伯 33，130，135，194

Newton 牛顿 149，273，287

Nietzsche 尼采 10，16，20，31，43，54，66，76，87，88，90，100，104，113，127，130，136，149，155，157，163，173，176，177，178，189，193，194，196，201，204，205，206，207，208，209，210，211，213，214，215，216，217，218，219，220，221，222，223，224，225，226，227，228，234，242，243，244，245，246，247，248，249，250，251，252，253，254，255，256，257，261，266，269，272，278，279

Novalis 诺瓦利斯 40，162，262

Paracelsus 巴拉塞尔苏斯 240

Pascal 帕斯卡尔 122，140，182，214，215

Paulus 保罗 269

Platon(Plato) 柏拉图 40，66，(106)，(114)，123，124，128，130，135，136，141，149，161，171，177，178，189，194，195，196，204，210，247，251，269

Plutarch 普鲁塔克 215

Protagoras 普罗泰戈拉 247

Proudhon 普鲁东 42，104

P. Valéry 保尔·瓦雷里 276，283

Rathenaus 拉特瑙 19

R. Bultmann 鲁道夫·布尔特曼 69，71，89，200

R. Erenberg 鲁道夫·艾伦贝克 62

R. Haym 鲁道夫·海姆 258

Rilke 里尔克 14，61，62，125，126，177，196，204

Rosenkranz 罗森克兰茨 179，285

Rosenzweig 罗森茨韦克 72，73，74，75，76，77，78，79，81，82，84，85，90，91，92，95，96，98，99，100，101

Sartre 萨特 102，103，106，112，117，123，126，143，175，197，270，271

Scheler 舍勒 59，67，236，270

Schelling 谢林 3，4，75，104，118，119，120，121，144，179，196，209，221，229，239，247，252，270

Schlageter 施拉格特 62

Sophokles 索福克勒斯 104，130

Spengler 施宾格勒 19，33，69，69，175，176，231，273

Spinoza 斯宾诺莎 2，117，251

Stefan George 施特凡·格奥尔格 126，196，231

Strauß 大卫·施特劳斯 250

Thales 泰勒斯 76

Th. Däubler 特奥多尔·多伊布勒 36，47，53，55

Thomas von Aquino 托马斯·阿奎那 104，108，109，113，115，116，117，118，119，177，196，240

Tolstoi 托尔斯泰 20

Trakl　特拉克尔 196

van Gogh　梵高 14，104

Virgil　维吉尔 104

V. von Weizsäcker　维克多・冯・魏茨泽克 72

Wolff　沃尔夫 2，117

W. Szilasi　威廉・西拉施伊 196

译后记

如果需要为这份译文说些什么,那么译者首先要表达的是一种不安。这是我初次正式翻译学术著作,学力有限,精力有限,语言功力也有限。尽管这项工作的绝大部分是在小心谨慎中完成,对于大部分已有定译的术语沿用了固有的译法,遇到生疏或存疑之处也进行了反复查证,并出于方便读者的目的,为原文中部分未注明出处的引文补上了出处以及可参考的译本信息,但由于前述的种种局限性,仍然会留有一些有待修正和完善的地方。做这样的说明,是为了提请读者留意到这一点,以便排除译者可能带来的影响因素,更好地把握作者的原意,同时也希望各位前辈和学友慷慨赐教。

这本书是 9 卷本《洛维特文集》的第 8 卷,包含了洛维特在 1932 年到 1969 年间的 10 篇文章,其中篇幅最长的文章为整本书贡献了标题。但书中涉及的思想家不仅限于海德格尔,而是围绕着生存哲学的来龙去脉,谈到了 19 世纪到 20 世纪欧洲大陆的众多思想家,因此本书的副标题是"哲学在 20 世纪的地位"。在正副标题中直接产生呼应的,是"贫困时代"与"20 世纪"。此前的很多世纪中,哲学差不多总是某些固定的东西之间的传承、交锋、进展与深化,其地位虽有起落沉浮,但并无颠覆性的变化。在西方思想传统的起点,它曾是"一切科学的女王";在作为神学之婢女的时代,它可以成为给神学提供养料的乳母;当它逐渐变成"受到驱赶和遗弃的老妇",又在德国观念论中迎来了一个新的巅峰。哲学本身的地位之真正成为问题,用洛维特的话说,是在黑格尔对这个思想传统的"完-结"之后。在19世纪到20世纪之间,科学技术、社会生活、国家政治以及个人内心都发生了重大的转折,哲学不得不对这一切作出回应。海德格尔是进行这项工作的代表性人物之一。

在海德格尔的学生中,洛维特是比较特殊的一位。一战期间他自愿从军,身负重伤被困于战俘营,归国后成为胡塞尔和海德格尔的学生,获得教师资格不久即面临纳粹上台。由于犹太身份,他先后前往意大利、日本、美国,在二战后受伽达默尔邀请回国任教。不管在学生时代还是数十年后在纪念海德格尔70、80寿辰的场合里,洛维特一直都没有"消停",他持续地在学术本身——而不是道义和情感——的范围内对海德格尔进行质疑。海德格尔曾在信中抱怨这名学生的质疑是情绪化的胡闹,最多不过十年,但洛维特持续地质疑了四十余年,而且恰恰是摆脱了情绪的。他对海德格尔所表述的思路、提出的概念以及采用的语言进行了全面细致的考察,并且达到了我试图称之为"探伤作业"的层次。正如对一个外表完好无损的物体进行探伤意味着不对其进行切割和破坏而去探查其内部的裂隙,洛维特采取了一种深入而不介入的客观视角,只是指出海德格尔思想的困难之处以及他加以应付的技巧而已。正如洛维特所言:"我们在以海德格尔质疑海德格尔的尝试中进行活动,因此并不从外对他加以批判,然而也不在海德格尔本人作为唯一本质的维度内，当然也没想说，我们想在其中活动就能在其中随便活动。"

　　这不同于外部的反驳与瓦解，也不同于海德格尔本人解读其他思想家时曾经采取的方法。洛维特指出了海德格尔在对哲学文本的阐释上的"无关联性""任意性"以及"粗暴性"，说"他的解释活动实际上逾越了一切对有典可稽的东西的说明"，并以海德格尔对尼采的解读为例佐证了这并非无稽之谈。与海德格尔的做法截然相反，洛维特在本书中展现给读者的不是思想家洛维特，而是思想家海德格尔；不是"粉丝信徒"所"着迷"的海德格尔，也不是那些难以与他抗衡的反对者所"厌恶"的海德格尔，而是"贫困时代"中的海德格尔。同时得到展示的，还有哲学在这个时代的地位。

　　北京大学哲学系博士研究生文晗对本译文进行了全面而细致的校阅，为译文的进一步完善做出了巨大的贡献。

彭　超
2015 年 6 月

著作权合同登记号：陕版出图字 25-2012-223

图书在版编目（CIP）数据

海德格尔——贫困时代的思想家：哲学在 20 世纪的地位 /（德）洛维特著；彭超译. —西安：西北大学出版社，2015.11

（精神译丛 / 徐晔，陈越主编）

ISBN 978-7-5604-3761-3

Ⅰ.①海… Ⅱ.①洛…②彭… Ⅲ.①海德格尔，M.（1889～1976）- 哲学思想 - 研究 Ⅳ.① B516.54

中国版本图书馆 CIP 数据核字（2015）第 273370 号

海德格尔——贫困时代的思想家：
哲学在 20 世纪的地位

［德］卡尔·洛维特　著
彭超　译

出版发行：西北大学出版社
地　　址：西安市太白北路 229 号
邮　　编：710069
电　　话：029-88302590
经　　销：全国新华书店
印　　装：陕西博文印务有限责任公司
开　　本：889 毫米 ×1194 毫米　1/32
印　　张：13.75
字　　数：290 千
版　　次：2015 年 11 月第 1 版　2018 年 8 月第 2 次印刷
书　　号：ISBN 978-7-5604-3761-3
定　　价：69.00 元

本版图书如有印装质量问题，请拨打电话 029-88302966 予以调换。

HEIDEGGER – DENKER IN DÜRFTIGER ZEIT.
ZUR STELLUNG DER PHILOSOPHIE IM 20. JAHRHUNDERT
By Karl Löwith
Copyright © J. B. Metzler'sche Verlagsbuchhandlung und
Carl Ernst Poeschel Verlag GmbH Stuttgart, Germany 1990.
Chinese simplified translation copyright © 2015
By Northwest University Press Co., Ltd.
ALL RIGHTS RESERVED

Re 精神译丛

第一辑

*从莱布尼茨出发的逻辑学的形而上学始基	海德格尔
*德国观念论与当前哲学的困境	海德格尔
*正常与病态	康吉莱姆
孟德斯鸠：政治与历史	阿尔都塞
论再生产	阿尔都塞
*斯宾诺莎与政治	巴利巴尔
*词语的肉身：书写的政治	朗西埃
*歧义：政治与哲学	朗西埃
*例外状态	阿甘本
来临中的共同体	阿甘本

第二辑

*海德格尔——贫困时代的思想家	洛维特
*政治与历史：从马基雅维利到马克思	阿尔都塞
论哲学	阿尔都塞
*赠予死亡	德里达
恶的透明性：关于诸多极端现象的随笔	鲍德里亚
*权利的时代	博比奥
民主的未来	博比奥
帝国与民族：1985—2005年重要作品	查特吉
*政治社会的世系：后殖民民主研究	查特吉
*民族与美学	柄谷行人

Re 精神译丛

第三辑

哲学史：从托马斯·阿奎那到康德	海德格尔
试论布莱希特	本雅明
否的哲学	巴什拉
论拉辛	巴尔特
马基雅维利的孤独	阿尔都塞
写给非哲学家的哲学入门	阿尔都塞
康德的批判哲学	德勒兹
无知的教师	朗西埃
野蛮的异端：斯宾诺莎形而上学和政治学中的力量	奈格里
狄俄尼索斯的劳动：对国家形式的批判	哈特 奈格里

（加*者为已出品种）